Moritz Friedländer

Griechische Philosophie im alten Testament

Verlag
der
Wissenschaften

Moritz Friedländer

Griechische Philosophie im alten Testament

ISBN/EAN: 9783957004420

Auflage: 1

Erscheinungsjahr: 2015

Erscheinungsort: Norderstedt, Deutschland

Hergestellt in Europa, USA, Kanada, Australien, Japan
Verlag der Wissenschaften in Hansebooks GmbH, Norderstedt

Cover: Sandro Botticelli "Die Verleumdung des Apelles" (1495)

GRIECHISCHE PHILOSOPHIE

IM

ALTEN TESTAMENT.

EINE EINLEITUNG IN DIE PSALMEN- UND WEISHEITSLITERATUR

VON

M. FRIEDLÄNDER.

οὐ γάρ ἐστι διαστολὴ Ἰουδαίου
τε καὶ Ἕλληνος· ὁ γὰρ αὐτὸς
Κύριος πάντων, πλουτῶν εἰς πάν-
τας τοὺς ἐπικαλουμένους αὐτόν.
Röm. 10,12.

BERLIN

DRUCK UND VERLAG VON GEORG REIMER

1904.

OTTO PFLEIDERER

IN AUFRICHTIGER VEREHRUNG.

INHALT.

VORWORT.

Ich weiß wohl, daß mancher nicht einmal über den Titel dieses Buches, der bereits seinen stärksten Widerspruch herausfordern dürfte, hinwegkommen wird. Darum möchte ich den Leser bitten, allen Zweifel womöglich so lange zu unterdrücken, als ihm nicht der Gedankengang und die Beweiskette, wie sich beide von Anfang bis Ende hinziehen, klar zu Tage liegen. Im allgemeinen freilich ist dies leichter geraten als befolgt. Denn das fertige Urteil, das wir zur Lektüre der heiligen Schriften und der mit denselben sich befassenden alten Auslegungen mitbringen, erschwert ungemein die objektive Betrachtung. Die heilige Scheu vor dem göttlichen Geiste, der aus dem alt- und neutestamentlichen Schrifttum spricht, das wir uns nicht gern als den Ausfluß einer naturgemäßen langen Kulturentwicklung vorstellen, verbietet uns, an fremde, und noch dazu profane Einflüsse zu denken. — Habe ich doch selbst diese ewig sich einfindende Scheu zu überwinden gehabt. Weiß ich doch selbst, wie sehr ich vor dem Gedanken, daß die Hagiographen zum großen Teil erst in griechischer Zeit und unter Einwirkung des griechischen Geistes entstanden, als er sich mir zum erstenmal aufdrängte, zurückschreckte, und wie ängstlich ich mich bemühte, ihn abzuweisen! Das war aber vergebliche Mühe. Immer wieder meldete er sich und immer ungestümer. Erst nach Jahren unausgesetzten Nachdenkens und Forschens, und da ich sah, wie viele Rätsel er mir zu lösen versprach, gelang es mir, mich zu größerer innerer Freiheit emporzuringen, die von den hergebrachten Überlieferungen geschaffene Illusion des grauen Alters dieser biblischen Werke fahren zu lassen, wofür sich mir freilich der lohnende Ausblick auf die erstaunliche Aufnahms- und Anpassungsfähigkeit des Judentums eröffnete, welche es tatsächlich als „Wegweiser der Sterblichen" prädestiniert erscheinen ließen. Der Gewinn war sonach ein größerer als der Verlust.

Soll ich nun der Wahrheit, wie sie sich mir aufdrängte, die Ehre geben, so bin ich genötigt, noch eine andere Illusion, in der

wir Juden befangen sind, zu zerstören. Und wie Nathan seiner
wahnbefangenen Recha, der er Gesundung bringen will, rufe auch
ich meiner Glaubensgenossenschaft zu: „Es ist Arzenei, nicht Gift,
was ich dir reiche." — Wir leben nämlich in dem frommen Wahn,
im Talmud den einzigen untrüglichen Schlüssel zum Verständnis der
Bibel zu besitzen. Der Talmud — so meinen wir — übermittle uns
ja die seit den Propheten, ja selbst von Moses her mündlich überlieferte unverfälschte ursprüngliche Auffassung der geschriebenen
Lehre. Das ist aber ein schwerer, und ich darf wohl sagen, verhängnis-
voller Irrtum. Denn einmal reichen die talmudischen Auffassungen
und Überlieferungen im allgemeinen kaum bis in das zweite vorchristliche Jahrhundert zurück, und dann ist der Geist des Talmud ein ganz
anderer als der der Weisheitsliteratur, ja sogar ein ungleich engerer
und beschränkterer als selbst jener der streng national und partikularistisch gerichteten Psalmen, so daß schon die ältesten Lehrer der
Mischna unmöglich mehr den in der Weisheitsliteratur gepredigten
Universalismus zu verstehen, geschweige denn weiterzubilden vermochten. Im Talmud herrscht der Geist des Propheten Jona, der
von seiner großen Weltmission träumt, und da der Ruf an ihn ergeht,
sie zu erfüllen, vor ihr die Flucht ergreift, um in einem verborgenen,
weltvergessenen Winkel einen behaglichen Unterschlupf zu finden.

Die Erben des Geistes der Weisheitsliteratur sind nicht die
Schöpfer des Talmud, sondern die Diasporajuden in den hellenischen
und hellenisierten Landen, in deren Schrifttum sich eben jene Syn-
these des von den Propheten verkündeten Judentums und der
griechischen Philosophie vollzieht, die für die Weisheitsliteratur so
überaus charakteristisch ist.

Sowie nun jenes Judentum, welches diese höchst merkwürdige,
alle einengenden nationalen Schranken niederreißende Literatur
schuf, die Richtung Esras und Nehemias erst überwinden mußte,
um innerlich frei werden und sich zu dem reinsten Universalismus
emporschwingen zu können; so müssen wir heute vorerst den
unsern Gesichtskreis verengenden Geist des Talmud vollständig
überwinden, um jenes Schrifttum nach Gebühr würdigen und wieder
in die Reihe der Kulturträger treten zu können, daraus uns die
Beschränktheit und Kurzsichtigkeit fanatischer Volkslehrer vor zwei
Jahrtausenden gewaltsam gerissen.

Man kann es genau beobachten: Der Geist des Judentums geriet mit den Makkabäersiegen auf die abschüssige Bahn der Reak-

tion, auf welcher ihn fortan die desolaten politischen und sozialen Verhältnisse in der Periode der Hasmonäer und Herodeer, und nach dem völligen Untergang der Nation der unsagbare auf den Juden lastende Druck erhielt. Immer tiefer verirrte sich dieser Geist in das nationale und rituelle Gebiet, immer weiter entfernte er sich von seinem erhabenen Ursprung, sich in minutiöse Tüfteleien und kasuistische Spekulation verlierend, die über unbedeutendem Detail die großen Gesichtspunkte gänzlich aus den Augen ließen. Schon um die Zeit der Entstehung des Christentums rügt Philo mit vieler Schärfe — allerdings vor tauben Ohren — diese so verhängnisvoll werdende Verirrung des jüdischen Geistes. „Gott läßt", so klagt er, „sein Volk von Unwürdigen überwunden und unterdrückt werden, weil es Unheiliges verübt, weil es, obgleich in einem Staate lebend, der von Gott geliebt, unter Gesetzen aufgewachsen, die zu jeder Tugend anleiten, von frühester Jugend erzogen zu allem, was dem Manne am meisten ziemt; dieses alles dennoch gering achtet, und dagegen dem nachjagt, was in Wahrheit gering geschätzt zu werden verdient, Kleinigkeiten wichtig nehmend und große Dinge gleichgiltig behandelnd."[1]

Der Talmud ist das Produkt einer finsteren Zeit, in der die Reaktion im Judentum, unterstützt von innern und äußern Drangsalen, die Isolierungsarbeit mit fieberhafter Hast begann, die bis in die neueste Zeit, dank dem ewigen Drucke, dem die Juden fortlaufend mit nur geringen Unterbrechungen ausgesetzt waren, fortminiert. Dieser Geist hat sich mit Bleigewicht an unsere Sohlen geheftet, und so oft wir ihn, wenn leichtere und heitere Tage kamen, abschütteln wollten, ihn bereits abgeschüttelt zu haben vermeinten; seine Fangarme streckten sich immer wieder nach uns aus, sobald wir wieder in Nöten kamen, und zogen uns in die Nacht des Ghetto hinunter.

Mit dem Aufkommen der pharisäischen Schriftgelehrsamkeit gegen Ende des zweiten vorchristlichen Jahrhunderts, die den Geist der Propheten und der Weisheitslehrer vergewaltigte, erstand das große Ghetto in Palästina mit seinen immer enger werdenden „Schranken auf Schranken". Dieses Ghetto, in dessen Reiche der

---

[1] Philo, de vict. off. II, 259: . . . . . .οἳ γεννηθέντες ʼεν πολιτείᾳ φιλοθέῳ καὶ ἐντραφέντες νόμοις ἐπὶ πᾶσαν ἀρετὴν ἀλείφουσι καὶ ἐκ πρώτης ἡλικίας παιδευόμενοι τὰ κάλλιστα ἀνδράσι, τῶν μὲν ὀλιγωροῦμεν, τῶν δὲ ὡς ἀληθῶς ὀλιγωρίας ἀξίων περιεχόμεθα, παιδιὰν μὲν τὰ σπουδαῖα, σπουδῆς δὲ τὰ παιδιᾶς ἄξια ἡγούμενοι.

Talmud herrscht, begleitete uns seither auf allen unsern Wüsten-
wanderungen, und wenn uns auf diesen langen und trostlosen Wanderungen irgendwann und irgendwo eine Oase entgegenwinkte und
wir ungestüm auf sie zustürzten, vermeinend, das uns begleitende
Ghetto weit hinter uns gelassen zu haben: es blieb uns immer nah,
um uns wieder aufzunehmen; wir sanken von neuem in dasselbe
zurück, sobald die Oase sich als eine fata morgana enthüllte. Und
so blieben wir in dieser Kulturwelt ewig mit einem Fuße im Ghetto
stecken, ewig die bald mehr, bald weniger sichtbaren Fesseln des
fremden orientalischen Geistes tragend und außerstande, in der
neuen, für uns doch schon so alten Welt ganz heimisch werden zu
können, zumal man hier nicht allzu lange mit uns Geduld hatte
und uns nicht die nötige Zeit gewährte, um die letzten Trümmer
unseres Ghettogehäuses gänzlich von uns abzutun. — Werden wir
endlich einmal anfangen, aus unserer endlos langen Leidens-
geschichte zu lernen?

Warum uns der Talmud so heilig? Weil er ein Kind unseres
Alters, weil er unser Schmerzenskind, weil er stets verfolgt wurde,
wie wir, weil an ihm niemals ein gutes Haar gelassen wurde, wie
an uns, weil er verbrannt wurde, wie wir, gehaßt und gemartert,
wie wir; kurz weil Scheiterhaufen und Austreibungen ihn, wie uns,
zum Märtyrer machten. Darum ist er uns ein Heiliger geworden,
dem wir mit profanen Händen nicht nahe zu kommen wagen, und
er wird es uns so lange bleiben, als ihm gehässige und verleumde-
rische Anfeindungen den künstlich um ihn gewobenen Nimbus erhalten werden, als nicht ein leidenschaftsloses, von Haß und Liebe
ungetrübtes Urteil die reinste Wahrheit über ihn verbreiten und
hüben und drüben Gehör finden wird.

Man komme mir aber ja nicht wieder mit der so oft und bis
zum Überdruß abgeleierten Phrase: der Talmud habe das Judentum bis auf den heutigen Tag erhalten! Das Umgekehrte vielmehr
ist das Richtige: die Juden haben den Talmud erhalten! Das zeigt
sich auch schlagend in unsern Tagen, wo der Talmud, nachdem
er längst als überlebt und abgetan geglaubt wurde, wieder aus
seiner Versenkung, aus dem Staub der Bibliotheken, emportaucht,
und wo er — nicht das aschenbrödelmäßig behandelte biblische
Schrifttum — den Mittelpunkt, ja das Um und Auf der Studien
bildet, mit denen der „moderne“ Rabbiner, der geistige und see-
lische Führer der jüdischen Gemeinde, sich zu befassen hat. —

Und gesetzt den Fall, die Erhaltung des Judentums wäre wirklich an den Talmud gebunden, dann taucht das eigentliche Grundproblem auf, ob die Erhaltung eines Judentums, das verurteilt ist, Talmudjudentum zu bleiben und als solches sein Existenzminimum zur Not gewährleistet sieht, nie aber den Geist der modernen Kultur befruchten kann, überhaupt wünschenswert ist. — Ich meine aber, daß das Judentum, geleitet von einem andern Geiste, von dem Geiste, wie er in der kanonischen Weisheitsliteratur herrscht, ein Judentum, das nach dem Vorbilde der großen Propheten und Weisheitslehrer mit der Zeit gegangen wäre, sich stetig mit ihr verjüngt hätte: allen Zeiten gerecht worden wäre. — Über das Judentum aber, wie es der Pharisäismus geschaffen und konserviert hat, ist die Geschichte hinweggegangen; und wenn auch einzelne seiner Söhne in den historischen Werdegang aktiv eingegriffen haben, dann war es nicht das pharisäische Judentum, sondern das allgemein Menschliche in ihnen, dem sie diesen Effekt dankten.

Und weiters, im Pharisäismus wurde die Frömmigkeit von der Schriftgelehrsamkeit derart überwuchert, daß sie darin völlig unterzugehen drohte, so daß selbst ein Hillel, in welchem wir das Ideal eines freisinnigen, feinfühligen und wahrhaft frommen Schriftgelehrten zu sehen gewohnt sind, sich Frömmigkeit ohne Gesetzesgelehrsamkeit gar nicht denken konnte und den bekannten Ausspruch tat: „Ein Am-haarez kann kein Chasid sein“! Nach dieser Theorie war auch der Einfaltsfromme in den Psalmen — der eigentliche Chasid —, der ja von der pharisäischen Schriftgelehrsamkeit noch nichts wußte, nicht der richtige Fromme.

Damit will ich aber durchaus nicht den Talmud in Bausch und Bogen verurteilt wissen, zumal ich ihn aus seiner Zeit zu verstehen mich bemühe; aber gegen die Auffassung, daß ihm das Recht zustehe, auch heute noch unsern Geist und unser Gemüt zu tyrannisieren, muß ich mich mit aller Entschiedenheit kehren. Er gehört der Längstvergangenheit, dem mittelalterlichen Ghettojudentum, an; unsere Zeit aber verlangt eine moderne Religion, eine Religion, wie sie einstens unsere Vorfahren, als sie in engen und regen Verkehr mit der griechischen Kulturwelt traten, durch Vermählung des alten Geistes mit dem neuen, geschaffen und zum Gemeingut der gebildeten Welt gemacht haben. —

Ich weiß ganz gut, daß der Talmud bei aller Verirrung seiner Halacha ein ethisches Werk ist, daß er Aussprüche und Lehren über Gott und Welt, über Frömmigkeit und Menschenliebe enthält, die an Größe und Reinheit kaum von den Lehren irgend einer andern Religion übertroffen werden, und die ja vielfach in dem jüdischen Neuen Testament wiederkehren; aber das macht mich nicht blind gegen die offenliegende Tatsache, daß hier das Licht unter den Scheffel der Halacha gestellt ist, die den ganzen Menschen umspinnen und ihn unaufhörlich in die Niederungen des Ghetto herabziehen will. — Der Talmud kann fromme, sogar edle Juden, niemals aber innerlich freie Menschen heranbilden. Das liegt ganz abseits von seinen Wegen. Seine Halacha will vielmehr das ganze Leben und Wesen des Juden regeln, jeden seiner Schritte beengen und ihn nicht zur Höhe des Menschentums sich emporschwingen lassen. Ich leugne es, daß der Talmud die Religion der Gegenwart zu sein vermöge, oder daß er gar einer religiösen Wiedergeburt fähig, daß er uns zur Höhe einer philosophisch geläuterten Ethik emporheben könne. Vermöchte er dies, so müßten die Juden in den östlichen Ländern, in denen der Talmud noch einigermaßen lebendig wirkt, die sittenreinsten und edelsten Menschen sein. Das Gegenteil aber ist der Fall: Die Juden des Westens, die im allgemeinen von dem Talmud nichts mehr wissen, ihn nur noch vom Hörensagen kennen — zumeist aus den tendenziösen Darstellungen und gehässigen Entstellungen fanatischer Judenfeinde, die ihn als gemeinschädlich erscheinen lassen, während er doch in Wahrheit niemand jemals als die Juden selbst geschädigt hat — stehen ethisch ungleich höher als ihre östlichen Glaubensgenossen. Was lehrt uns dies? Daß wir Juden des Westens nicht dem Talmud, sondern der hochentwickelten Kultur unsere höhere sittliche Bildung verdanken; während der Talmud den Juden des Ostens keine wirksame Stütze gegen die schädlichen Einflüsse der dort herrschenden Unkultur zu bieten vermag.

Ich bin mir wohl bewußt, mit diesen meinen Anschauungen gegen die heute im Judentum herrschenden, ebenso seichten als uferlosen Strömungen, welche die durch die antisemitische Bewegung geschaffene Verwirrung noch ins Ungeheuerliche steigern, arg zu verstoßen. Ich bin darauf gefaßt, daß meine Mahnung zur Ein- und Umkehr ungehört im wüsten Lärm des Tageskampfes verhallen, oder, wenn beachtet, vielleicht als unjüdisch und gotteslästerlich verschrien werden wird. Weiß ich doch, wie schwer sich auch sonst die Stimme der Vernunft Gehör zu verschaffen vermag, und insbesondere bei uns Juden, die wir zu unserem ewigen Verhängnis fast nie die reine Wahrheit zu hören bekommen: weder von Freund noch von Feind. Der erstere macht uns zu Engeln und „Königssöhnen", der letztere zu Satanskindern; während wir in Wirklichkeit weder so pervers sind, wie unsere Hasser uns darstellen, noch so lammfromm und auserlesen, wie unsere Rabbiner uns glauben machen wollen. — Und gar in diesen Tagen leidenschaftlicher Erregung! Da hört man weit lieber klingende, den Massen schmeichelnde, die Gemüter erhitzende Schlagworte und schwulstige Gemeinplätze, als den ernüchternden Ruf zur Einkehr und zum Nachdenken. Aber das soll mich nicht abhalten, meinen Glaubensgenossen offen zu sagen, was ich aus einem eingehenden Studium unserer Geschichte gelernt; ob sie mich hören wollen oder nicht, ob sie lieber ephemeren blinden Blindenführern Gefolgschaft leisten, als das unbestochene Urteil eines weder von Ehrsucht noch von irgend einem Vorteil geleiteten Freundes der Wahrheit vernehmen wollen. Ich verlange ja nicht, daß man mir blind glaube, nur das verlange ich, daß man die Darlegung meiner Geschichtsauffassung und ihre Belege prüfe, um zum selbständigen Denken angeregt zu werden. Vielleicht daß dann endlich doch der richtige Weg gefunden und eingeschlagen wird. — Ich denke da an die Worte, die Luther den „Bürgermeistern und Ratherren allerlei Städte in den deutschen Landen", denen er eindringlich empfiehlt, überall aufklärende Volksschulen und gute Bibliotheken zu errichten, zuruft:

„Darumb, liebe Herren, laßt euch das Werk anliegen, das Gott so hoch von euch fordert, das euer Amt schuldig ist, das der Jugend so noth ist und deß weder Welt noch Geist entbehren kann. Wir sind, leider, lang genug in Finsternis verfaulet und verdorben. — Laßt uns einmal auch der Vernunft brauchen, daß Gott merke die Dankbarkeit seiner Güter, und andere Lande sehen, daß wir auch Menschen und Leute sind, die etwas Nützliches entweder von ihnen lernen oder sie lehren könnten, damit auch durch uns die Welt gebessert werde. Ich habe das meine gethan: Ich wollte ja deutschem Lande gerne geraten und geholfen haben — ob mich gleich Etlich darüber werden verachten und solchen treuen Rath in Wind schlahen und Besseres wissen wollen, das muß ich geschehen lassen. Ich weiß wohl, daß es Andere künnen besser haben ausgericht; aber weil sie schweigen, richt ichs aus,

so gut als ichs kann. Es ist ja besser dazu geredt, wie unge-
schickt es auch sei, denn allerdinge davon geschwiegen. Und bin
der Hoffnung, Gott werde ja euer Etliche erwecken, daß mein treuer
Rat nicht gar in die Aschen falle, und werden ansehen nicht den,
der es redt, sondern die Sache selbs bewegen und sich bewegen
lassen. — — Derhalben bitt ich euch, meine lieben Herrn, wollet
diese meine Treue und Fleiß bei euch lassen Frucht schaffen. Und
ob Etlich wären, die mich zu gering dafür hielten, daß sie meines
Raths sollten leben, oder mich als den Verdammten von den Ty-
rannen, verachten: die wollten doch das ansehen, daß ich nicht
das Meine, sondern allein des ganzen deutschen Lands Glück und
Heil suche. Und ob ich schon ein Narr wäre, und träfe doch
was Guts, sollts ja keinem Weisen ein Schande dünken mir zu
folgen. Und ob ich gleich ein Türke und Heide wäre, so man
doch siehet, daß nicht mir daraus kann Nutzen kommen,
sondern den Christen, sollen sie doch billig meinen Dienst nicht
verachten. Es hat wohl ehemals ein Narr baß zugerathen, denn
ein ganzer Rath der Klugen. Moses mußte sich von Jethro lehren
lassen.“

Ich getraue mich jedoch nicht zu hoffen, daß es in absehbarer
Zeit bei uns besser werden könnte; es wäre denn, daß der Juden-
haß, wie durch ein Wunder, ein rasches Ende nähme und gleichzeitig in unserer Mitte Männer erstünden, die, geistesstark und
hellsichtig wie Paulus und kraftvoll wie Luther, uns aus zwei-
tausendjähriger Nacht dem lichten Tag entgegenführten, die die
Macht besäßen, die von dem Pharisäismus in den Momenten nationalen Rausches um uns geschmiedeten und in den langen und
bangen Jahrhunderten unsagbaren Druckes gehärteten geistigen
Fesseln endgiltig zu sprengen. Aber woher sollen uns solche Männer
kommen? Etwa aus den Rabbinerschulen, die unsere Religions-
wissenschaft zu bevormunden sich herausnehmen und in herren-
loser Zeit in den Besitz des Monopols gelangt sind, uns die
geistigen Führer, geeichte Rabbiner, zu liefern? Und welches sind
die Erziehungs- und Bildungsmittel dieser Rabbinerdrillanstalten?
Talmud, Talmud und wieder Talmud! Gleichwohl tritt schließlich der absolvierte Rabbiner in die Praxis mit nur sehr dürftigen
talmudischen Kenntnissen, da ja in diesen Rabbinerschulen der
Talmud in ganz bestimmter Richtung und zu ganz bestimmten
Zwecken: behufs Eintrichterns eines massigen, bei den Juden der

Kulturländer längst außer Kurs gekommenen Ritualgesetzes behandelt wird, so daß der in den heutigen Seminarien ausgebildete Rabbiner nur selten in den Besitz der Fähigkeiten gelangt, den Talmud für die Geschichte und Religionsphilosophie verwerten zu können.

Vor mir liegt der jüngste Jahresbericht des Wiener Rabbinerseminars, das sich „israelitisch-theologische Lehranstalt" nennt. Unwillkürlich greife ich mir beim Anblick dieses starken Restes mittelalterlichen Judentums an den Kopf, um mich zu überzeugen, ob ich wache, oder ein Märchen aus uralten Zeiten träume. Der Unterrichtsplan, nicht minder merkwürdig in dem wenigen, das er bietet, als in dem vielen, das er aus seinem Lehrkreis ausschließt, weist auf: zehn Stunden die Woche Talmudisches gegen nur vier Stunden Bibel und Exegese und eine Stunde Religionsphilosophie! — Wer erinnert sich da nicht an die unmögliche Kost, die Falstaff seinem Kadaver bietet: „Nur für einen halben Pfennig Brot zu dieser unbilligen Menge Sekt!" Es wäre wahrhaftig zum Kranklachen, wäre es nicht zum Totweinen. Und dazu der kurzatmige, gleichwohl ganz inhaltlose Bericht des Rektors, der nichts zu berichten weiß und in folgendem widersinnigen Satze gipfelt:

„Unser Judentum ist ein rabbinisches, und nur als solches kann es mit den gebieterischen Forderungen der fortschreitenden Zeit in Einklang gebracht werden."

Ein solches schemenhafte Judentum getraut sich noch in unsern Tagen ein Rabbinerseminar-Direktor im Namen seiner Anstalt und im Angesicht eines Kuratoriums zu vertreten, dessen Mitglieder sich aus den Kreisen der haute finance, der Bankleute, Advokaten usw. rekrutieren, aus Männern, die doch am Ende auch als moderne Menschen gelten wollen, und die sich gewiß entrüstet dagegen wehren würden, wenn man ihnen draußen, im Leben, partikularistische Gelüste, religiöse Engherzigkeit und Mangel an echtem Liberalismus und Freisinn zum Vorwurf machte!

Gewiß, ich weiß es, daß diese Leute allesamt von Talmud und „rabbinischem Judentum" auch nicht die leiseste Kenntnis haben, und ich bin der letzte, der es ihnen als Sünde anrechnen würde. Denn nach meinem Bedünken können sie, selbst mit diesem Mangel behaftet, immer noch recht wackere Menschen und sogar tüchtige Kuratoren einer wirklich modernen Rabbiner-Bildungsanstalt sein. Aber als solche sollten sie sich doch über den

Geist unterrichten, in welchem die ihnen unterstehende Anstalt geleitet wird, zum mindesten ebenso wie sie als Verwaltungsräte
von Banken etc. sich über die Geschäftszweige und Geschäfts-
gebarungen derselben informieren, um die Arbeiten der Direktoren
und Beamten kontrolieren zu können. Und wenn sie auch nur
den Rabbinerprüfungen beiwohnten — wozu sie doch als Kuratoren
verpflichtet sind — und da mitanhörten, welcher Art die Kennt-
nisse sind, die von einem künftigen „Seelsorger“, dem heutigen
Volkserzieher, gefordert werden; dann müßten sie, wofern es ihnen
mit der Überwachung der Heranbildung wahrhaft moderner Rabbiner ernst ist, gegen einen solchen Obskurantismus entschieden
Stellung nehmen und mit dem ganzen mittelalterlichen Spuk gründlich aufräumen.

Oder glauben diese das Kapital und die Intelligenz repräsentieren-
den Kuratoren, die sich von dem „rabbinischen Judentum“ längst
emanzipiert haben, daß es ein frommes Werk sei, die jüdische
misera plebs die Bürden des Gesetzes nach wie vor tragen zu lassen?

Am Ende wird denn doch jener Rabbiner Recht behalten, der
vor kurzem mit anerkennenswertem Freimut die dem heutigen
Rabbiner gestellte Aufgabe dahin definierte: daß dieser in seiner
Gemeinde den ruhenden Pol in der Erscheinungen Flucht bilden,
ewig den Talmudjuden repräsentieren müsse, während seine Gemeinde, auf die er zu wirken berufen, dem ganzen Ritualgesetz
längst den Rücken gekehrt. [1])

____

[1]) Dr. A. Tänzer, Rabbiner für Tirol und Vorarlberg in seiner nach
manchen Seiten hin sehr interessanten und symptomatischen Schrift: Judentum und Entwicklungslehre. Berlin 1903. Man lese nur folgende Sätze
S. 50 ff.: „Ich frage jeden aufrichtigen Glaubensgenossen, ob ihm der täglich
und stündlich sich erweiternde Zwiespalt zwischen Lehre und Leben in den
Kreisen der Juden allenthalben nicht längst klar geworden, die Kluft zwischen
der Lehre von einst im jüd. Zeremonialgesetze und dem Leben von heute,
das die Einhaltung auch nur eines Teiles desselben nur mit Opfern und Entsagung ermöglicht. — Die Arbeits- und Geschäftsruhe am Sabbath, die Speisegesetze, die Ehegesetzgebung in ihrer heutigen Verfassung bilden feste Bestandteile des jüd. Religionsgesetzes, insolange als Talmud und Schulchan-Aruch
uneingeschränkt die offiziellen Religionsgesetzbücher der Juden bilden. —
Sabbath- und Speisegesetze aber werden heute in den israelitischen Gemeinden
westlicher Kultur nur noch von den wenigsten beobachtet, in vielen Land-
gemeinden ist des Rabbiners Haus das einzige mit „ritueller“ Küche . . . . .
Das übliche Hineinlesen in Bibel, Talmud und Schulchan-Aruch, das Auslegen
und ähnliche den ernsten wissenschaftlichen Denker eigentümlich anmutende

Es hat tatsächlich den Anschein, als ob der Rabbiner in der großen Gemeinde reichlich, in der kleinen und notleidenden zum Erbarmen dotiert werde als Lohn dafür, daß er die Rolle des Talmudjuden recht oder schlecht, geschickt oder jämmerlich spiele, daß er den aus dem Leben verbannten und in der Synagoge eingesargten Ghettogeist konserviere, ihn in sich selbst verkörpere: um auf diese Weise eine in den Schulen von unberufenen, die Bibel mit täppischen Händen anfassenden Religionslehrern für den reinen Glauben untauglich gemachte Jugend praktisch zu erbauen! — Unsere Rabbiner aber sollen auf der Höhe der Zeit stehen und wegweisend für uns sein. Sie sollen der Zukunft und nicht der Vergangenheit dienen. Sie sollen den Talmud so behandeln lernen, wie die christlichen Theologen die patristische Literatur behandeln, um die Entwicklung und auch Rückentwicklung des Judentums gründlich verfolgen zu können; sie sollen aber nicht aus dem Talmud einen Fetischdienst machen dürfen!

Zum Glück bin ich nicht der einzige, der gegen die heutige, ganz verkehrte und längst verlebte Art, Rabbiner heranzubilden, seine Stimme erhebt. Es werden gegen dieselbe bereits in Rabbinerkreisen Proteste laut. Allerdings nicht in den Kreisen der allerjüngsten Rabbiner, die, herangebildet in unsern Tagen der Kaplanokratie, aus völliger Unkenntnis des wahren Wesens des Judentums und verzweifelnd an dessen innerer Kraft und Zukunftsstärke, sich dem jüngsten, mit journalistischem Flitter verbrämten Tagesgötzen, Zionismus genannt, den letzthin ein tiefblickender Gelehrter treffend als die Negation des Judentums charakterisierte, in die Arme werfen; wohl aber geben bereits da und dort ernste, nach dem innersten Wesen des Judentums forschende Rabbiner

Experimente helfen hier gar nichts, denn der Wortlaut entscheidet, und nach diesem hat jeder, der Sabbath- oder Speisegesetze übertritt, als sündhafter Jude betrachtet zu werden. — — Der Rabbiner, von dem Staat und Gemeinde mit bestem Rechte verlangen, daß er auf der Höhe moderner Bildung stehe, er wird von den Gemeinden als Standsäule, als Erinnerungsdenkmal der alten Zeit zu peinlicher Beobachtung desselben Zeremonialgesetzes aufgestellt, über das sich oft die ganze Gemeinde hinwegsetzt. Der Rabbiner vertritt die alte Lehre, die Gemeinde das moderne Leben. Eine unerhörte Halbheit! — — Gilt das alte Zeremonialgesetz für die Gemeinde als nicht mehr in Kraft, also als abgetan, dann beschämt sie sich selbst, wenn sie ihren modern gebildeten Rabbiner als Totenwächter dazu hinsetzt.“

ihrem Unmut gegen die gründlich verfehlte Lehr- und Erziehungs-
weise in den Rabbinerseminarien, aus denen sie selbst hervorgegangen, unverhohlen Ausdruck. So schrieb vor kurzem ein gelehrter und — was heutzutage ganz besonders hervorgehoben zu
werden verdient — freisinniger Rabbiner[1]) die folgenden lapi-
daren Worte: „Unsere Seminarien befassen sich viel zu wenig
und viel zu oberflächlich mit der Bibel und der biblischen
Zeit; von eingehendem Unterricht an denselben über das israelitische Volk, seine kulturelle, religiöse Entwicklung ist nicht viel
zu sehen. — — Schwer trägt ein großer Teil unserer Intelligenz
an dem Joche unseres Himmelreiches. Was soll diese Männer an
uns ketten, die erfüllt von deutscher Kultur und Sitte und Wissenschaft, das Judentum an sich selbst wie einen Fremdkörper fühlen?“
— Und von der neutestamentlichen Zeit sprechend, führt er, in
Billigung der in meinen Schriften verfolgten Richtung, aus: „Wo
sind die mächtigen, imponierenden Werke, von Juden geschrieben,
die den Werdegang der jüdischen Religiosität jener Zeiten in ihrem
wahren Lichte zeigen würden? Man kann doch nicht behaupten,
daß jene Zeit nicht unser wissenschaftliches Gebiet sei! Ohne genaue, tiefe Kenntnis der damaligen jüdischen Literatur ist ja jene
Zeit ein Buch mit sieben Siegeln. Jesus war Jude, durch und
durch Jude, und wir hätten nicht das Recht, dem Urchristentum
unsere volle wissenschaftliche Aufmerksamkeit zu widmen, noch
dazu heute, wo von christlichen Gelehrten das damalige Judentum
so tendenziös verkannt wird? Ich suche aber in den Lehrplänen
vergebens nach einem Kurs über die religiöse Entwicklung des
Judentums. Wir haben unglücklicherweise unsere ganze
Liebe dem mittelalterlichen Judentum geopfert und sehen
die Zeit der Entstehung des Christentums und selbst die prophetische Epoche als an der Peripherie unserer Religionsgeschichte gelegen an. Ist es nicht geradezu ungeheuerlich, daß den meisten
modernen jüdischen Rabbinern die pseudepigraphe und apokryphe
Literatur, Philo und Josephus, der ganze jüdische Hellenismus kaum
recht gewürdigte Dimensionen sind, daß der ganze Talmudunterricht
nur in öder Buchstabenkritik besteht? Seit einem halben Jahr-

[1]) Dr. J. Ziegler, Rabbiner in Karlsbad, in dem Artikel: „Neue Bahnen
für die jüd. Wissenschaft“. Allgem. Zeitung des Judentums. Mai 1903.
Nr. 20, S. 235 ff.

hundert wirken unsere Seminarien, und sie haben uns noch keinen großen Theologen gegeben! — — — Es wäre wahrlich an der Zeit, zu erkennen, daß der Lehrstoff an den Rabbinerschulen auf ein höheres Niveau gestellt werden muß, daß er von großen, weitreichenden und weitausschauenden Gedanken und Prinzipien erfüllt sei, nicht von kleinlichem Kram und wertlosem Schablonentum. Und endlich, viel steht auf dem Spiele: die Erhaltung der jüdischen Intelligenz für das Judentum. Dringend verlangt sie von uns Aufklärung über das Judentum, über das ganze Gebiet seiner Entwicklung, über sein Wesen, seinen Wert; noch zweifelt sie vielfach an der Glaubwürdigkeit der christlichen Theologie in bezug auf das Judentum, allzu lange dürfen wir sie auf die richtige Antwort nicht warten lassen." —

So spricht ein wahrhaft moderner, selbst aus dem Rabbinerseminar hervorgegangener Rabbiner.

Ich könnte hier noch manche, in jüngster Zeit laut gewordene, nicht minder entschiedene Verurteilungen der herrschenden theologischen Richtung anführen, deren eine beispielsweise geradezu die Losung ausgibt: „Zurück zu den Propheten und los vom Talmud!" an dessen Erhaltung und einseitiger Pflege doch nur die Rabbiner und Rabbinerschulen ein vitales Interesse haben, da es ja ohne diese Disziplin, die ihr Arcanum bildet, um ihre Existenz geschehen wäre; allein es sind doch immer nur vereinzelte Proteste und Mahnungen, und ich wage, wie gesagt, nicht zu hoffen, daß sie sich Gehör verschaffen und eine Wendung zum Bessern herbeiführen werden. Ich wage es schon deshalb nicht, weil ich sehe, wie selbst in diesen Tagen so harter Prüfungen, die uns doch endlich die Augen gewaltsam öffnen müßten, die Täuschung ungleich mächtiger wirkt als die Stimme der Wahrheit, die Phrase bestrickender als das eindringlichste und einleuchtendste Wort der Vernunft. — —

Das Judentum hat sich auf den Trümmern hoher Kulturen aufgebaut. Es hat das große und unvergängliche Verdienst, die höchsten Ideen der Vorwelt, die sonst mit dieser untergegangen wären, in sich aufgenommen, genuin verarbeitet, im monotheistischen Geiste religiös umgesetzt und sie so für alle Zeiten erhalten zu haben. Es hat seine Existenz auf das feste Fundament der ehedem hochentwickelten Kultur Babylons und Ägyptens — des uralten und des spätern hellenisierten Ägypten — gestellt und auf diese Weise die Bildung einer Weltreligion ermöglicht. Es hat also für die Welt, nicht aber — nach Erfüllung seiner Mission — für sich selbst gesorgt. Es kann, wie Sulamith im Hohenlied, klagen: „Man hat mich zum Hüter der Weinberge gemacht, aber meinen Weinberg, den ich hatte, habe ich nicht gehütet.“ Denn daß der Talmud der Weinberg Israels sei, dem in Zukunft, wie einst seiner Bibel, das Heil der Welt entsprießen könnte, das wird doch wohl heute auch nicht der orthodoxeste Rabbiner ernstlich behaupten wollen. —

Diese flüchtige Betrachtung wollte ich meiner Schrift, die den jüdischen Geist in der vollendetsten Reife seiner dem Allgemeinen zustrebenden Entwicklung zeigt, vorausgeschickt haben.*)

Wien, Mai 1904.				Moriz Friedländer.

---

*) Es sei mir gestattet, an dieser Stelle dem Schriftsteller und verdienstvollen Bibliothekar der Wiener israelitischen Kultusgemeinde Herrn Dr. B. Münz für sein mir stets bewiesenes eifriges Entgegenkommen meinen verbindlichsten Dank auszusprechen.

GRIECHISCHE PHILOSOPHIE

IM ALTEN TESTAMENT

EINLEITUNG.

Die Geschichte des Judentums weist in einer seiner bedeutungsvollsten Perioden, in welcher es sich, wie es den Anschein haben
möchte, gleichsam mit Ausschluß der Öffentlichkeit aus einem engen
Nationalismus zu einem weitausblickenden Universalismus hervor-
zuringen begann, eine klaffende Lücke auf. Von dem Entwicklungs-
gang, welchen das Judentum nach dem Exil bis zur makkabäischen
Erhebung durchgemacht hat, wissen wir so viel wie nichts. Und
doch fallen in diese denkwürdige Epoche die großen und grund-
stürzenden, durch den Welteroberer Alerander d. Gr. herbeigeführten
Umwälzungen, von denen auch Palästina, als im Mittelpunkt der
Ereignisse liegend, die neue geistige Werte dem Orient zuführten,
nicht unberührt geblieben ist. „Über das Schicksal der jüdischen
Gemeinde in dem ersten Jahrhundert“, sagt Stade,[1] „welches zwischen
Nehemias Statthalterschaft und dem Einbruch Alexanders in das
persische Reich verflossen ist, durch welche ganz Vorderasien in
eine neue Entwicklung hineingerissen wurde, erfahren wir aus dem
Alten Testament direkt gar nichts. Und auch die geschichtliche Überlieferung anderer Völker läßt uns für diesen Zeitraum
in der Geschichte der Gemeinde völlig im Stich." — Ist dem aber
wirklich so? Erzählt uns tatsächlich das Alte Testament nicht mehr,
wie es im Judentum dieser und der nachfolgenden Epochen aus-
gesehen? Hat in Wirklichkeit die durch Esra und Nehemia inaugurierte Herrschaft des „Gesetzes“ alle Prophetie, alle Inspiration
erstickt, so daß im günstigsten Falle nur noch eine schwache und
bald auch verlöschende, reproduzierende, prophetische Schriftstellerei
zurückgeblieben wäre? Verhielte es sich aber tatsächlich so, wäre
die Inspiration endgiltig von der Herrschaft des Gesetzes abgelöst
worden, wie wäre es zu erklären, daß sie nach etwa dritthalb Jahrhunderten plötzlich und unvermittelt wieder aufflackert und daß
da an den so lange abgeschlossenen Kanon in der Zeit der Makka-

---

[1] Gesch. des Volkes Isr. in Onkens Allg. Gesch. II, 194.

bäcrerhebung Makkabäerpsalmen und die Danielapokalypse so ohne
jeden Widerspruch angegliedert werden konnten? Dieser letzte Umstand allein schon lehrt, daß die Prophetie auch nach dem Exil
bis herab auf die makkabäische Epoche nicht als erloschen, die
Inspiration bis in diese Zeit herab als noch fortdauernd vorhanden
galt. Gewiß, „das Gesetz hat keinen plötzlichen Einschnitt in die
bisherige Entwicklung gemacht. Seine erstickende Wirkung hat es
erst allmählich ausgeübt, es dauerte lange, bis der Kern verholzte.
Bis auf den Pharisäismus blieben die freien Triebe in lebendiger
Kraft, die von den Propheten ausgegangen waren".[1] Zweifellos
fällt die Abfassung wenn auch nicht aller, so doch der meisten
und wichtigsten hagiographischen Schriften in die Periode, die sich
von der Mitte des vierten bis gegen Anfang des zweiten vorchristlichen Jahrhunderts hinzieht, in welcher das alttestamentliche Schrifttum noch flüssig war. Und diese Hagiographen erhellen uns miteins die ganze Epoche. Nur in den großen Wirren und Nöten,
welche gegen Ende des dritten Jahrhunderts durch die Kämpfe
zwischen Antiochus dem Großen und dem ägyptischen König Ptolomäus Philopator und dessen Sohn Ptolomäus Epiphanes über Judäa
hereinbrachen, in welchen dieses „einem Schiffe im Sturme glich,
das von beiden Seiten von den Wogen bedrängt wird",[2] schwieg
der poetische und prophetische Mund eine geraume Zeit, um sich
nach einem Menschenalter wieder zu öffnen, bevor er nach Antritt
der Hasmonäerherrschaft, bei Beginn der pharisäischen und saddu-
zäischen, religiösen und politischen Streitigkeiten endgiltig verstummte. War aber die Inspiration noch bis in die Makkabäerzeit hinein lebendig, dann verstehen wir es, wie noch in so später
Zeit neue Ansätze an den Kanon sich bilden konnten. Das biblische Schrifttum war noch flüssig und mit kurzen Unterbrechungen
in Fortbildung und Fortentwicklung begriffen, bis es in der hasmonäischen Periode von den pharisäischen Schriftgelehrten, welche
an dasselbe eine andere, die „mündlich überlieferte Thora", an-
lehnten, abgeschlossen wurde.

Daß aber die Inspiration auch in den Zeiten der Makkabäer
noch nicht erloschen war, dafür haben wir klassische Zeugnisse.
Pseudo-Salomo, der zu Beginn des zweiten vorchristlichen Jahr-

---

[1] Wellhausen, Isr. u. jüd. Gesch. 163.
[2] Jos. Antt. XII, 3,3.

hunderts schrieb, preist die göttliche Weisheit und sagt von ihr:
„Indem sie zu verschiedenen Zeiten in heilige Seelen einzieht,
macht sie dieselben zu Freunden Gottes und Propheten".[1]) Der
prophetische Geist ist demnach in seiner Zeit noch nicht erloschen.
Freilich, ein Makkabäerpsalm klagt in der Zeit großer Drangsale:
„Kein Prophet ist mehr da, und keiner ist bei uns, der weiß wie
lange".[2]) Allein diese Klage ist nur dann verständlich, wenn die
Zeit, aus der sie ertönt, noch frische Erinnerungen an prophetische
Männer feiert, eine Zeit, die, wie wir später noch zeigen werden,
nur durch ein Menschenalter von der Abfassung des Buches Koheleth
entfernt ist. Die Klage hört sich aber ganz sonderbar an, wenn
man annimmt, daß seit mehr denn zwei Jahrhunderten kein Prophet
mehr in Israel lebte, kein prophetisches Wort mehr erklungen ist.
Und selbst die Schlußworte dieses Psalmverses: Und keiner von
uns weiß, wie lange diese prophetenlose Zeit dauern wird, weisen
ja deutlich genug darauf hin, daß die Hoffnung auf die Wiederkunft
einer mit Propheten begnadeten Zeit noch nicht aufgegeben wurde,
daß wir es hier nur mit einer trostlosen Zwischenpause zu tun
haben. Auch der Siracide, der kurz nach Koheleth schrieb, belehrt
uns, daß diese Hoffnung zu seiner Zeit im Volke noch lebendig
war, indem er zu Gott betet, er möge die Prophetien in seinem
Namen wieder erwecken.[3]) Dieselbe Hoffnung lebt noch in dem
Makkabäerbuch, das ebenfalls das Fehlen eines Propheten in diesen
Zeiten großer Bedrängnisse mit folgenden Worten beklagt: „Es war
große Drangsal in Israel, wie sie nicht gewesen seit den Tagen,
wo kein Prophet mehr unter ihnen gesehen wurde".[4]) Daß aber
diese Tage noch in Erinnerung, und daß die Hoffnung auf eine
Wiedererweckung von Propheten durch Gottes Gnade noch nicht
erloschen war, das lehrt uns dasselbe Buch. Es berichtet, daß man
im Volke beriet, was mit den befleckten Altarsteinen zu geschehen
habe, und fährt dann also fort: „Die Steine aber legten sie auf
dem Tempelberge an einen passenden Ort, bis ein Prophet
kommen würde, um Aufschluß zu geben".[5]) — Wurde doch noch
dem Hasmonäerfürsten Johannes Hyrkan prophetische Gabe nach-

---

[1]) Ps.-Sal. 7,27: καὶ κατὰ γενεὰς εἰς ψυχὰς ὁσίας μεταβαίνουσα φίλους θεοῦ καὶ προφήτας κατασκευάζει. — cf. W. Grimm, Das Buch der Weish. p. 165.

[2]) Ps. 74,9.

[3]) Sirach 36,20: καὶ ἔγειρον προφητείας τὰς ἐπ' ὀνόματί σου.

[4]) 1. Macc. 9,27. — [5]) 1. Macc. 4,46. cf. 1. Macc. 14,41.

gerühmt: die Gottheit sei ihm immer nahe gewesen und habe ihm
die Gnade verliehen, Zukünftiges vorherzusehen und zu verkünden.[1])

Allerdings mit der Zeit Hyrkans, wo das schriftgelehrte Phari-
säertum in die Höhe kam, da trat an die Stelle der Prophetie die
Schulweisheit, die Schriftgelehrtheit. — Wenn wir nun eruiert
haben werden, daß die Literatur der Spruchweisheit erst gegen
Ende der persischen Periode aufgekommen, hervorgerufen durch
einen neuen, impulsiv wirkenden Geist, und daß sie mit den
makkabäischen Siegen ihren Abschluß gefunden hat, dann wird uns
aus dieser Erkenntnis der nicht hoch genug anzuschlagende Gewinn
erwachsen, daß wir in dem hagiographischen Schrifttum ein helles
Licht zur Beleuchtung einer bisher in undurchdringliches Dunkel
gehüllten hochwichtigen Geschichtsepoche gewinnen; dann ist auch
das sonst ganz unerklärliche Rätsel gelöst: wie es gekommen, daß
wir in Palästina zur Zeit der makkabäischen Erhebung ein so völlig
hellenisiertes, schon von der Fäulnis der griechischen Kultur durch
und durch angefressenes Judentum antreffen.

Wäre das Schrifttum, das wir hier zu behandeln uns vorge-
nommen, kurz nach seinem Aufblühen wieder untergegangen und
erst in unsern Tagen wieder aus seiner Verschollenheit hervor-
gegraben worden, gewiß, die Fachgelehrten würden einmütig und
ohne Schwanken sein Entstehen der mazedonisch-griechischen Epoche
zuweisen, in welcher die durch Alexander d. Gr. auch den Bewohnern Judäas zugeführten neuen Ideen den Impuls zum Aufblühen einer eigenartigen, von der früheren grundverschiedenen
Literatur, wie die Spruchweisheit sie darbietet, gegeben. Sie würden
schon auf den ersten Blick in ihr eine ins Hebräische übertragene
fremde Philosophie erkennen, wenn auch da mit peinlichster Sorg-
falt und großer Kunst das alte Gewand beibehalten, die alte heimatliche Dekoration bis zur vollendeten Täuschung gelungen ist. Bei
näherem Zusehen blickt doch der neue Gedanke aus allen Poren

---

[1]) Joseph. Antt. XIII, 10,7. — Hiemit widerlegt sich auch die Ansicht
Baudissins (Einl. in die Bücher d. A. T. p. 728), nach welcher Prov. 29,28:
„ohne Gesicht wird zügellos ein Volk“, darauf hinweise, daß der hier Redende
zu einer Zeit gelebt habe, wo prophetische Offenbarung sich geltend machte,
„was wohl für die älteren Zeiten Israels passe“. Nach unserer Darstellung
passen diese Worte ganz gut, ja weit besser als in die älteren, in die jüngeren
Zeiten Israels, da ja noch in diesen, bis herab auf Daniel, sich prophetische
Offenbarung geltend machte.

der Umhüllung.[1]) Schon die Pseudonymität, hinter welche die meisten dieser Schriften, wie die Psalmen, die Sprüche Sal., Hiob, Koheleth, das hohe Lied, die Danielapokalypse etc. sich bergen, weisen auf die griechische Zeit hin, wo zum erstenmal im Judentum diese Gattung von Schriftstellerei aufkam. Die Spruchweisheit debütiert mit einer neuartigen Literaturgattung, welche die Philosophie in das mosaische Schrifttum einführt.[2]) Die Religion wird allerdings durch sie verweltlicht aber andererseits erfährt gleichzeitig die weltliche Philosophie einen Umsatz ins Religiöse. Und das ist das Charakteristische dieser neuen Literatur, daß sie die Religion zur Philosophie erhebt, die Philosophie vergöttlicht und dadurch das Alte, im Verblassen Begriffene, zur neuen Blüte nach innen bringt, während es nach außen frappierend und anlockend wirkt. Sehr getreu wird der Eindruck, den diese „jüdische" Philosophie auf philosophisch gebildete Heiden ausübte, bei Pseudo-Aristeas geschildert. Er läßt den König Ptolomäus II. Philadelphus, der, von den philosophischen Darbietungen der zweiundsiebzig aus Jerusalem behufs Übertragung der mosaischen Schriften ins Griechische ihm zugesandten Schriftgelehrten sehr befriedigt, das folgende sehr bezeichnende Urteil über die jüdische Philosophie seinen Hofphilosophen gegenüber äußern: „Ich meine", sagt er, „diese Männer sind durch Tüchtigkeit und Weisheit ausgezeichnet, da sie solche Fragen im Stegreif beantwortet haben, alle in ihrer Rede von Gott ausgehend".[3])

---

[1]) cf. Renan, Le livre de Iob XXIII: Cette littérature, en général groupé autour de Salomon, n'est pas specialement juive.

[2]) „Dem Blicke des unbefangen prüfenden Forschers werden sich immer wieder merkwürdige Berührungen der alten Philosophie mit gewissen Büchern des Alten Testaments aufdrängen; es sind insbesondere einige der Hagiographen, die hier in Betracht kommen, Sprüche, Iob, Kohelet. Die Philosophie nach ihrer Wortbedeutung ist Liebe zur Weisheit, aber auch die genannten Hagiographen wollen dem Weisheitsstreben dienen; die Chokma, d. i. Weisheit, ist der in ihnen vorherrschenden Begriff." (K. Benkenstein, Der Begriff der Chokma, 6.)

[3]) ἅπαντες ἀπὸ θεοῦ λόγον τὴν καταρχὴν ποιούμενοι. — „Die hebräische Weisheit", sagt Cornill (Einl. in das A. T. 228[2]), „bietet die naturgemäße Parallelisierung zu der griechischen Philosophie, nur mit dem charakteristischen Unterschiede, daß diese hebr. Weisheit immer und überall durchaus ethisch und religiös gedacht wird — diese Literatur hat sich auch eine eigene Sprache und Terminologie gebildet: spezifische neue Worte und Begriffe begegnen uns hier mit einem Male."

Freilich „die Religion hat das Judentum dem Hellenismus gegenüber behauptet; aber eine gewaltige Umgestaltung der religiösen Gedankenwelt des Judentums ist der auf das Judentum damals mächtig einwirkenden heidnischen Denkweise zu verdanken. Diese Umgestaltung hat viel dazu beigetragen, daß aus dem Judentum eine Weltreligion gerade für indogermanische Völker hervorgehen konnte".[1]

Das Auftauchen dieses neuen Geistes auf jüdischem Boden signalisieren zum erstenmal die Psalmen, in welchem die „Frommen" die größte Gefahr für den alten Glauben erblicken, und daher die Neuerer, die „Gottlosen", mit aller ihnen zu Gebote stehenden Macht bekämpfen. Freilich vergebens. Anders die Dichter der Spruchweisheit. Sie verhalten sich keineswegs schroff ablehnend gegen die neue Richtung, sie assimilieren sich ihr vielmehr, soweit dies nur immer ihr jüdisches Empfinden gestattet, und zeigen sich überall mächtig von ihr beeinflußt. Sie gehen bis an die Grenze der Selbstvernichtung, soweit daß sie sich entnationalisieren. Haben Moses und die Propheten stets nur zu dem Volke gesprochen, so sprechen sie zum Menschen. Das Individuum ohne Unterschied der Nation und des Bekenntnisses ist ihr Objekt. Das ist ganz neu und verrät schon auf den ersten Blick fremden Einfluß. Die Proverbien zumal wenden sich an die Jugend, an die heranwachsende Generation, die für neue Zeitströmungen am empfänglichsten und unverschanzt sich in ihren Strudel hineinwirbeln läßt. Sie wird zur Ernüchterung gemahnt, vor Verirrungen gewarnt, welche eine Berauschung mit neuen Ideen notwendig zur Folge haben muß.

Die Spruchweisheit nimmt dem berückenden Wirken des neuen Geistes gegenüber gewissermaßen den konservativen Standpunkt ein. Sie läßt sich von ihm bis auf einen gewissen Grad beherrschen, sie ist universalistisch und doch konservativ; sie hält die Mitte zwischen den sich gegen jede Neuerung unduldsam geberdenden „Frommen" der Psalmen und der in uferlose Strömungen hinausgetragenen Jugend. Dem sich assimilierenden neuen Geschlecht zeigt sie sich gleichfalls assimiliert; nicht der Jude, der Mensch spricht aus ihr; nicht der Volksgenosse, der Weltbürger. Sie denkt und fühlt mit der Jugend, sie belauscht alle Regungen ihres Herzens,

---

[1] O. Holtzmann in Onkens allg. Gesch. II, 436.

paßt sich ihrer Denkart an; und darum ist sie ihre geeignetste
Führerin und Erzieherin. Ihre Losung lautet: „Leite die Jugend in
ihrer Weise, dann bleibt sie sich bis in ihr Alter treu“.[1])

„Es bestand in Israel“, sagt Delitzsch zutreffend, „eine Geistesrichtung universalistischer, philosophischer Art, welche, ausgehend
von der Furcht oder Religion Jehovas, den letzten Gründen der
Dinge, den kosmischen Zusammenhängen des Irdischen, den gemein-
schaftlichen Grundlagen des Israelitischen, den unsichtbaren Wurzeln
des Sichtbaren, der allgemeinen wesentlichen Wahrheit des indi-
viduell und national Geschichtlichen zugewendet war. Das gemeinsame Merkmal der wenigen Schriftstücke dieser Chokma, welche uns
erhalten sind, ist der von allem eigentümlich Israelitischen abgezogene
humanistische Standpunkt. In dem ganzen Spruchbuch kommt
nicht einmal der Name des heilsgeschichtlichen Volkes Israel vor,
es behandelt gemeingeschichtliche Lebensbeziehungen. In
Kohelet kommt selbst der heilsgeschichtliche Jehova nicht vor, es
behandelt die Nichtigkeit alles Irdischen und heißt mit größerem
Recht als das Buch Iob, das Hohelied der Skepsis. In Schir ha-
Schirim ist zwar die Grundierung des Gemäldes, aber nicht dies
israelitisch. — So behandelt auch das Buch Iob eine gemeinschaft-
liche Grundlage, und der Dichter hat seinen Helden geflissentlich
nicht der israelitischen Geschichte, sondern der außerisraelitischen
Sage entnommen . . . . Die Thora vom Sinai und die Prophetie, die Geschichte und das Kulturleben Israels kommen nirgends
zum Vorschein, selbst indirekte Beziehungen darauf sind ihm nirgends entschlüpft, er behauptet sich mit bewunderungswürdiger
Treue, Konsequenz und Lebendigkeit in der außerisraelitischen
Situation. Seinen eigenen israelitischen Standpunkt verleugnet er
freilich nicht, wie man schon daraus sieht, daß er in dem erzählenden
prologischen und epilogischen Teil Gott überall Jehova nennt, aber
den nichtisraelitischen seines Helden und der Umgebung desselben
hält er mit strenger Planmäßigkeit fest. Nur zweimal kommt im
Munde Iobs Jehova vor . . . . . . aber sonst nennt Iob und die
Freunde Gott überall Eloha“.[2])

Wie man aber die Abfassung solcher von allem Nationalen und
allem spezifisch Jüdischen absehenden, den rein humanistischen Stand-

---

[1]) Prov. 22,6.

[2]) Delitzsch, Das B. Iob, p. 5.

punkt vertretenden und universell gerichteten Schriften, die nur aus
dem Boden einer bereits philosophisch präparierten Zeit hervorblühen
konnten, gleichwohl in das siebente oder achte vorchristliche Jahrhundert hinaufrücken mag, wo dafür noch alle Vorbedingungen
fehlten, das ist uns völlig unverständlich. Man müßte sich denn
etwa mit Merx[1]) in dieses graue, dem krassesten Götzendienst
huldigende Zeitalter einen „denkenden und religiös spekulierenden
Teil des hebräischen Volkes" hineindichten, der „in seinen Anschauungen über das Wesen von Gott und der Welt ungefähr zu dem
Ergebnis gekommen, daß das Verhältnis auf beiden Seiten Freiheit
in sich schließt, daß aus dieser Freiheit der Mensch seine Verant-
wortlichkeit ableiten müsse, Gott aber vermöge der neben seiner
Freiheit liegenden Gerechtigkeit die Pflicht der sittlichen Vergeltung
obliege, daß er also lohnen und strafen müsse". —

Der Hauptgrund, warum man die Abfassung der Weisheitssprüche so hoch hinaufrückt, ist die vollendete Kunst, die in denselben, vorzüglich in dem Buche Hiob herrscht. Eine solche, meint
man, könne nur einer Zeit angehören, in der die jüdische Literatur
noch in höchster Blüte stand.[2])

Allein das hagiographische Schrifttum bildet eben eine glanzvolle Nachblüte der jüdischen Literatur, ins Leben erweckt durch
eine mächtig wirkende neue geistige Bewegung, berührt von dem
Zauberstab der seit Alexander d. Gr. den Orient überflutenden
griechischen Ideen. — Die Möglichkeit des Emporsprossens einer
solch kraftvollen Nachblüte auf alttestamentlichem Boden erklärt
sich ein gründlicher Kenner der hebräischen Sprache und Literatur,
wie Gesenius, auf ganz natürliche Weise: Zeige doch noch die

---

[1]) Das Gedicht von Hiob, p. VII sq.

[2]) So beispielsweise Nöldeke (Alttestamentl. Literat. p. 191). „Die un-
gefähre Stellung des Buches" (Hiob), sagt er, „ergibt sich schon aus der allgemeinen Literaturentwicklung. Ein so vollendetes Kunstwerk muß noch in
der Blütezeit der Literatur geschrieben sein. Welch ein Unterschied ist zwischen
der Sprache Hiobs und schon der der Propheten Jeremia und Ezechiel! . . . .
Wir werden nicht sehr fehl greifen, wenn wir das Gedicht ungefähr in die
Zeit des Jesaia verlegen. Dazu stimmt auch seine Verwandtschaft mit einigen
Teilen der Sprüche, welche ungefähr in dieselbe Zeit zu verlegen sind." Und
Renan, Le Livre de Iob XXXI sq.: La langue enfin du livre de Iob a une
fermete qu'on chercherait vainement dans les écrits d'un âge où la hebraïque
n'était plus parlée, au moins dans sa pureté, et était devenue le partage des
scribes et des lettrées.

makkabäische Periode, daß der alte Geist noch nicht ganz von der hart gedrückten Nation gewichen, im Gegenteil in Einzelnen lebendiger als je erwacht und schöner aufgeblüht sei. Warum hätte aber ein religiöser Enthusiasmus, wie dieser, nicht auch zu etwas anderem, als Waffen und Kampf begeistern sollen? [1] —

Weit mächtiger aber als die makkabäische Not wirkte der mit der mazedonisch-griechischen Herrschaft in Palästina eindringende neue Geist. Zeugnis dessen jene zahlreichen Psalmen, die ihn mit grimmigem Hasse und hochpoetischem Feuer bekämpfen.

Man verschließt sich von vornherein das Verständnis für die Hagiographen, wenn man ihnen ungekünstelte Naivität zumutet, wenn man diese Schriften lediglich als den Ausfluß eines harmlosen Belehrungseifers auffaßt. Da ist vielmehr alles Berechnung, alles Tendenz, alles aber mit so großer Kunstfertigkeit durchgeführt, daß

---

[1] Gesenius, Gesch. der hebr. Sprache, p. 26. Ähnlich in bezug auf die Makk. Psalmen Olshausen, Die Psalmen p. 9: „Zuvörderst", sagt er, „drängt sich die Frage auf, wie es sich erklären lasse, daß die Sprache der meisten Psalmen, deren Inhalt auf das makkabäische Zeitalter führen würde, eine ebenso reine sei, wie der anerkannt älteren hebr. Schriften, und daß sie so gar keine Spuren der Entartung an sich trage, die sich in einigen der jüngeren Bücher des A. T. zeigt. Diese Tatsache kann allerdings nicht von einer — sklavischen Nachahmung älterer Vorbilder herrühren; die Beurteilung derselben wird aber dadurch sehr erschwert, daß unsere Kunde von der Geschichte der hebr. Sprache eine sehr mangelhafte ist und eben nur aus dem A. T. selbst gewonnen werden kann, bei dessen einzelnen Bestandteilen die Zeit ihrer Entstehung und der weitere Verlauf ihrer Schicksale gar zu oft in Dunkel gehüllt sind. In Wahrheit steht jedoch die Sache so, daß kein triftiger Grund vorhanden ist, bis auf die makkabäische Zeit herab eine allgemeine Entartung der alten Landessprache in Palästina vorauszusetzen und daß die Individualität einzelner Schriftsteller und deren eigentümliche Lebensverhältnisse vollkommen ausreichen, um die in ihren Schriften wahrnehmbare abnehmende Korrektheit im Gebrauche der hebr. Sprache, sowie teilweise eine entschiedene Annäherung an den aramäischen Sprachgebrauch zu erklären.... Es muß nicht allein geistig höher begabte Männer gegeben haben, die an der Reinheit der alten Sprache festhielten, sondern es kann auch vernünftigerweise gar nicht bezweifelt werden, daß das gesamte Volk diese seine alte und heilige Sprache nach wie vor vollkommen verstand, und wenn man meint, zur Zeit der Abfassung des Buches Daniel habe das Hebräische überhaupt nur noch als eine gelehrte Sprache existiert, so denkt man sich die Veränderung in den sprachlichen Verhältnissen des heil. Landes nicht nur ganz anders, als wie es die Bestimmung jenes Buches selbst gestattet, sondern auch völlig naturwidrig."

selbst die Fiktion, daß heilige Männer der Vorzeit aus diesen
Werken zu uns sprechen, sich unzerstörbar bis auf unsere Zeit erhalten hat, und daß sie noch heute nicht ganz aufgegeben ist. Die
Verfasser dieser Schriften fallen niemals aus der Rolle, verraten
sich niemals und lassen sich nur in den seltensten Fällen bei einer
mit erstaunlicher Vorsicht durchgeführten Täuschung ertappen.
Hier erscheint mit unnachahmlicher Geschicklichkeit der neue Geist,
getragen von einem tief religiösen Empfinden, in das alte Kleid
gezwängt. Es ist die denkbar idealste fromme Täuschung, durchgeführt mit dem feinsten Raffinement; kurz: „alles wird Regel
und alles wird Wahl und alles Bedeutung". Dabei zeigt sich,
näher besehen, alles neu, grundverschieden von dem früheren alttestamentlichen Schrifttum. — „Die Hagiographen zeigen uns
größtenteils ganz neue Arten des Schrifttums. — Auch die Psalmen
haben keine Analogie in vorexilischer Zeit. Es sind Gebete in
ganz anderem Sinn, wie das Altertum sie kannte, einzig in ihrer
Art. Im Buche Iob besitzen wir gar eine Art philosophischen Dialogs; die Frömmigkeit wird hier zum Problem gemacht. Die Sprichwörter sind allerdings in ihrer Form alt oder vielmehr zeitlos, aber
als Literaturgattung dennoch neu."[1]

Entscheidend für die Beurteilung der Abfassungszeit der hagiographischen Bücher — oder bestimmter gesagt, für ihr Aufkommen
in der griechischen Periode — ist nach unserer Ansicht die Ab-
weisung des Glaubens an ein Leben nach dem Tode in Hiob, wo
dieser Glaube bereits gekannt, aber als „Menschenhoffnung" noch abgelehnt und in Kohelet, wo er noch bezweifelt wird. Das führt uns
in die Zeit zwischen dem Ende des vierten, wo die palästinensischen
Juden bereits Bekanntschaft mit der platonischen Unsterblichkeitslehre gemacht, aber sie noch lange nicht aufgenommen hatten, und
der Mitte des zweiten vorchristlichen Jahrhunderts, wo seit Daniel
der Glaube an die Auferstehung zum Dogma wurde. In dieser
letzteren Zeit hätten Schriften wie Hiob und Kohelet mit ihrer
schroffen Ableugnung des Lebens nach dem Tode unmöglich mehr
entstehen, und wenn entstanden, der Vernichtung entgehen können.

Für eine späte Abfassung spricht auch die in den Sprüchen
Salomos in vollster Ausbildung auftretende Allegorie. „Wenn
irgendwo, so äußert sich in dieser Philosophie der Einfluß des

---

[1] Wellhausen, l. c. 157 sq.

Hellenismus. In längerer Allegorie, wie sie dem Judentum eigentlich ganz fern liegt, tritt die Weisheit redend auf und lädt die Menschen ein, sie zu hören." [1])

Aus dieser späten Abfassung erklärt sich denn auch die Anfechtung, welche selbst die so tadellos frommen Proverbien in der talmudischen Zeit erfahren, wo man ihnen die Belassung in dem Kanon ebenso wie dem Buch Kohelet und dem Hohenlied streitig machen wollte. Wäre die Autorschaft Salomos damals unbestritten gewesen, man hätte es nicht gewagt, ein so hochfrommes Buch zu verdächtigen.

Was mir aber von allem Anfang das hohe Alter der Spruchliteratur in hohem Grade verdächtig erscheinen ließ und in mir bei eingehender Beschäftigung mit diesem Schrifttum die Überzeugung, daß hier fremde Einflüsse eingewirkt, erweckte und sie bis zur Unerschütterlichkeit befestigte, das war die ganz fremdartige, völlig unjüdische Darstellung, wie sie die Weisheit zum erstenmal in der Spruchliteratur erfährt. Ich meine nicht die menschliche Weisheit — diese ist zweifellos genuin jüdisch —, sondern die göttliche Sophia, die hier als eine vorweltliche, weltschöpferische göttliche Dynamis aufgefaßt wird. Diese Hypostasierung der Weisheit ist hier ein förmliches Sakrilegium; sie verrät ein gewaltsames Eindringen fremden Geistes in das jüdische Gebiet, und auch die Erhabenheit der Schilderung des Wesens der göttlichen Weisheit vermag keinen Augenblick über die Gewalttätigkeit, mit der hier griechische Vorstellungen in althebräische Weisheit hineingezwängt wurden, hinwegzutäuschen. —

Sah ich nun überdies, daß diese selbe Darstellung der göttlichen Sophia, als einer aus der Gottheit emanierten und neben ihr bestehenden Substanz, bei Hiob, bei dem Siraciden und bei Pseudo-Salomo wiederkehrt, so mußte es mir doch klar werden, daß diese philosophische Idee, die ja nichts anderes anstrebt, als eine Vermittlung zu schaffen zwischen dem überweltlichen, mit der Hyle

---

[1]) O. Holtzmann, l. c. II, 295. cf. Delitzsch, Bibl. Comment. III, 38: „Der fortgeschrittene Lehrtypus der Einleitung in die Prov. c. 1—9 zeigt sich unter anderem daran, daß wir hier die Allegorie, welche bis dahin in der alttestamentlichen Literatur nur in eingewobenen Kleingemälden vorkommt, zur selbständigen Dichtungsform ausgebildet finden, besonders c. 9, wo doch ohne Widerrede אשת כסילות eine allegorische Person ist. Die Kunstsprache Chokma hat sich nach manchen Seiten erweitert und verfeinert."

in keine direkte Berührung tretenden Gott und der Welt, damals
die Geister weithin beherrschte, und daß andererseits die hier genannten vier Schriften nur in einem Zeitalter entstanden sein
konnten, wo das Problem der Sophia die weitesten Kreise der Gebildeten zu beschäftigen anfing.

Weiß ich aber, daß der Siracide zu Anfang des zweiten vorchristlichen Jahrhunderts schrieb, so ist mir der terminus ad quem
gegeben, und innere Gründe, die ich in der Folge darlegen werde,
bestimmen mich, die Abfassung des Buches der Proverbien und
des Buches Hiob dem Anfang des dritten und jenes des Kohelet
dem Ende dieses selben Jahrhunderts zuzuweisen, also dem Jahrhundert, welches die Sturm- und Drangperiode des nachexilischen,
durch Einwirkung eines neuen Geistes mächtig angeregten und
durch eine wohlwollende, Kunst und Wissenschaft wie keine andere
jemals in so außerordentlichem Maße fördernde Regierung begünstigten palästinensischen Judentums bedeutete, sowie für das
hellenistische Judentum, dessen Religionsphilosophie das Dasein der
eben genannten hagiographischen Schriften bereits zur Voraussetzung hat und nur unter dieser Voraussetzung begriffen werden
kann, die Sturm- und Drangperiode seiner welthistorischen religiösen Entwicklung jene Epoche bildet, die sich von der Mitte des
dritten Jahrhunderts, wo schon durch Manetho der Beginn des
literarischen Kampfes gegen den Mosaismus auf dem Boden
Alexandrias zum Ausdruck kam, bis in die Mitte des zweiten Jahrhunderts hindehnt. Im Verlaufe dieser hundertjährigen literarischen
Fehde erhielt der durch die Weisheitsliteratur bereits völlig moder-
nisierte Mosaismus durch seine neue, vom hellenischen Geiste erfüllte Bearbeiter in der Diaspora jene Umgestaltung und Vorbereitung zur Weltreligion, wie sie zu Beginn der christlichen Ära
in dem unter dem Namen Philos uns erhaltenen Schriften zur
erschöpfenden Darstellung gelangen.

I.

DIE PSALMEN.

In dem letzten Kapitel meines Buches, Geschichte der jüdischen Apologetik, suchte ich an einer ganzen Reihe von Psalmen, in denen ein heftiger Kampf zwischen den „Frommen" und den „Gottlosen" tobt, nachzuweisen, daß diese Klagelieder zumeist gegen Ende des vierten und Anfang des dritten vorchristlichen Jahrhunderts entstanden seien, wo durch die welterschütternden Taten Alexanders des Großen der Osten und der Westen förmlich ineinander geworfen, die Geistesschätze Griechenlands dem Orient und die des Orients dem Occident erschlossen wurden. Der ganze Orient wurde da wie im Sturm von der griechischen Kultur überflutet, die auch vor den Toren Palästinas nicht Halt machte. Der neue, aus Griechenland herbeigewehte Geist wirkte überall umgestaltend, schuf neue geistige Werte und vernichtete alte. In Judäa teilte er alsbald die jüdische Bevölkerung in zwei einander schroff und feindselig gegenüberstehende Parteien: in die immer mehr zusammenschrumpfende Partei der Altgläubigen, die sich der fremden Kultur hartnäckig verschloß, unentwegt an ihren überkommenen Überlieferungen festhaltend; und in die nachgerade herrschend werdende Partei der „Gottlosen", die sich der neuen geistigen Strömung willig hingab und ihre alte Religion von ihr befruchten und verjüngen ließ. Natürlich fehlte es in dieser letzteren nicht an faulen Auswüchsen, die den berückenden fremden Geist mit allen seinen Schäden in sich aufnahmen und ihren alten Glauben in der Folge völlig preisgaben: die „Frommen" in den Psalmen nun sind die Altgläubigen, die „Gottlosen" aber die Neuerer.

Ich gestehe es offen, daß ich beim Niederschreiben jenes in Rede stehenden Kapitels die Bibelkommentare links liegen ließ, nicht sowohl weil es mir damals an Zeit gebrach, mich in dieselben zu vertiefen, sondern vornehmlich, um unbeeinflußt von den Auffassungen der Bibelkritiker die Psalmen unmittelbar auf mich

wirken lassen und meinen eigenen Weg durch dieselben gehen zu
können. Nur zaghaft ging ich daran, die Früchte meiner Untersuchungen, die mir auf diesem Wege in den Schoß fielen, der
Öffentlichkeit zu übergeben, überzeugt, daß meine — wie ich damals glaubte — ganz neue und so verwegen scheinende Auffassung
den heftigsten Widerspruch hervorrufen würde. — Welche freudige
Genugtuung empfand ich jedoch, da ich nachträglich mich mit den
Auffassungen der älteren und neueren Ausleger vertraut zu machen
anfing und fand, daß die Annahme einer nachexilischen Abfassung
der meisten Psalmen heute nahezu die herrschende geworden, daß
der ganze Unterschied zwischen meiner Auffassung und jener der
meisten modernen Ausleger darin besteht, daß ich das Gros der
Psalmen durch den mächtigen von Alexander und den ersten Ptolomäern gegebenen geistigen Impuls entstanden sein lasse, während
jene einen solchen Impuls in der Makkabäererhebung finden; daß
ich also die Entstehung der meisten Psalmen in den Anfang, jene
aber an das Ende der griechischen Periode setzen.

Es war von jeher meine Überzeugung, daß mit Beginn dieser
glorreichen Epoche und der Gründung Alexandrias ein kraftvolles
Wiedererwachen des durch die von Esra und Nehemia eingeschlagene
Richtung vorübergehend lahmgelegten prophetischen Geistes und ein
neues Aufblühen der hebräischen Literatur erfolgte,[1] die unter der
befruchtenden Einwirkung des griechischen Geistes einen ganz eigenartigen, von dem früheren gar sehr verschiedenen Weg einschlug,
der in den bedeutendsten hagiographischen Schriften zum markanten
Ausdruck gelangt, bis er gegen Ende des dritten Jahrhunderts in
der Abfassungszeit des Buches Koheleth versandet. Die durch die
Makkabäererhebung angeregten Psalmen und Danielvisionen sind
nur noch schwache Nachklänge dieser kurz vorher untergegangenen
merkwürdigen Literatur.

Eine günstigere Zeit für die Neuentfaltung der hebräischen
Literatur, als jene es war, die sich von Alexander dem Großen bis
zu dem Seleuciden Antiochus dem Gr. erstreckte, gab es für das
jüdische Volk niemals vorher und niemals nachher. „Achtzig Jahre
blieb Palästina unter dem Szepter der Ptolomäer, tüchtiger Fürsten

---

[1] cf. Th. K. Cheyne, The orig. and rel. cont. of the Psalter, p. 10: But
we may venture to say that both for the religion and for the civilization of
the Jews the foundation of Alexandria B. C. 331, was an event of the first
importance.

im Felde und im Rate, eine Zeit, hochwichtig für die weitere Bildung des jüdischen Nationalcharakters. Schon Alexander war mit dem Gedanken umgegangen, eine Verschmelzung des griechischen und morgenländischen Volkstums herbeizuführen, wenn er sich auch der Bedeutung eines solchen Planes nicht klar bewußt war, und jedenfalls die Mittel dazu gegen den Widerstand der Natur nicht ausreichten. Gewiß ist, daß dieser Plan selbst der beharrlichen Politik mehrerer seiner Nachfolger nicht gelang. Aber die äußerliche Mischung der Bevölkerung wenigstens, zumal in den Küstenländern, ging in großartigem Maßstabe und in steigendem Verhältnis vor sich. Die Einwanderung aus Griechenland wurde auf alle Weise begünstigt. Der Einfluß des Hofes, der Verwaltung, des Kriegslebens, des Handels, das merkwürdige Übergewicht, welches, nach griechischer Art, die Städte über die Landschaft erhielten, drängten die ältere Sprache und Sitte ganz aus dem Bereiche der fortschreitenden Gesittung und stellten in den neuen Kolonien, in den Handelsplätzen, in den Festungen, ebensoviele Oasen hellenischer Bildung mitten in eine fremde Welt hinein."[1])

Der mächtigen Einwirkung des griechischen Geistes vermochte sich auch Palästina nicht zu entziehen, und sie kommt zum kräftigen Ausdruck in den Psalmen, die sich mit aller Macht gegen dieselbe wehren, sowie in der Weisheitsliteratur, die, von den Strahlen dieses neuen Geistes berührt, emporwuchs und üppig in die Halme schoß.

Man hat lange nicht zugeben wollen, daß es auch Makkabäerpsalmen gebe, ja noch heute stemmt man sich da und dort gegen eine solche Annahme. Und tatsächlich ist es gefehlt, ganze Psalmenmassen in der Makkabäerzeit entstehen zu lassen; da es schwer zu erklären, daß es in so später Zeit, wo der schöpferische Geist auf hebräischem Boden bereits erloschen, so erhabene Gesänge so unvermittelt hätten aufleben, noch schwerer, daß sie in der Nachbarschaft — wir möchten sagen unter den Augen — des Pharisäismus, der ja bald darauf zur Herrschaft gelangt, hätten kanonisch werden können. — Die Psalmenliteratur war vielmehr zur Zeit der Makkabäererhebung bereits erstorben, die dichterische Kraft war erschöpft, und was jetzt noch produziert wurde, war, wie gesagt, nur matter Nachklang, ein letztes Aufflimmern vor dem völligen Erlöschen.

---

[1]) Reuß, Die Gesch. d. h. Schriften A. Ts. 525 sq.

Wenn aber heute die Frage dahin präzisiert wird, ob es denn auch vorexilische Psalmen gebe,[1] so müssen wir diese Frage entschieden bejahen; schon aus dem Grunde, weil die nachexilischen Psalmendichter sowie die Schöpfer der Weisheitsliteratur an ältere volkstümliche Ansätze und Namen anknüpfen, um für ihre neue Ideen Gehör und Würdigung zu finden. Zweifellos hat es ältere, unter dem Namen Davids in Umlauf befindliche Lieder gegeben, die schon in der vorexilischen Zeit gesungen wurden, die aber nach dem Exil einen neuen Inhalt erhielten. Daß es solche Psalmen gegeben, erfahren wir aus einem bald nach dem Exil verfaßten Psalm, der, eine Reminiszenz aus dem Exil feiernd, erzählt, daß die Dränger in Babylonien die Exilierten aufgefordert hätten, eines von den Zionsliedern zu singen, daß diese aber geantwortet hätten: „Wie sängen wir das Lied Gottes auf fremdem Boden!“[2] — Es hat sonach sogenannte Davidische Psalmen gegeben, wie es sogenannte Salomonische Sprüche gegeben, ebenso wie eine alte Sage von einem leidenden Hiob in Umlauf war. Und dennoch sind die auf uns gekommenen Bücher der Psalmen, der Proverbien, des Hiob, Koheleth und Hohenlieds Produkte einer ganz neuen, durch den griechischen Geist umgestalteten Zeit.

Der Grund aber, warum man sich so lange gegen die Annahme einer nachexilischen Abfassung der Psalmen sträubte und sich noch heute in vereinzelten Kreisen sträubt, liegt darin, daß man seit Esra und Nehemia den Kanon abgeschlossen glaubte, obgleich einer solchen Vermutung die Aufnahme der so spät abgefaßten Danielapokalypse in den Kanon von vornherein im Wege stand. Moses und die Propheten lagen allerdings seit Esra und Nehemia sogut wie abgeschlossen vor. Der prophetische Geist war eben erschöpft, folglich das prophetische Schrifttum besiegelt. „Der Kanon aber schloß“, wie Wellhausen richtig urteilt, „nicht ab, sondern wies nur die Richtung an. Er beförderte geradezu das Erblühen einer neuen Literatur, die zum Teil allmählich selbst wieder kanonisch wurde“.[3]

Aber Sirach, so meinte man, hatte doch bereits alle drei Teile des Kanons abgeschlossen vor sich. Und da dieses Motiv erst jüngst wieder gegen das Vorhandensein von Makkabäerpsalmen ins Treffen

---

[1] cf. Bleek-Wellhausen, Einl.⁴ 507. Cornill, Einl. in d. A. T.² 215.

[2] Ps. 137,3—5.

[3] Wellhausen, Isr. u. jüd. Gesch. 157.

geführt wurde, [1]) so wird es wohl angezeigt sein, hier darauf, wenn auch nur kurz, zu reagieren.

Sehen wir uns zunächst die Worte des Siraciden selbst an, aus welchen man schließen will, daß ihm die Psalmensammlung bereits abgeschlossen vorgelegen. Sie lauten dahin, daß David bei allen seinen Taten Dankeshymnen darbrachte, Gott dem Erhabenen Ehre gab, herrliche Lieder aus ganzem Herzen sang, daß er Saiten-

---

[1]) cf. Kessler, Die Psalmen 1899, p. XVII. „Die Beweisinstanzen", sagt er, „welche man vom Standort der Geschichte des alttestl. Kanons aus gegen die Annahme makkabäischer Pss. beigebracht hat (vgl. besonders C. Ehrt, Abfassungszeit u. Abschr. d. Psalters), haben neuestens eine sehr beachtenswerte Verstärkung durch die Entdeckung eines Teiles des hebräischen Grundtextes gefunden, welcher der unter unsern Apokryphen stehenden griech. Übersetzung des Spruchbuchs des Siraciden zugrunde gelegen hat. J. Halévy (Etude sur la partie du texte hébreu de l'Ecclésiastique récemment découverte Paris 1897) hat auf Grund dessen den von vielen als gelungen anerkannten Nachweis geführt, daß das hebräisch geschriebene Buch des Siraciden nicht, wie man bisher annahm, aus dem Anfange des zweiten vorchristlichen Jahrhunderts stamme, sondern mindestens 100 Jahre früher verfaßt sei (cf. dagegen Ryssel, Kautzsch I, 366 sqq.). Ist dies richtig, so hat ungefähr um 300 v. Chr. der dreiteilige alttestl. Kanon als solcher bereits vorgelegen, und darin auch der Psalter Davids (Jes. Sir. 47,8—10). Daneben ergibt der Prolog des Übersetzers des Sirachbuchs, daß diesem letztern (c. 130 v. Chr.) auch schon die griechische Übersetzung des Kanons (deren Abweichungen von dem Grundtext er hervorhebt), d. h. auch des Psalters bekannt war. Hieraus aber würde folgen, daß weder die Mehrzahl noch auch überhaupt eine beträchtliche Zahl von Psalmen erst in makkabäischer Zeit entstanden sein kann; dagegen muß allerdings die Möglichkeit offen bleiben, daß vereinzelte religiös-lyrische Erzeugnisse dieser Periode noch angehängt — nicht wohl eingeschaltet — werden und so Aufnahme in den sonst schon vorhandenen Psalter finden konnten." cf. Baethgen, Die Pss. XXVI, sq. Allein der ganze Inhalt des Sirachbuchs protestiert, wie wir dies noch sehen werden, gegen die Hypothese Halévys, daß es schon zu Beginn des dritten Jahrhunderts geschrieben worden sei. Auch war der Übersetzer tatsächlich der Enkel des Jes. Sirach, von dem er spricht: ὁ πάππος μου Ἰησοῦς, nicht, wie man behaupten will, ein später Enkel, da πάππος hier „Ahn, Vorfahr" bedeute. ὁ πάππος ist hier der wirkliche Großvater, nicht der πρόγονος. Man vgl. beispielsweise Philo, in Flacc. II, 524: ἐκ πατέρων καὶ πάππων καὶ προπάππων καὶ τῶν ἔτι ἄνω προγονων. — Auch König, Die Originalität des neul. entdeckten hebr. Sirachtextes 14, der zwar in der Behauptung Halévys, daß der Übersetzer durch einen langen Zeitraum von der Entstehung des übersetzten Buches getrennt gewesen sei, einen „beachtenswerten Kern" findet, verhält sich dennoch ablehnend gegen die Annahme, daß der Autor des Sirachbuches schon kurz nach 300 v. Chr. geschrieben habe, sondern setzt das Ursprungsdatum des Sirachbuches kurz vor 180 an.

instrumente für den Gesang vor dem Altar anordnete und den Klang der Harfenmusik einrichtete.¹) — Das stimmt nun vollkommen zu dem, was die alten Überlieferungen über diesen König melden; allein daraus kann doch wohl noch immer nicht geschlossen werden, daß der Siracide die Psalmensammlung schon abgeschlossen vor sich hatte. — Freilich nach unserer Behauptung, nach welcher der größte Teil der Psalmen gegen Ende des vierten und Anfang des dritten Jahrhunderts entstanden, stünde der Annahme, daß Siracides sie gekannt, nichts im Wege; allein aus seinen eben zitierten Worten leuchtet dies keineswegs hervor, am wenigsten aber, daß sie ihm schon als abgeschlossenes Ganzes vorgelegen.

Aber, behauptet man weiter, auch der dritte Teil des Kanons müsse damals schon abgeschlossen gewesen sein, da ja das Buch Sirach selbst, hebräisch geschrieben und der Aufnahme würdig, gleichwohl keine Aufnahme mehr fand, weil in den Kanon nichts mehr hineinkommen konnte²). Allein „die Frage, warum das Buch nicht kanonisch geworden, beantwortet sich leicht durch die Bemerkung, daß es sich ganz einfach als das Werk eines Privatmannes aus später Zeit gab, der man keine Inspiration mehr zuschrieb. Wäre es etwa als ein Buch Salomos aufgetreten, so hätte es immerhin in den Kanon aufgenommen werden können“.³)

---

¹) Sir. 47,8—10.

²) cf. C. D. Hasseler, Comment. critic. de psalmis Macc., quos ferunt partic. poster. p. 7. — Ehrt, l. c. 7. — Dagegen Hitzig, Pss. II, Bd. VII: „Man berief sich dann lieber darauf, daß Sirach selbst, hebräisch geschrieben und der Aufnahme würdig, gleichwohl draußen blieb, weil in den Kanon nichts mehr hineinkommen konnte. Wenn wir aber entgegneten, Sirach gleichwie das I. B. der Makk. blieb deshalb aus dem Kanon der Nationalschriften weg, weil sie zur Zeit des Schlusses im Grundtexte, im nationalen Sprachgewande nicht mehr existierten, vermutlich durch die Übersetzung selbst beseitigt: so wurde zur Widerlegung nichts taugliches vorgebracht.“

³) Nöldeke, Die alttestl. Lit. 169. cf. Bleek-Wellhausen,⁶ 512: „Wenigstens ist es schwer zu begreifen, warum man Koheleth aufnahm und Siracides nicht. — Im allgemeinen wird gesagt werden dürfen, daß nur solche Bücher auf Anerkennung als heilige rechnen durften, welche sich auf das Altertum und die Religion Israels bezogen, oder einem heiligen Mann der Vorzeit beigelegt wurden, neuere Bücher nur dann, wenn sie der religiösen Auffassung des jüd. Volkes in ganz besonderer Weise entsprachen.“ — Und Cornill 281: „Mindestens läßt sich so viel behaupten, daß die Zeit des Esra und Nehemia die Grenze der Kanonizität bildete: kein Buch hat in den Kanon Aufnahme gefunden, welches ein Verfasser nach dieser Zeit unter seinem eigenen Namen schrieb, wie das

Man wies ferner, und mit vielem Nachdruck, auf den Enkel des Siraciden, den Übersetzer unseres Buches, hin, der in der Vorrede von seinem Großvater berichtet: er habe sich eingehend mit dem Studium des Gesetzes und der Propheten sowie der übrigen Schriften befaßt und darin eine große Fertigkeit erlangt.[1]) Diese übrigen Schriften, meint man, könnten doch nur die Hagiographen sein, woraus doch klar hervorgehe, daß diese zur Zeit Sirachs bereits abgeschlossen gewesen seien. — Darauf entgegnete schon Hitzig, daß Sirachs Übersetzer im Prolog zwar bestimmte Bücher im Auge gehabt, indes nicht notwendig alle unsere, noch weniger sie in eine Sammlung vereinigt, und die unabänderlich geschlossen gewesen wäre, das liege auf der flachen Hand und scheine jetzt allgemein zugestanden.[2])

Uns aber will es scheinen, daß dieser Prolog gerade das Gegenteil von dem besage, was man aus ihm zu gunsten der Annahme, daß der Kanon zur Zeit des Siraciden abgeschlossen gewesen, herauslesen möchte. Dreimal im Prolog spricht der Übersetzer in kurzer Aufeinanderfolge von Gesetz und Propheten und von andern Schriften, ohne diese letzteren näher zu bezeichnen. Der Prolog beginnt mit der einleitenden Bemerkung, daß Israel viele und große Lehren durch das Gesetz und die Propheten und durch andere

---

besonders bei dem geradezu klassischen Buch Jesus ben Sirach zu Tage tritt; alle notorisch jüngeren und dennoch in den Kanon aufgenommenen Bücher wollen teils bewußt für älter gelten, oder wurden wenigstens für älter gehalten. Die definitive Fesstellung des Kanons erfolgte erst in christlicher Zeit.“ — Ähnlich Fritzsche, Kurzgef. exeg. Handb. zu den Apokr. des A. T. p. XXXVI: „Sehr richtig“, sagt er, „bemerkt van Gilse l. l. p. 102, daß unser Buch verdient hätte, unter die kanonischen aufgenommen zu werden, und es würde unter denselben ihm nicht die letzte Stelle anzuweisen sein. Um so näher liegt zu erörtern, warum ihm dennoch diese Anerkennung versagt wurde. — — Auf jeden Fall erregte von vornherein die späte Abfassungszeit des Buches und daß es nicht unter einem älteren ehrwürdigen Namen, sondern unter dem neuen des Verfassers in Umlauf war, ein Bedenken. Um dieses zu überwinden reichte nicht wohl eine im allgemeinen gesunde Haltung desselben hin, vielmehr mußte etwas durchaus Kräftiges, im Volksleben Durchschlagendes geboten werden, wie dies z. B. in seiner Art mit dem Buche Daniel der Fall war.“

[1]) ὁ πάππος μου Ἰησοῦς ἐπὶ πλεῖον ἑαυτὸν δοὺς εἴς τε τὴν τοῦ νόμου καὶ τῶν προφητῶν καὶ τῶν ἄλλων πατρίων βιβλίων ἀνάγνωσιν, καὶ ἐν τούτοις ἱκανὴν ἕξιν περιποιησάμενος κτλ.

[2]) Hitzig, l. c. p. VII.

die ihnen nachgefolgt, empfangen habe,[1]) und kommt dann
noch zweimal auf die gesamte Nationalliteratur zu sprechen, die
aus Gesetz und den Propheten und den übrigen vaterländischen
Schriften bestehe.[2]) — Zutreffend bemerkt hier Fritzsche,[3]) daß
man aus dieser allgemeinen Bezeichnung: „die übrigen vaterländischen
Schriften“, werde schließen dürfen, daß sie damals eines besonderen
Namens noch entbehrten. — Also noch zur Zeit des Übersetzers
hatte das hagiographische Schrifttum keinen besonderen Namen.
Natürlich: es war auch damals noch nicht endgiltig abgeschlossen,
war noch immer flüssig; der Übersetzer würde es sonst ebenso beim
Namen genannt haben, „wie Gesetz und Propheten“. Entstanden
doch immer noch neue religiöse Volksschriften, allerdings nicht
mehr in hebräischer Sprache, und rankte sich doch an Daniel eine
neue apokalyptische Literatur hinan, die sich um das alte nationale
Schrifttum gruppierte; aber es gab damals noch kein autoritatives
Forum, welches sich die Macht vindizieren durfte, den Kanon zu
sichten und zu schließen.

Waren aber jene „übrigen Schriften“ unseres Prologs selbst
zur Zeit des Übersetzers noch namenlos, wie wenig konnten sie,
als Sirach schrieb, der ja, wie wir sehen werden, frisch an die
Proverbien anknüpfte, schon abgeschlossen gewesen sein! Erst in
den Zeiten des Enkels des Siraciden, als alle schöpferische Kraft
auf dem palästinensischen Boden versiegt war und die pharisäische
Schulweisheit, welche das überkommene biblische Schrifttum in
exegetische Behandlung nahm, aufzublühen und volkbeherrschend
zu werden anfing, war dieses endgiltig besiegelt; es konnte nun
nichts mehr hinzukommen. Aber es konnte auch nichts mehr —
und diesem Umstand verdanken wir die Erhaltung der herrlichsten
Blüten der Weisheitsliteratur — daraus entfernt werden, was einmal Gemeingut des Volkes geworden war, mochten eifernde
Gesetzeslehrer noch so sehr dagegen Sturm laufen. Das zeigt sich
am deutlichsten in Bezug auf die Proverbien, das Hohelied und
Koheleth, deren Entfernung aus dem Kanon wiederholt gefordert,
aber nicht mehr durchgesetzt werden konnte.

---

[1]) Πολλῶν καὶ μεγάλων ἡμῖν διὰ τοῦ νόμου καὶ τῶν προφητῶν καὶ τῶν
ἄλλων τῶν κατ᾽ αὐτοὺς ἠκολουθηκότων δεδομένων.

[2]) νόμος καὶ προφῆται καὶ τὰ ἄλλα πάτρια βίβλια. — ὁ νόμος καὶ αἱ προ-
φητεῖαι καὶ τὰ λοιπὰ τῶν βιβλίων.

[3]) l. c. p. 2.

Es war in der Tat eine ganz verfehlte Annahme, daß der Kanon seit Esra und Nehemia abgeschlossen war. Es blühte vielmehr, wie wir zeigen werden, nach diesen mit dem Eindringen des griechischen Geistes in Palästina eine neue religiöse Volksliteratur daselbst auf, welche der fremden, in den Massen große Schäden anrichtenden Philosophie eine heimatliche, vom religiösen Geiste getragene entgegenzustellen sich bemühte und noch in dem Sirachbuche eine kräftige Nachblüte trieb, bis sie von der über Palästina zur Zeit des Antiochus Epiphanes hereinbrechenden, durch den immer radikaler auftretenden jüdischen Hellenismus und das dadurch geförderte Erstarken des Chasidäertums herbeigeführten Reaktion geknickt wurde und erstarb. — Die Psalmen signalisieren das Hereinfluten des griechischen Geistes in Palästina und bekämpfen ihn mit allen ihnen zu Gebote stehenden Mitteln; das Buch Daniel, das jüngste der biblischen Schriften, prophezeit seine unmittelbar bevorstehende Vernichtung und leitet die fortan in Israel herrschende Richtung ein: auf seinen Trümmern baute sich der Pharisäismus auf.

Freilich ist es nicht leicht, die Zeit der Entstehung des Psalters auch nur mit einiger Sicherheit zu bestimmen, da es viele Psalmen gibt, die allgemein gehalten, mehr aus der Stimmung als aus der Zeit der Dichter heraus geschrieben sind, so daß man nicht sagen kann, in welchem Teile des langen Zeitraums von 900—160 v. Chr. sie entstanden sind;[1] daß aber die Anschauungen, wie beispielsweise in bezug auf den zweiten Psalm, der unserer Ansicht nach nur aus den von Alexander d. Gr. herbeigeführten weltumgestaltenden Bewegungen verstanden werden kann,[2] so weit auseinander

------

[1] Nöldeke 131.

[2] Ist es nicht begreiflich, daß ein frommer Psalmist die Großtaten Alexanders als maßlose Überhebung gegen Gott auffaßte und aus dieser seiner Entrüstung heraus unsern Psalm, der so lebendig die Eindrücke jener die ganze damalige Welt in Aufruhr versetzenden Eroberungen widerspiegelt, gedichtet habe? Noch bei Philo und selbst in der talmudischen Literatur, finden wir diese Auffassung von Alexander und seinen Kriegstaten überliefert. Philo spricht von dem Hochmut des sich stolz blähenden Kain, „der, anstatt alles für ein Besitztum Gottes anzusehen, es sich selbst zuschreibt, während er doch nicht einmal sich selbst sicher besaß, ja nicht einmal wußte, wer er sei", und vergleicht diesen sich selbst vergötternden Kain mit Alexander dem König der Makedonier: „Denn auch dieser", sagt er, „hat sich, wie berichtet wird, als er die Macht Europas und Asiens sich unterworfen zu

gehen können, daß Ewald ihn Salomo zuschreibt, während ihn
Hitzig in der Zeit des Alexander Jannäus verfaßt sein läßt, ist
bezeichnend genug für die große Diskrepanz, die auf dem Gebiete
der Psalmenauslegung herrschte.

Größere Übereinstimmung wurde in neuester Zeit erzielt, wo
man fast allgemein annimmt, daß die Psalmen, zum mindesten in
ihrer überwiegenden Mehrheit, in nachexilischer Zeit entstanden
sind. — Man wird sich überhaupt daran gewöhnen müssen, in den
hagiographischen Büchern zum größten Teil ganz neue, in nachexilischer Zeit und zwar erst in der griechischen Periode entstandene
Geistesprodukte zu sehen, die sich teils abwehrend, wie die Psalmen,
teils aufnehmend, wie die gesamte Weisheitsliteratur, zu der eindringenden fremden Philosophie verhielten. Esra und Nehemia
bilden die Grenze zwischen der zum Abschluß gelangten, Moses
und die Propheten umfassenden alten; die Psalmen die Einleitung
zu einer ganz neuen, erst unter Einwirkung des griechischen Geistes
aufblühenden Literatur: jener der Hagiographen. Mit richtigem
Blick weist Cornill hin „auf die ebenso befremdliche wie unleugbare Tatsache, daß die ganze vorexilische Literatur Israels auch
nicht den leisesten Anklang an die Psalmendichtung, auch nicht
die mindeste Beeinflussung durch dieselbe zeigt. Sollte es wirklich“,
sagt er, „denkbar sein, daß alle Geschichtsschreiber und Propheten
der vorexilischen Zeit wie auf Verabredung an den Psalmen vor-
übergegangen wären und dies köstlichste Stück geistigen Besitzes
Israels geflissentlich ignoriert hätten?“[1] —

Gewiß, die auf uns gekommenen Psalmen sind ein Produkt
des nachexilischen Geistes. Und das wird denn auch heute fast
allgemein anerkannt. Kuenen[2] ist überzeugt, „daß die Psalmen
in ihrer großen Mehrzahl der nachexilischen Zeit angehören“.
Wellhausen meint, es sei nicht die Frage, ob es auch nachexilische,

haben glaubte, auf eine Stelle zwischen beiden Weltteilen begeben, und alles
überschauend ausgerufen: „Hier und dort ist alles mein!“ Und hierin zeigte
er die Überhebung einer kindischen, albernen und törichten nicht königlichen
Seele.“ De cher. I, 150 sq.: ἐτόλμησε ταὐτὸν αὔχημα αὐχῆσαι τῷ βασιλεῖ Μακε-
δόνων Ἀλεξάνδρῳ. Καὶ γὰρ ἐκεῖνόν φασιν, ἡνίκα Εὐρώπης καὶ Ἀσίας ἔδοξεν ἀνά-
ψασθαι τὸ κράτος, ἐν ἐπικαίρῳ χωρίῳ στάντα καὶ πάντα περιαθρήσαντα εἰπεῖν, ὅτι
„καὶ τῇδε καὶ τὰ τῇδε ἐμά“, μειρακιώδους καὶ νηπίας καὶ ἰδιωτικῆς τῷ ὄντι ψυχῆς
οὐ βασιλικῆς ἐπιδειξάμενον κουφότητα.

[1] Cornill, Einl.[2] 214.

[2] Volksrel. und Weltrel. autor. deutsche Übers. 175.

sondern ob es auch vorexilische Psalmen gebe. „Daß die Psalmen
aber“, urteilt Stade,[1] „ein Erzeugnis nachexilischer Frömmigkeit
sind, geht vor allem aus ihrem Gottesglauben hervor: er ist in
allen Stücken von nachexilischem Gepräge und dieselben Vorstellungen
durchziehen das ganze Buch. Ferner ist nicht zu sagen, welches
Stück vorexilischen Kultes die Veranlassung zur Entstehung von
Liedern vom Inhalt der Psalmen gegeben haben sollte.“ — Aber
er bestimmt noch näher die nachexilische Zeit, in welcher zahlreiche Psalmen entstanden, indem er folgert: „Daß andererseits
zahlreiche Lieder die Zustände zum Hintergrund haben, welche
infolge der Berührung mit dem Griechentum in der Zeit
der ptolomäischen und seleucidischen Herrschaft entstanden waren,
wird dadurch bewiesen, daß zahlreiche Lieder nicht nur über die
Herrschaft der Heiden und die aus derselben resultierende Trübung
des Ideals der Gemeinde, sondern auch über eine religiöse Spal-
tung im Innern der Gemeinde zu klagen haben, und von den
gesetzestreuen Israeliten abtrünnige und laue Glieder der Gemeinde
unterscheiden, welche mit denselben Benennungen wie die Heiden
benannt werden“.[2] —

Da wären wir denn bei einem hochwichtigen Punkte angelangt,
der uns einen sichern Boden für die Eruierung der Entstehungszeit

---

[1] l. c. 213. cf. Baethgen in Nowaks Handkomment. z. A. T. p. XXIV.
Er sagt in Bezug auf die Mehrzahl der Psalmen: „Es ist im allgemeinen die
in ihnen vorausgesetzte historische Situation, welche uns zwingt, die bei weitem
größere Hälfte des Psalmenbuches für nachexilisch zu erklären; dazu kommt
die Abhängigkeit von exilischen oder nachexilischen Schriftstücken, besonders
von Deuterojesaias, der einen großen Einfluß auf die Psalmendichtung ausgeübt zu haben scheint. — Der genauere Zeitpunkt innerhalb der nachexilischen
Periode, welchem die einzelnen Psalmen angewiesen werden müssen, läßt sich
meines Erachtens in der Regel ebensowenig bestimmen, wie dies bei den vorexilischen Psalmen möglich war, und die besonders von Cheyne angestellten
Versuche, zu genaueren Datierungen zu gelangen, haben wenig Überzeugendes.
Es kann auch kaum anders sein. Denn einerseits ist uns die Geschichte
Israels in der nachexilischen Zeit viel zu lückenhaft überliefert; andererseits
sind die meisten der in Betracht kommenden Pss. so allgemein gehalten, daß die
Anhaltspunkte für die Ermittlung der enger umgrenzten Ursprungszeit fehlen.“
— Was nun die Lückenhaftigkeit der aus nachexilischer Zeit überlieferten Geschichte Israels anbelangt, so werden wir sehen, daß dieselbe nicht so groß ist,
als man allgemein annimmt, da eine aus jener Zeit stammende neue Literaturgattung uns über deren geistige Bewegung genügend zu orientieren vermag.
[2] Stade, l. c. 215.

der meisten und bedeutungsvollsten Lieder des Psalters gewährt, und von welchem aus auch wir — noch ganz unabhängig von den Psalmenauslegern — zu der Überzeugung gelangt waren, daß die Psalmenliteratur zu Ende des vierten vorchristlichen Jahrhunderts aufzublühen anfing, als der griechische Geist ungestüm in Palästina eindrang, das religiöse Denken daselbst stark beeinflußte und den Glauben der Väter zu zerstören drohte. Der Kampf des Alten gegen das Neue, der hergebrachten Einfaltsfrömmigkeit gegen eine eben aufgekommene aufklärende, den blinden Glauben zerstörende Richtung, kurz, der „Frommen" gegen die „Gottlosen", welcher den ganzen Psalter durchtobt, läßt nur zu deutlich erkennen, aus welcher Zeit und aus welchen Bewegungen heraus die Bitt- und Klagelieder gedichtet sind, umsomehr, als derselbe Kampf in der ganzen Weisheitsliteratur, wir möchten sagen, mit offenem Visier weitergeführt wird. — Und so hat man denn auch richtig erkannt, daß einzelne Psalmen in den Zeiten Alexanders und der ersten Ptolomäer entstanden seien. Wellhausen spricht die Vermutung aus, daß Psalm 46, der die Welt in kriegerischer Erregung schildert, wo Völker toben, Reiche wanken, eine Stimme die Welt verzagen macht, Gott aber den Kriegen ein Ende bereitet, aus der Situation, wie sie der große Makedonier durch seine Welteroberungen geschaffen habe, herausgedichtet worden sei. „Eine Umwälzung der sämtlichen Verhältnisse eines großen politischen Systems", sagt er, „wie sie durch Alexander geschah, würde den Psalm erklären, eine Erschütterung der gesamten alten Welt, die aber Jerusalem unerschüttert ließ und den Juden als Tat Jahves zur Vorbereitung eines Reiches erscheinen konnte, in dessen weiten Grenzen der Gottesfriede angebahnt wurde und die Fehden der Nationen verstummten. An Alexander konnten in der Tat ebenso große Hoffnungen geknüpft werden wie an Cyrus, und die Begrüßung wäre seiner und nur seiner wert".[1] — „Von der günstigen Stimmung des jüdischen Volkes für die ersten Ptolomäer", sagt Reuß,[2] „zeugen auch, nach unserem Dafürhalten, einzelne Blätter seiner eigenen Literatur. Wir denken hier zunächst an ein später dem Synagogen-Gesangbuch einverleibtes Lobgedicht, dessen ursprüngliche Veranlassung freilich vergessen sein mußte, als ihm diese Ehre widerfuhr; und dessen Beziehung auf den Regierungsantritt des Philadelphus nicht

---

[1] Wellhausen, l. c. 182 sq., Anm. 1. — [2] l. c. 530 sq.

damit abgewiesen werden darf, daß man hebräische Dichtung jener Zeit überhaupt abspricht. — — Mehrere Psalmen scheinen uns kaum besser gedeutet werden zu können, als wenn wir sie in die Zeit der ersten macedonischen Herrscher setzen, aber noch vor die makkabäische Schilderhebung. Dahin rechnen wir vor allen Dingen Psalm 72.[1]) Dieser ist offenbar bei Gelegenheit der Thronbesteigung eines Königs gedichtet, dessen Vater ebenfalls schon die Krone getragen hatte. Er spricht Hoffnungen und Wünsche aus, wie sie bei solcher Gelegenheit üblich sind. — Verwandt klingt Ps. 61 (V. 2—7). Ps. 68 ist geschrieben in der Zeit, da Seleuciden und Ptolomäer sich bekriegten und das Land mehrfach seine Herren wechseln mußte. Gleiche Verhältnisse setzt Ps. 80 (V. 7) voraus, möglicherweise auch Ps. 46."

---

[1]) Diesen Psalm läßt auch Hitzig, Pss. II, 114 sq. auf die Thronbesteigung des Philadelphus gedichtet sein: „In dem Ergebnis", sagt er, „ist enthalten, daß einheimisches Königtum der Juden zur Zeit der Abfassung erloschen war; und also handelt es sich hier um einen nichtisraelitischen Gebieter Israels. Es wird für ihn V. 1 Elohim, nicht Jahve angerufen; und V. 2 scheint er außerhalb des Volkes Gottes zu stehen. Ferner kommt der Titel „König, Königssohn" anderwärts in der Bibel überhaupt nicht vor, und ist dagegen ausländisch (zu V. 1); auch wird wie V. 5 hier nur fremden Königen ewiges Leben angewünscht. — — Für diesen König nun halten wir natürlich weder den Inaros noch den Nektanebus, überhaupt keinen von denjenigen Ägyptern, welche nur das persische Joch abzuschütteln strebten, denen aber ohne Lächerlichkeit kein Weltreich wie V. 8—11 erhofft werden konnte, und denen, wenn sie auch willig, Krieg und Verwirrung ohne Ende keine Zeit ließ, um die Judenschaft sich Verdienste zu erwerben. Wir werden ihn nur in der Reihe der Ptolomäer finden, und zwar gemäß dem, was der Ps. auf den Besitzstand schließen läßt, nur unter den drei ersten. Von diesen fällt aber der erste selbst, weil kein Königssohn, hinweg; und auf Euergetes bezogen, stände das V. 12 ff. ihm gespendete Lob, weil unverdient, nicht zu begreifen, so daß mithin nur Philadelphus übrig bleibt". — cf. Olshausen, Pss. 305: „Hitzig sucht mit großem Scharfsinn zu beweisen, daß insbesondere Ptolomäus Philadelphus zu verstehen sei, und gegen seine Ansicht möchte kaum ein anderes Bedenken von Belang geltend gemacht werden können, als etwa der Zweifel, ob schon zu jener Zeit eine Gleichstellung der Leidenden mit dem Volke Gottes, wie V. 2 zeigt, gerechtfertigt erscheine. Auf einen Ptolomäer deutet jedenfalls V. 10 am ersten." — Was nun das Bedenken Olshausens betrifft, so fällt es weg, sobald man sieht, daß die Psalmisten von jeher die „Armen und Elenden" als das eigentliche und zukunftssichere Volk Gottes ansahen. Nach Hitzig II, p. XII sq., II, 189 sq., II, 200, I, 234 scheinen auch die Pss. 42, 82, 84, 85 87 in noch vormakkabäischer Zeit verfaßt worden zu sein.

Hätte man nun diese Spuren energisch usque ad finem verfolgt, die Quellen der mit so leidenschaftlichem Hasse geführten, den ganzen Psalter durchziehenden Kämpfe der „Frommen“ gegen die „Gottlosen“ durchforscht; man wäre zu sichereren Resultaten, als dies bis heute der Fall ist, gelangt, man hätte dann festen Boden zur Ermittlung der Entstehungszeit nicht nur der Psalmen sondern auch der ganzen Weisheitsliteratur bekommen. Indes hat man, da man daran verzweifelte, aus den in der Zeit zwischen Esra und der Makkabäererhebung — wie man überzeugt war — nur sehr spärlich fließenden Geschichtsquellen Anhaltspunkte zur Beurteilung des eben genannten Schrifttums zu gewinnen, ganze Psalmenmassen in die Makkabäerzeit verlegen zu müssen geglaubt, da man sich hier wieder auf historischem Boden befand und die Makkabäerbücher und Daniel von einem allgemeinen, im Judentum eingerissenen Abfall berichten. Man bedachte aber dabei nicht, daß ein solcher durch griechische Einflüsse herbeigeführter Abfall nicht plötzlich, nicht ohne lange Vorbereitung in ganzen Volksmassen hervorgerufen werden kann. Man stellte sich eben die Sache so einfach vor, wie sie die für naive Leser schreibenden Verfasser der Makkabäerbücher darstellen, indem sie berichten: „In jenen Tagen standen ruchlose Leute auf in Israel und überredeten Viele, indem sie sprachen: Auf, laßt uns einen Bund schließen mit den Völkern rings um uns her! Denn seitdem wir uns von ihnen abgesondert haben, traf uns viel Unglück. Und diese Rede gefiel in ihren Augen. Und einige vom Volke wurden angefeuert, und gingen zum König. Und er gab ihnen Erlaubnis, die heidnischen Sitten einzuführen“ [1]).

Den richtigen Weg hat Olshausen in seinem Psalmenkommentar eingeschlagen, indem er sich sagte, man dürfe sich nicht damit begnügen, den Inhalt jedes Psalms, der Bitten und Klagen inbetreff der drängenden Gottlosen enthalte, für sich allein zu betrachten; man müsse vielmehr die ganze Klasse der Bitt- und Klagepsalmen, die sich auf die Feinde der Gemeinde beziehen, und zugleich die damit abwechselnden und in innigster Beziehung zu ihnen stehenden Danklieder ins Auge fassen. „Hier“, meint er, „zeigt sich sofort eine denkwürdige Gleichförmigkeit in der Schilderung der Zustände der Gemeinde und es erschließt sich mittels des reicheren

---

[1]) 1. Macc. 1,11—14. 43. 52. — cf. 2. Macc. 4,9—16.

Materials eine Einsicht in dieselben, die auf anderem Wege nicht gewonnen werden konnte. Vor allen Dingen tritt es klar hervor, daß es sich nicht etwa bloß um einen Kampf Israels mit auswärtigen Feinden, also mit Heiden, handelt, sondern daß mit diesem ein anderer Kampf auf das innigste verflochten ist; der Kampf mit gottlosen und gefährlichen Menschen innerhalb der Nation selbst, mit den Abtrünnigen, wie man wenigstens in vielen Fällen berechtigt ist, sie zu nennen; so daß allerdings den Fremden Israel gegenübersteht, den feindseligen Stammgenossen aber die pflichttreue Gemeinde der Frommen. Fremde und Abtrünnige stehen in Gesinnung und Handlungsweise wesentlich auf Einer Stufe, und wie es in manchen Fällen sehr schwer ist, sie zu ermitteln, ob mehr diese oder jene gemeint sind, so fallen auch diese Benennungen für beide wesentlich zusammen; sie sind allzumal רשעים, d. i. pflichtwidrig Handelnde, Frevler, im geraden Gegensatze gegen die צדיקים, d. h. die Pflichtgetreuen, das göttliche Gesetz zu halten, aufrichtig Beflissenen; sie sind פעלי און Übeltäter, חטאים Sünder, עריצים Gewalttätige, זדים Übermütige usw., während die bedrängte oder bedrohte Gemeinde aus חסידים Frommen, יראי יהוה den Herrn Fürchtenden ענוים Demütigen usw., besteht. Diese Gemeinde und ihre Glieder sind jenen ein Gegenstand des Spottes, der Verachtung, und des Hasses; ihr Bestreben geht auf die Vernichtung derselben und alle Mittel zur Erreichung dieses Zweckes sind ihnen recht: Lug und Trug, hinterlistige Nachstellung und Gewalt. Denn es handelt sich keineswegs bloß um offenen Krieg, um Feldschlacht und Belagerung, obgleich derartiges nicht ausgeschlossen ist, sondern Fromme und Frevler, Israeliten und Fremde wohnen nebeneinander und berühren sich vielfältig im täglichen Leben. Im Verlaufe der Zeit ändern sich freilich die Umstände zum Teil, Not und Gefahr wechseln je mehr und mehr mit erfreulicheren Verhältnissen und diese spiegeln sich gegen das Ende des Psalters immer deutlicher und anhaltender ab, obgleich es nicht an einzelnen Unterbrechungen des bessern Zustandes fehlt“.[1] —

Soweit nun wäre diese Darstellung vollkommen richtig, wenn sie nur nicht schon in eine bestimmte Richtung einlenkte, um den Beweis vorzubereiten, daß diese Psalmen in keiner andern als in der makkabäischen Periode entstanden sein können. — „Läßt man“,

---

[1] Olshausen, Pss. p. 6 sq.

so fährt Olshausen fort, „diesen Gesamtcharakter des umfang-
reichsten und für die Gemeinde offenbar wichtigsten
Teiles der Psalmensammlung nicht unbeachtet und vergleicht
dann mit dessen Inhalt die Geschichte Israels, so wird man darüber
nicht einen Augenblick zweifelhaft sein können, daß sich die Lage
der Nation, soviel uns bekannt, nur einmal so gestaltet hat, wie
sie in den gedachten Pss. erscheint, in den Zeiten, die mit Antiochus Epiphanes' frevelhafter und wahnsinniger Verfolgung des
israelitischen Glaubens und seiner Anhänger beginnt, damals aber
auch so vollkommen der hier vorliegenden Schilderung entsprach,
wie nur irgend denkbar ist. Nicht bloß alle Züge derselben von
mehr allgemeinem Charakter finden durch die vorhandenen Berichte,
namentlich durch die achtungswerte Darstellung des ersten Buchs
der Makkabäer ihre vollständige Erklärung, sondern auch bis auf
sehr wenige und unwesentliche Ausnahmen die sämtlichen und
speziellern Beziehungen, die in diesen Gesängen vorkommen. Dabei darf natürlich nicht übersehen werden, wie oft in jenem wechsel-
vollen Kampfe der glaubensmutigen Juden gegen die ohnehin übermächtigen und von den Abtrünnigen unterstützten Heiden dieselben
Situationen wiederkehren, so daß es in vielen Fällen vermessen
wäre, genau bestimmen zu wollen, ob die jedesmalige Darstellung
dieser oder jener von mehreren ähnlichen Perioden der Makkabäerzeit angehöre. Doch läßt sich ziemlich deutlich wahrnehmen, daß
die geschichtlichen Beziehungen in den beiden letzten Büchern der
Psalmen im ganzen einer spätern Zeit angehören, als die in den
vorhergehenden Büchern. Wahrscheinlich reichen jene bis in die
Zeit des Johannes Hyrcanus hinab"[1].

Dem gegenüber behaupten wir, daß der Kampf der
„Frommen" — d. i. der in der Folge immer mehr zu-
sammenschrumpfenden Partei der Altgläubigen — gegen
die „Gottlosen" — das sind die Anhänger der neuen, seit
den Tagen Alexanders in Palästina aufgekommenen und
nachgerade herrschend gewordenen freien religiösen
Richtung — schon gegen Ende des vierten Jahrhunderts
begonnen und erst nach der Erhebung der Makkabäer, die
in ihrer Begeisterung nicht nur die Partei der Chasidäer,
sondern auch die Massen der Lauen mit sich fortrissen,

---

[1] ib. p. 7.

die ihnen willig Heerfolge leisteten, als sie ihren alten
Glauben und ihr Volkstum durch grausame, von ihren
eigenen verräterischen Volksgenossen herbeigeführte Re-
ligionsverfolgungen bedroht sahen; mit den Makkabäersiegen sein Ende erreicht hat.[1]

Wir gründen diese Behauptung nicht auf bloße Vermutungen,
sie ergibt sich vielmehr mit zwingender Notwendigkeit aus der
historischen Entwicklung, die das nachexilische Judentum seit seiner
Berührung mit dem Griechentum genommen, sie drängt sich einem
von selbst auf, sobald man unbefangen die in den Proverbien, in
Hiob, Koheleth, im Sirachbuche und in der Sapientia Salomonis
sich so unverkennbar widerspiegelnden Kämpfe verfolgt, welche die
alte Richtung gegen die ungestüm und unaufhaltsam eindringenden
neuen Ideen führt.

Der Begriff רשע, „Gottloser“, erhält in den Psalmen und in
der Weisheitsliteratur“ einen ganz andern Inhalt, als er in den
Propheten gehabt. Der „Gottlose“ ist jetzt nicht mehr der Frevler
im allgemeinen, sondern der infolge einer herrschend gewordenen
philosophierenden Richtung den alten Glauben kritisierende, oder
gar von ihm sich abwendende Volksgenosse. Die Partei der Gottlosen trägt jetzt das ganz bestimmte Gepräge des vielfach ins
Maßlose gehenden Freisinns, der sich vermißt, Gott selbst und seine
Wege erforschen zu wollen und zum Abfall von dem Gesetze führt.
In den Proverbien, die gleichfalls aus den Kämpfen der „Frommen“
gegen die alle alten Dämme einreißende neue Richtung heraus-
gewachsen sind, erscheinen „Gottlose“ und „Abtrünnige“ als
Wechselbegriffe;[2] da wird der geradsinnige Fromme dem verkehrten
Abtrünnigen gegenübergestellt.[3] Die Frommen sind das aufbau-
ende und erhaltende, die Gottlosen das zerstörende Element der Gemeinde,[4] deren Weg in die Irre führt.[5] Die Lippen der Frommen
lehren Heilsames, aber der Mund der Gottlosen Verkehrtes.[6] Des

---

[1] Zu dem folgenden vgl. unser Buch, Gesch. der jüd. Apologetik, 449
bis 499.

[2] Prov. 2,22: וְרְשָׁעִים מארץ יכרתו ובוגדים יסחו ממנה. Und
ib. 21,18: כפר לצדיק רשע ותחת ישרים בוגד.

[3] Prov. 11,3: תמת ישרים תנחם וסלף בגדים ישדם. — Und ib. V. 6:
צדקת ישרים תצילם ובהות בגדים ילכדו. — cf. ib. 13,15: שכל טוב יתן
חן ודרך בגדים איתן.

[4] Prov. 11,11. 18. — [5] Prov. 12,26. — [6] Prov. 10,32.

Frommen Haupt umgibt Segen, aber der Mund der Gottlosen birgt Gewalttat.[1]) Der Fromme besteht denn auch ewiglich, aber der Gottlose wird spurlos verschwinden.[2]) — Wie in den Psalmen ist auch in den Proverbien der Gottlose hochmütig, und gelangt er zur Herrschaft, hart und grausam: „Wenn die Frommen Oberhand gewinnen, herrscht Glückseligkeit, kommen aber die Gottlosen empor, dann verbirgt man sich. Wie ein brüllender Löwe, wie ein gieriger Bär ist der Gottlose, der über ein armes Volk herrscht".[3])

Wir haben da ein von intellektualistischem Hochmut erfülltes Zeitalter vor uns, wo, wie der Spruchdichter klagt, ein Geschlecht emporgekommen ist, „das nach seinem Dünkel rein und doch von seinem Schmutze nicht gewaschen ist; ein Geschlecht, das seine Augen so stolz und seine Wimpern so hoch trägt, ein Geschlecht, dessen Zähne Schwerter und Messer sind, um die Elenden im Lande und die Dürftigen unter den Menschen zu verzehren".[4]) —

Daß der Kampf der Frommen gegen die Gottlosen schon in den frühesten Zeiten für den ursprünglichen und zugleich wichtigsten Teil des Psalters gehalten wurde, das lehrt schon der erste Psalm, der ihm gleichsam als Motto vorangestellt wurde, als eine Vorrede, die den Leser von vornherein über den eigentlichen Kern der Psalmensammlung orientieren soll.[5])

---

[1]) Prov. 10,6.

[2]) Prov. 10,7. 25. 27—31. Über Gottlose und Fromme überhaupt cf. Prov. 10,6. 7. 16. 20. 24. 25. 30. 13,5. 6. 9. 14,32. 15,8. 9. 29. 16,4. 18,5. 21,12 u. a. St.

[3]) Prov. 28,12. 15. Die LXX lesen in 28,15 anstatt משל רשע (gottloser Herrscher) משל רש armer Herrscher. Sie übersetzen: ὃς τυραννεῖ πτωχὸς ὢν ἔθνους πενιχροῦ. Ebenso Ewald, Die Dichter des A. B. II², 239 sq. Allein eine solche Auffassung verbietet schon V. 12, wo hervorgehoben wird, wie groß das Heil sei, wenn die Frommen und wie niederdrückend für das Volk, wenn die Gottlosen zur Führerschaft gelangen: עם דל sind eben die von den Gottlosen unterdrückten Frommen der Psalmen. Es sind eben dieselben Zustände, wie sie auch der Verfasser des Buches Hiob schildert, indem er den Entrüstungsschrei ausstößt: „Das Land ist der Hand des Gottlosen ausgeliefert!" Hiob 9,24: ארץ נתנה ביד רשע.

[4]) Prov. 30,12—15. cf. Ps. 12.

[5]) cf. Cornill 216. De Wette, Pss. 72. Hitzig I, 2. Ewald I, 218. Gunkel, Ausgew. Pss. 1 sqq: „Nicht ohne Grund", bemerkt Gunkel zum ersten Psalm, „ist dies Gedicht wie ein Vorwort dem übrigen Psalter vorangestellt, in dem der Vorsehungsglaube eine so große Rolle spielt; ehe wir in dem Psalter die Frommen beten, klagen und jubeln hören, vernehmen wir hier **den allgemeinen Satz, der Kern und Stern ihrer Frömmigkeit ist.** Zunächst schildert der Dichter

Selbst dieser kleine Psalm informiert uns, soweit dies in dem engen Raum eines so knapp gehaltenen Vorwortes nur immer möglich, über das Wesen der „Frommen" und „Gottlosen" und über die zwischen beiden herrschenden Gegensätze: Im Gegensatze

---

den Frommen. — — Die erste Eigenschaft des Frommen aber, die der Psalm nennt, ist eine negative, daß er sich schlechterdings von den Gottlosen fernhält: das Judentum, in beständiger Gefahr, durch die Berührung mit den Heiden und mit abtrünnigen Volksgenossen seine Religion zu verlieren, hat sich nur durch mehrfache Separationen verteidigen können und hat daher seinen Bekennern keine Pflicht so eingeschärft, als die, sich vor der Ansteckung durch die „Gottlosen" zu hüten. — Der Psalmist macht diese völlige Trennung des Gerechten von den Frevlern klar, indem er diesen Gedanken dreimal in parallelen Sätzen variiert. — Die Bilder der ersten beiden Sätze sind ziemlich blaß. — Etwas farbiger ist der dritte Satz: wo die Frivolen, die Spötter, etwa beim Trinken zusammensitzen und sich über Gott und Gottesfurcht und die Frommen lustig machen, da macht er nicht mit. Wir können uns die Gesinnung dieser Spötter nach sonstigen Anspielungen vorstellen: es sind Weltmenschen, die nur an irdische Mittel denken; der Satz, den sie besonders verspotten, ist gerade der, den der Psalm verkündigt, daß man durch Gottesfurcht zu allen guten Dingen komme; der Augenschein lehrt — so spotten sie, — daß es manchen Frommen schlecht geht und manchem, der nach Gott nicht fragt, recht gut. — Positiv aber wird der Fromme geschildert als Liebhaber des Gesetzes; der denkt nicht an Geld und Geldgewinn, sondern verwendet seine ganze Zeit darauf, das Gesetz zu studieren, um Gottes Willen immer besser zu lernen. — — Der Psalm stammt aus der Zeit, da das geschriebene Gesetz die Frömmigkeit bestimmte, also aus der Zeit nach dem Untergange des Staates und der großen Prophetie. — Diesem Tun der Gerechten stellt der Psalmist den Segen entgegen, den er dafür von Gott erhält. — — Der zweite Teil handelt über den Gottlosen. Begreiflich ist, daß es der fromme Dichter verschmäht, die geheimen Gedanken des Gottlosen darzustellen: auch wenn er die psychologische Kraft zu solcher Schilderung haben würde, so würde er es doch weit von sich weisen, sich auf so schlimme Dinge einzulassen. Er schreibt ja nicht zur sachlichen Belehrung des Lesers, sondern um ihn von der Gottlosigkeit abzuschrecken. So kommt es, daß er hier nicht den Gottlosen beschreibt, sondern nur sein böses Geschick. Auch sonst haben wir in den Psalmen, so oft wir auch von den „Frevlern" hören, wenig intime Schilderungen, die uns in die Lebensauffassung dieser Kreise versetzen. Wir haben also auch nur ein ungefähres Bild von ihnen. Wir dürfen etwa folgendes sagen: die tiefe Frömmigkeit, wie sie in den Psalmen gefordert wird, die ausschließliche Richtung des ganzen Lebens auf Gott, kann, so liegt es in der Natur der Dinge, nur Sache kleiner Kreise sein. So stehen im Judentum neben den Frommen die Weltkinder, die ihrer Abstammung nach Juden sind, aber über jüdische Frömmigkeit frivol denken und im Halten des Gesetzes lässig sind."

zu den Gottlosen, welche frivole, gottvergessene und in die Irre
führende Wege gehen, die in ihrer Haltlosigkeit der Spreu gleichen,
die der Wind verweht, ist der Fromme, da es ihn stets zur
Lehre Gottes hinzieht, in der er Tag und Nacht forscht, festgewurzelt, dem am Wasser gepflanzten Baume vergleichbar, der
Früchte bringt zu seiner Zeit und dessen Laub nicht welkt.

Es ist nicht richtig, daß wir wenig intime Schilderungen in
den Psalmen haben, die uns in die Lebensauffassung der Kreise
der Gottlosen versetzen; die bezüglichen Schilderungen in den
Psalmen stellen sich vielmehr bei näherem Zusehen als so prägnant
dar, daß wir aus ihnen nicht bloß ein ungefähres, sondern sogar
ein ganz klares Bild von dem Wesen und der Partei der Gottlosen
erhalten.

Der Partei der „Frommen“ in den Psalmen, oder — wie sie
häufig genannt wird — der „Armen und Elenden“, der „Demütigen“
steht jene der „Gottlosen“ oder „Hochmütigen“ gegenüber.
Daß diese letzteren Volksgenossen und keine auswärtige Feinde
sind, das geht unzweideutig aus vielen Klagespsalmen hervor. Der
Fromme ist seiner alten Religion treu geblieben, der Gottlose hat
sich von ihr abgewendet, oder, richtiger gesagt, ihr entsprechend
den veränderten Verhältnissen einen neuen Inhalt gegeben und
verfolgt jetzt seine ehemaligen Freunde und Glaubensgenossen, die
seine Wege nicht gehen wollen. Die Zeit, in der es zu einem
völligen Bruch zwischen beiden gekommen war, ist noch in Erinnerung, darum ist der Schmerz des Frommen noch ein so
brennender. Ja, wäre es ein äußerer Feind, der ihn schändete, so
wollte er es ertragen, erhöbe sich ein Hasser gegen ihn, er könnte
sich vor ihm verbergen; doch ach, es ist sein Genosse, sein Freund,
sein Verwandter! Sie waren vordem innig miteinander verbunden,
wallten gemeinsam zum Gotteshaus.[1] — Nun ist er fremd
geworden seinen Brüdern, und unbekannt den Kindern seiner
Mutter. Denn den Frommen vorzehrt der Eifer für das Gotteshaus,
und die Lästerungen derer, die Gott lästern, sind auf ihn gefallen.[2]
— Wie grämte er sich, als jene schwer darnieder lagen! Er hüllte
sich in einen Sack, kasteite sich mit Fasten und Beten, als ob es
Freunden und Brüdern gegolten, ging traurig daher wie einer, der
Leid um seine Mutter trägt. Sie aber freuten sich über seinen

---

[1] Ps. 55,13—16. — [2] Ps. 69,9—11.

Schaden, rotten sich wider ihn ohne seine Schuld, sie zerreißen und hören nicht auf.[1]) Seine Freunde und Genossen von ehedem stehen jetzt kalt seinen Leiden gegenüber, seine Nächsten stehen ferne, lohnen ihm Böses für Gutes.[2]) Der Freund, dem er vertraute, der sein Brot aß, er tritt ihn jetzt mit dem Fuße.[3]) Er sitzt und redet wider seinen Bruder, verleumdet seiner Mutter Sohn.[4]) Seine Freunde, Nächsten und Verwandten sind dem Frommen entfremdet, er ist ihnen ein Greuel geworden.[5]) Sie haben ihren gottlosen und falschen Mund wider ihn aufgetan und reden wider ihn mit falscher Zunge, reden giftig wider ihn allenthalben und streiten wider ihn ohne Ursache: dafür, daß er sie liebt, sind sie wider ihn; er aber betet. Sie beweisen ihm Böses für Gutes und Haß für Liebe.[6]) Sie lobsingen Gott in Heuchelei, geberden sich fälschlich als seine Anhänger; darum haßt er sie mit unauslöschlichem Haß, zu Feinden sind sie ihm geworden.[7]) —

Wer kann hier noch zweifeln, daß diese „Gottlosen" Volksgenossen waren! Sie waren, Dank der werbenden Kraft der neuen Ideen zu einer mächtigen auf ihre Erkenntnis und Einsichten stolzen Partei angewachsen, welche bald eine kompakte Majorität im Volke bildete;[8]) während die in ihrem Einfaltsglauben verharrenden, an den hergebrachten religiösen Überlieferungen unentwegt festhaltenden Frommen immer weniger wurden und nachgerade zu den „Armen und Elenden" herabsanken.[9])

Von der überwältigenden Macht der sich hochmütig geberdenden, ihre religiösen Gegner erbarmungslos niederdrückenden Partei der Gottlosen geben schon die zahlreichen verzweiflungsvollen Schmerzensrufe, die der Fromme in den Psalmen gegen diese seine Unterdrücker ausstößt, einige Vorstellung: „Die Feinde sind mir zu mächtig"![10]) so schreit er ein über das andere Mal auf. „Hilf, o Gott, die Frommen haben abgenommen, die Gläubigen sind wenig geworden unter den Menschenkindern".[11]) — „Der Gottlose

---

[1]) Ps. 35,13—17. — [2]) 38,12—14. 20—22. — [3]) 41,10. — [4]) 50,20.

[5]) Ps. 88,19. 20. — [6]) 109,2—6. — [7]) 139,20—23.

[8]) cf. Ps. 4,3; 10,2—12; 12,4—6; 17,9; 19,14; 25,3; 31,19. 24; 35,26; 36,12; 75,5. 6; 86,14; 94,2. 4; 101,5; 119,21. 51. 69. 78. 85. 122; 140,6.

[9]) cf. Ps. 4,4; 9,13. 19; 12,6; 18,28; 22,25—27; 25,9. 16; 34,3; 35,10; 37,11. 14; 40,118; 69,33—35; 70,6; 72,2. 4. 12. 13; 74,21; 76,10; 86,1—3; 89,16; 109,10. 22. 31; 140,13.

[10]) Ps. 18,18. — [11]) 12,2—5.

ist trotzig und breitet sich aus und grünt wie ein Lorbeerbaum".[1]) „Meine Feinde leben und sind mächtig, die mich unbillig hassen, sind zahlreich".[2]) — „Zahlreicher als die Haare auf meinem Haupte sind, die mich ohne Ursache hassen, die mir unbillig feind sind und mich verderben, sind mächtig. — Errette mich aus dem Kote, daß ich nicht versinke, daß ich errettet werde von meinen Hassern und aus dem tiefen Wasser. Laß nicht die Wasserflut mich überströmen, laß nicht den Abgrund mich verschlingen, die Grube nicht über mir schließen ihren Mund . . . . ."[3]) „Viele sind der Verfolger und Dränger; ich aber weiche nicht von deinen Zeugnissen".[4]) „Errette mich vor meinen Verfolgern und Drängern, denn sie sind mir zu mächtig!"[5])

Warum aber bedrängen die Gottlosen den Frommen und wollen ihn ganz unterdrücken? Weil er ihre Wege nicht gehen will und unerschütterlich in seinem alten Glauben verharrt, wodurch er ihnen, zumal als ewiger Moralprediger, unbequem und lästig wird. Er aber haßt sie nur darum, weil sie sich von der Gotteslehre und selbst von dem Gott der Väter abgewendet haben. Denn ihn verzehrt der Eifer für Gott und er weint bitterlich über ihren Abfall und fastet und man spottet noch seiner. Die in den Toren sitzen, reden wider ihn und bei Gelagen singt man von ihm; er aber betet.[6]) Feuergluten erfassen ihn beim Anblick der „Gottlosen", weil sie die Lehre Gottes verlassen haben.[7]) Seine Augen überfließen von Wasserströmen, weil sie die Gesetze nicht befolgen.[8]) Sein Eifer darüber, daß seine Dränger die Worte Gottes vergessen haben, stürzt ihn ins Verderben.[9]) Er sieht die Abtrünnigen, und ist erbittert, daß sie die Verheißungen Gottes nicht in acht nehmen.[10]) — „Sie lobsingen dir" — so klagt er vor Gott — „in Heuchelei und mißbrauchen deinen Namen. Und da sollte ich deine Hasser, o Gott, nicht hassen? nicht verabscheuen, die dich verabscheuen? Ja, mit dem vollsten Hasse hasse ich sie, zu Feinden sind sie mir geworden!"[11])

Daß dieser zwischen beiden Parteien herrschenden unaustilgbaren Feindschaft tatsächlich die hier von den Frommen geltend

---

[1]) 37,35. — [2]) 38,20. — [3]) 69,5. 15—23.
[4]) Ps. 119,57. — [5]) Ps. 142,7. — [6]) Ps. 69,10—15. — [7]) Ps. 119,53.
[8]) Ps. 119,136. — [9]) Ps. 119,139.
[10]) Ps. 119,158: ראיתי בגדים ואתקוטטה. cf. Prov. 2,22. 11,3. c. 13,15. 21,18.
[11]) Ps. 139,20—23.

gemachten Motive zu Grunde lagen, bestätigt uns — und darauf ist, soviel uns bekannt, noch von keiner Seite hingewiesen worden — Pseudo-Salomo. Er schildert — und davon wird noch weiter unten die Rede sein — diese „Gottlosen", ihre Lebensauffassung und ihren „verkehrten Sinn", und läßt sie dann also sprechen: „Laßt uns den „armen Gerechten" unterdrücken.[1] — Laßt uns dem Frommen nachstellen, weil er uns lästig fällt und unseren Taten entgegentritt und uns Übertretungen des Gesetzes vorrückt und uns unsere Vergehungen gegen die Zucht vorhält. Er rühmt sich, die wahre Gotteserkenntnis zu besitzen und nennt sich selbst ein Kind Gottes.[2] — Er ist uns zum Vorwurf wegen unserer Gesinnungen geworden. Er ist uns lästig, wenn wir ihn nur ansehen; weil seine Lebensweise verschieden ist von der der übrigen und seine Wege eine außerordentliche Richtung haben. Als Schlacken gelten wir ihm und er hält sich fern vom Verkehr mit uns wie von Verunreinigungen; er preist aber glücklich das Ende der Frommen und prahlt mit Gott als seinem Vater. Laßt uns doch sehen, ob seine Worte wahr sind und die Art seines Ausgangs abwarten. Denn wenn der Fromme ein Sohn Gottes ist, so wird er sich seiner annehmen und ihn aus der Hand seiner Widersacher erretten. Durch Hochmut und Unterdrückung laßt uns ihn prüfen, damit wir seine Sanftmut kennen lernen und seine Standhaftigkeit prüfen. Zu schimpflichem Tod laßt uns ihn verurteilen; denn nach seinen Worten wird ihm ja Schutz zuteil werden. — Dieses sind ihre Gedanken, die sie in die Irre führen, denn ihre Bosheit hat sie blind gemacht."[3] —

Diese Schilderung illustriert ungemein die Situation. Sie zeigt uns, daß die herrschende Partei der „Gottlosen" in der Diaspora — in der ja Pseudo-Salomo schreibt — nicht anders geartet gewesen, als in Palästina; sie stimmt vollkommen mit dem Bilde überein, das die Psalmisten von ihr entwerfen: es sind dieselben Neuerer, die da wie dort rücksichtslos ihr Ziel, das Judentum zu verweltlichen, verfolgen und in ihrem Wissensdünkel, ihre, den alten religiösen Sitten und Gebräuchen treugebliebenen Volksgenossen

---

[1] Sap. Sal. 2,10: καταδυναστεύσωμεν πένητα δίκαιον. Auch hier ist der Fromme der „עָנִי" in den Psalmen.

[2] Sap. Sal. 2,13: ἐπαγγέλλεται γνῶσιν ἔχειν θεοῦ καὶ παῖδα κυρίου ἑαυτὸν ὀνομάζει.

[3] Sap. 2,10—23.

tyrannisieren. — Und nun werden uns die sonst ganz unverständlichen Worte des Siraciden, daß Gott ihn in den Zeiten, wo die „Hochmütigen" herrschten, nicht verlassen, klar. Er gehörte zu den frommen Volkslehrern seines Zeitalters, und die „Gottlosen" bedrängten ihn. Er richtet nämlich am Schlusse seines Buches das folgende Dankgebet an Gott: „Ich will dich loben, Gott, mein Retter, und will preisen deinen Namen! Denn Beschützer und Helfer warst du mir, und rettetst meinen Leib aus dem Verderben und aus der Schlinge der Verleumdung der Zunge; aus den Lippen derer, die Trug üben, und gegenüber meinen Widersachern bist du mir Helfer geworden. Und du hast mich gerettet nach der Fülle deiner Gnade von dem Geknirsch, das sich für die Beute bereit hielt, aus der Hand derer, die nach meinem Leben trachteten, aus vielen Bedrängnissen, die mich trafen; von dem Ersticken im Feuer, das rings um mich war, und mitten aus dem Feuer, das ich nicht angezündet hatte; aus der Tiefe der Unterwelt, und von der unreinen Zunge, von dem trügerischen Worte gegenüber dem König, von der Verleumdung der falschen Zunge.¹) Es näherte sich dem Tode meine Seele und mein Leben war ganz nahe der Unterwelt. Man umringte mich von allen Seiten, und keiner war, der half. Ich schaute mich nach Hilfe der Menschen um, aber es war keine zu finden. Da gedachte ich deiner Barmherzigkeit, o Herr, und deiner Taten von alters her, daß du befreitest jene, die auf dich hofften und sie errettetst aus der Hand der Heiden. Ich richtete mein Flehen von der Erde empor, und betete um Rettung vom Tode. Ich rief Gott, meinen Vater und Herrn, daß er mich nicht verlasse in den Tagen der Bedrängnis, in der Zeit, da die Hochmütigen herrschen, wo keine Hilfe war.²) — Ich will loben deinen Namen

----

¹) Genau so die Psalmisten. Hier nur ein Beispiel. Der Psalmist betet zu Gott gegen die Bedrückung durch die Gottlosen: „Errette mich, o Herr, von den bösen Menschen, behüte mich vor den frevlen Leuten, die Böses sinnen in ihrem Herzen und täglich Krieg erregen. Sie schärfen ihre Zunge wie eine Schlange, Otterngift ist unter ihren Lippen. Bewahre mich, o Herr, vor der Hand der Gottlosen, behüte mich vor den frevlen Menschen, die mich von meinem Pfad abdrängen wollen. Die Hochmütigen legen mir Stricke und breiten mir Seile aus zum Netze und stellen mir Fallen in den Weg." Ps. 140,2—7. cf. Ps. 52,4 sqq. 52,6. 62,5. 5,10. 55,22. 57,5. 59,8 u. a. St.

²) Sirach 51,10: ἐπεκαλεσάμην Κύριον πατέρα κυρίου μου μή με ἐγκαταλιπεῖν ἐν ἡμέραις θλίψεως, ἐν καιρῷ ὑπερηφάνων ἀβοηθησίας.

unaufhörlich, und preisen in Dank. Erhört ja ward mein Gebet: denn du rettetest mich vom Verderben und halfst mir aus böser Zeit. Darum dank ich dir und lobe dich und preise den Namen des Herrn." [1]

Ein Kommentar zu den Worten scheint überflüssig, nur soviel sei hier angemerkt, daß wir schon in vormakkabäischer Zeit die „Hochmütigen" alle erlaubten und unerlaubten Mittel anwenden sehen, um ihre religiösen Anschauungen und Grundsätze überall zur Geltung zu bringen, und daß sie auch vor Verrat und vor keiner Gewalttat zurückschreckten, um den unbequemen Gegner vollständig aus dem Felde zu schlagen.

Und daß diese Partei der Gottlosen eine religiöse war und nur eine solche sein wollte, das lehrt uns nicht bloß der Held des Buches Hiob, der ja geradezu leidenschaftlich die neue Richtung verficht und aus ihr die äußersten Konsequenzen zieht, so daß er von seinen ihn bekämpfenden drei konservativen Freunden, den engen Gesinnungsgenossen der Frommen in den Psalmen, auf eine Linie mit den Gottlosen gestellt wird; das lehren uns auch die Psalmen selbst. Sie werden hier mit ganz präzisen Worten als Juden geschildert, die sich mit der Lehre Gottes befassen, das Wort Gottes verkünden; aber freilich im verkehrten Sinn. In den Psalmen ruft Gott dem Gottlosen zu: „Was hast du meine Satzungen zu verkünden und meinen Bund in deinem Mund zu führen, da du doch die Zucht hassest und meine Worte hinter dich wirfst? [2] — Deinen Mund lässest du böses reden, und deine Zunge schmiedet trügerisches. Du sitzest und redest wider deinen Bruder, deiner Mutter Sohn verleumdest du. All dies tust du, und ich schweige, da meinst du, ich werde sein wie du. Aber ich will dich strafen und will dirs vor Augen stellen." [3] Wie Sirach, [4] bezeichnet auch der Psalmist ihre Gesetzesverkündigung als Heuchelei: Sie lobsingen Gott, sagt er, im Heucheln; ihre Anbetung ist nur ein Mißbrauch des Namens Gottes. [5]

Die Macht aber, die sie über die Volksmassen gewinnen, verdanken sie ihrer hinreißenden Beredsamkeit, die der neue Geist in

---

[1] Sirach 51,1—13.

[2] Ps. 50,16—18: ‫ולרשע אמר אלהים מה לך לספר חקי וג׳‬.

[3] Ps. 50,19—23. — [4] cf. Sir. 36(33),2. 35(32),15. Hierüber weiter unten.

[5] Ps. 139,20: ‫אשר ימרוך למזמה נשוא לשוא עריך [שמך]‬.

ihnen weckte: dem allbezwingenden Worte. Alles aber, was sie
lehren, sagt der Psalmist, ist eitel Großrednerei, glatte Heuchelei,
womit sie die Menge bestricken, während sie in ihrem Hochmut
die Frommen niederdrücken.[1] „Daß doch," so betet der Fromme,
„der Herr alle Heuchelei ausrotte, die Zunge, die da großes redet,
die da sprechen: Unsere Zunge ist siegreich, unsere Lippen sind
mit uns, wer ist dann Herr über uns? Ob der Mißhandlung der
Elenden, ob dem Seufzer der Armen stehe ich auf, spricht der
Herr."[2] „Denn du bist nicht ein Gott, dem Gottlosigkeit gefällt,
nicht darf Böses vor dir weilen, nicht der Ruhmredige vor dich
treten. — Du vertilgst die Lügenredner. — Doch ich ob deiner
großen Huld darf kommen in dein Haus, um mich hinzuwerfen in
Ehrfurcht in deinem heiligen Tempel. Gott leite mich in deiner
Gerechtigkeit um meiner Gegner willen, ebne deinen Weg vor mir.
Denn keine Wahrheit ist in ihrem Munde; ihr Sinn ist Verderben;
ein offenes Grab ist ihre Kehle; mit ihrer Zunge heucheln sie.
Verwüste sie, o Herr, daß sie herabstürzen aus ihren Plänen, denn
sie lehnen sich auf gegen dich."[3]

Auch über den Inhalt ihrer Lehren erfahren wir in den
Psalmen näheres. Natürlich lassen hier die über alle Maßen er-
bitterten Frommen an ihren Gegnern kein gutes Haar; sie be-
zeichnen sie in Bausch und Bogen als Gottesleugner. „In ihrem
Hochmut lehren sie: es gibt keinen Gott."[4] „Sie sprechen: Weiß
Gott etwas und ist ein Wissen bei dem Höchsten?"[5]

Daß es in Israel damals eine solche radikale Partei gegeben
hat, unterliegt keinem Zweifel. Das erfahren wir nicht bloß von
den drei frommen Freunden Hiobs,[6] sondern auch von diesem
selbst. „Sie sprechen zu Gott," sagt Hiob, „weiche von uns, nach
der Erkenntnis deiner Wege verlangt es uns nicht; was ist denn
der Allmächtige, daß wir ihm dienen, und was gewinnen wir, wenn
wir zu ihm beten?"[7]

Allein die Partei dieser Atheisten wird, trotz der ewigen
Klagen der Psalmendichter, daß der Abfall von Gott ein allge-

---

[1] Ps. 10,2. — [2] Ps. 12,4—7.

[3] Ps. 5,5—12. 55,22. 57,5—8. 58,5—11. 59,8. 62,5—9 u. a. St.

[4] Ps. 10,4: ‏רשע כגבה אפו בל ידרש אין אלהים כל מזמותיו‏·

[5] Ps. 73,11: ‏ואמרו איכה ידע אל ויש דעה בעליון‏·

[6] Hiob 16,25: ‏כי נטה אֶל אֵל ידו ואל שדי יתגבר‏· cf. Hiob 22,17.

[7] Hiob 21,14—16.

meiner geworden,[1]) doch nur eine geringe gewesen sein. Das Gros
des Volkes gruppierte sich um seine Weisheitslehrer, die dem
neuen Geist zwar das Wort redeten, aber ihn mit dem alten ver-
schmolzen und in eindringlichster Weise den Glauben an einen Gott
lehrten. Freilich die durch das siegreiche Vordringen der neuen
religiösen Richtung in den Hintergrund gedrängten, in ihrem Ge-
müte tief empörten Frommen generalisieren. Sie sehen eben in
jedem, der nicht den alten Überlieferungen blind ergeben bleibt,
einen Gottesleugner. Das lehren uns am deutlichsten die drei konservativen Bestreiter des Hiob, welche, wie wir später sehen werden,
aus der Schule der Psalmen-Frommen kommen. — Hiob hegt so
hohe Ansichten von der Gottheit, daß er es für eine Profanation
hält, menschliches Unglück und menschliches Gebreste als Strafe
des zürnenden Gottes anzusehen. Diese hohe Auffassung aber
klingt in den Ohren seiner frommen Freunde wie Blasphemie, und
sie stellen ihn in eine Reihe mit den „Gottlosen". „Du sagst",
entgegnet ihm der Wortführer der drei Freunde: „was weiß Gott,
wie sollte er durch Wolkendunkel richten? Die Wolken hüllen
ihn, er sieht nicht und wandelt auf des Himmels Bogen."[2]) Das
sind ja, meint er, die Ansichten der vor ihrer Zeit von Gott hin-
weggerafften Gottlosen, die zu ihm sprachen: „Weiche von uns!"
Und: „Was wird uns der Allmächtige nützen!"[3]) Natürlich in den
Augen der Frommen nehmen sich die Anschauungen Hiobs von
Gott und seinem Verhältnis zum Menschen nicht anders aus als
jene der Gottlosen, die durch die fremde Philosophie zum Atheis-
mus geführt wurden.

Aber die Psalmensänger verraten es dennoch wieder selbst,
daß die Philosophie der „Gottlosen" denn doch in etwas mehr als
in einer einfachen Leugnung der Existenz Gottes bestehe, daß sie
nicht bloß mit ihren berückenden Worten so zauberisch auf die
Massen wirken, sondern daß auch Begriffe in diesen Worten liegen,
die ihre Wirkung üben. Die Zunge der Hochmütigen, sagt der
Psalmist, spricht Großes.[4]) Was hierin zu verstehen sei, das lehrt
uns zunächst der Siracide, der ebenso wie die Psalmensänger und
die Weisheitslehrer nur dasjenige Denken von und über Gott für ein

---

[1]) Ps. 12,2. 14,3. 35,25. 52,2—6. 73,10. 119,126 u. a. St.
[2]) Hiob 22,13—15. — [3]) Hiob 22,17.
[4]) Ps. 12,4: ‏לשון מדברת גדלות‎.

richtiges und erlaubtes hält, das sich auf der Grundlage der Gottesfurcht aufbaut. Um die wahre Weisheit zu erlangen, ist vor allem
Demut erforderlich. Dem Hochmütigen wird sie nie zuteil, sein
Weisheitsdünkel wird ihm nur zum Verderben. Beides ist deutlich in der folgenden Belehrung ausgedrückt, die der Siracide der
Jugend erteilt: „Mein Sohn,“ predigt er, „vollbringe in Demut
deine Geschäfte und du wirst von dem gottwohlgefälligen Manne
gelobt werden. Je größer du bist, umsomehr demütige dich selbst
und du wirst Gnade finden vor dem Herrn: denn groß ist die
Macht des Herrn, und von den Demütigen wird er gepriesen.[1])
Was für dich zu erhaben ist, darnach strebe nicht, und
was deine Kräfte übersteigt, erforsche nicht. Was dir geboten ist, darauf denke: denn nicht brauchts für dich
verborgener Dinge. — Denn zu viele Dinge der menschlichen Einsicht sind dir schon gezeigt worden. Denn
viele hat ihr Dünkel in die Irre geführt und ihr schlimmer Wahn zu Falle gebracht.[2]) Einem vermessenen Sinn wird
es am Ende übel ergehen, und wer die Gefahr liebt, wird in ihr
umkommen. Ein vermessener Sinn wird mit Mühen beschwert und
der Sünder häuft Sünde auf Sünde. Die Heimsuchung des Hochmütigen bringt ihm nicht Heilung, denn die Pflanze der Bosheit
hat in ihm Wurzel gefaßt.“[3])

Liest man den hebräischen Text dieser Stelle, der uns teilweise im Talmud,[4]) vollständig aber in dem jüngst aufgefundenen

---

[1]) Sirach 3,20: ὅτι μεγάλη ἡ δυναστεία τοῦ κυρίου καὶ ὑπὸ τῶν ταπεινῶν
δοξάζεται. Im hebr. Text (cf. Strack, Die Spr. Sir. der jüngst gef. hebr. Text
p. 1) lautet dieser Satz: ‏כי רבים רחמי אלהים ולענוים יגלה סודו‎. Also
nur den Demütigen offenbaren sich die göttlichen Geheimnisse.

[2]) Sir. 3,21—26: χαλεπώτερά σου μὴ ζήτει, καὶ ἰσχυρότερά σου μὴ ἐξέταζε.
ἃ προσετάγη σοι, ταῦτα διανοοῦ. οὐ γάρ ἐστί σοι χρεία τῶν κρυπτῶν. ἐν τοῖς
περισσοῖς τῶν ἔργων σου μὴ περιεργάζου. πλείονα γάρ συνέσεως ἀνθρώπων ὑπεδείχθη
σοι. πολλοὺς γάρ ἐπλάνησεν ἡ ὑπόληψις αὐτῶν, καὶ ὑπόνοια πονηρὰ ὠλίσθησε δια-
νοίας αὐτῶν. Und im hebr. Text:

‏פלאות ממך אל חדרוש‎	‏ומבוסה ממך אל תחקור‎
‏במה שהורשית התבונן‎	‏ואין לך עסק בנסתרות‎
‏וביותר ממך אל תמר‎	‏כי רב ממך הראיה‎
‏כי רבים עשתוני בני אדם‎	‏ודמיונות רעות מתעות‎

[3]) Sir. 3,17—27.

[4]) Hier lauten die Verse Sir. 3,21—24 folgendermaßen: ‏כמופלא ממך‎
‏אל־תדרוש ובמכוסה ממך אל־תחקור במה שהורשית התבונן אין לך אסק‎

Sirachfragmente vorliegt, so muß man mit dem Talmud die Überzeugung gewinnen, daß diese Warnung Sirachs gegen eine dem
Judentum vormals ganz fremde Geheimlehre, die spätere „fälschlich
sogenannte Gnosis", gerichtet ist, die sich mit der Erforschung
Gottes und der Weltschöpfung befaßt und große Gefahr für den
alten Glauben in sich birgt. Ja es zeigt sich sogar, daß selbst die
Ausdrücke, mit welchen in den Psalmen die Lehre der Hochmütigen gekennzeichnet wird, dieselben sind, mit denen Sirach
vor den zum Abfall von Gott führenden „Mysterien" warnt. Die
„großen Dinge", die der Fromme in den Psalmen den Gottlosen
reden läßt, beziehen die noch wohlinformierten Talmudlehrer mit
vollem Recht — wie dies denn auch die eben zitierten Sirachworte
erhärten — auf die kosmogonischen und theosoptischen Mysterien.
Vor diesen, als falschen und irreführenden Erkenntnissen, warnt
der Siracide eindringlichst die für neue Ideen leicht zu begeisternde
Jugend, sie auf den Weg der Gotteslehre hinführend, da es doch
nicht fromme, das Verborgene und Unerforschliche ergründen zu
wollen. Ebenso warnt selbst der von dem neuen Geiste erfüllte
Verfasser des Buches Hiob vor der Anmaßung, die göttliche Weisheit, die dem Menschen ein ewiges Geheimnis bleibe, erforschen
zu wollen; denn des Menschen Weisheit sei allein: die Gottesfurcht!¹) — Dieselben „großen Dinge", die der Gottlose in den
Psalmen redet, redet auch das den griechischen Geist verkörpernde
Horn bei Daniel. Wie jene, „die hoch reden, ihren Mund
bis in den Himmel erheben und auf Erden Geltung haben,²)
redet auch das Horn „Großes".³) — Es streitet wider die Heiligen und ringt sie nieder.⁴) Es führt Reden gegen Gott, ver-
stört die Heiligen des Höchsten und erkühnt sich, Zeit und Gesetz

---

פליאה ממך מה־תדע ‪Chagigab. 13a.‬ ‪cf. jer. Chag. II, 77:‬ בנסתרות
‪Ferner Genes. rabb. zu 1,26:‬ עמוקה משאול מה־תחקר

בגדול ממך בל תדרוש בחזק ממך בל תחקור

במופלא ממך בל תדע במכוסה ממך אל

תשאל אין לך עסק בנסתרות

¹) cf. Hiob, C. 28.

²) Ps. 73,8. 9: ממרום ידברו: שתו בשמים פידהם ולשונם תהלך בארץ

³) Dan. 7,8. 11. 20: חזה הוית באדין מן קל מליא רברבתא די קרנא
ממללא. — ‪.‬ופם ממלל רברבן

⁴) Dan. 7,21: ‪.‬חזה הוית וקרנא דכן עבדא קרב עם קדישין ויכלה להן

zu ändern.[1]) Es wächst bis an des Himmels Heer und wirft davon und von den Sternen zu Boden und zertritt sie. Ja, es wächst bis an den Fürsten des Heeres und nimmt von ihm weg das tägliche Opfer und verwüstet die Wohnung seines Heiligtums. Es wird ihm solche Macht wider das tägliche Opfer gegeben, um der Sünde willen, daß es die Wahrheit zu Boden schlüge und daß ihm alles, was es unternimmt, gelingen müsse.[2]) — — Der Freche erhebt sich und wirft sich auf wider alles, das Gott ist und redet Wunderbares wider den Gott der Götter und es gelingt ihm.[3]) Und seiner Väter Gott achtet er nicht;[4]) — denn er wirft sich gegen alles auf; aber den Gott der Stärke wird er auf seinem Sitze ehren, den Gott, den seine Väter nicht gekannt haben, ehren mit Gold, Silber, Edelstein und Kleinodien.[5]) —

Diesen hochmütigen Gottlosen ruft der Fromme in den Psalmen zu: „Tollet nicht! Erhebet nicht das Horn! Erhebet nicht zur Höhe euer Horn! Redet nicht mit gerecktem Halse vermessen!"[6]) Er betet, daß ihn Gott vor der allesbewältigenden Macht dieser Hochmütigen schützen möge.[7]) Gibt es doch Augenblicke, wo auch er, wie die großen Massen, von der herrschenden Strömung mitgerissen, mit seinem alten Glauben zum Schwanken, ja zum Entgleisen gebracht werden könnte.[8]) — Wie später Sirach, so warnt

---

[1]) Dan. 7,25: ומלין לצד עליא ימלל ולקדישי עליונין יבלא ויסבר להשניה זמנין ודת.

[2]) Dan. 8,10—13: ··· ותגדל עד־צבא השמים ·· ·· ועד שר־הצבא הגדיל ותשלך אמת ארצה.

[3]) Dan. 11,36: ויתרומם ויתגדל על־כל־אל ועל אל אלים ידבר נפלאות והצליח.

[4]) Dan. 11,37: ועל אלהי אבתיו לא יבין. — cf. Raschi z. St.: לא יתן לב להקב"ה שהו אלהי יצחק וישראל אבותינו.

[5]) Dan. 11,38.

[6]) Ps. 75,5—7: אמרתי להוללים אל־תהלו ולרשעים אל תרימו קרן אל תרימו למרום קרנכם וג'.

[7]) Ps. 19,14 u. a. St.

[8]) Ps. 73,2—5: ואני כמעט נטוי רגלי כאין שפכה אשרי: כי קנאתי בהוללים שלום רשעים אראה. „Den Frommen gegenüber", sagt Gunkel, l. c. 29 sq., „stehen zu jener Zeit die „Frechen", die nach Gott und Gottes Gebot nicht fragen. Jene Abtrünnigen aber, davon sind die Psalmen voll, gehören zu den Reichen und Mächtigen, während die Frommen vorwiegend die Armen und Niedrigen sind. Die Gottlosen aber mißbrauchen ihr Übergewicht, um die armen Gerechten zur Abtrünnigkeit zu verführen. Der Psalmist weiß, in welch

auch er die Jugend vor dem bestrickenden Einfluß, den die Gottlosen ausüben, sie immer wieder auf den allein beseligenden Weg der Gotteslehre und Einfaltsfrömmigkeit hinweisend.[1] Und es ist ganz zweifellos gegen diese Hochmütigen und ihre Lehren gerichtet, wenn er, sich vor Gott rein vor ihrer Ansteckung erklärend, spricht: „Herr! mein Herz ist nicht hochmütig, nicht trage ich hoch die Augen, nicht gehe ich mit Dingen um, die mir zu groß und zu wunderbar sind.[2] Wahrlich, geschlichtet und geschweigt habe ich meine Seele, wie ein entwöhntes Kind bei seiner Mutter, wie das entwöhnte Kind ist bei mir meine Seele“.[3] — Es sind immer dieselben Ausdrücke, die uns das Wesen der Hochmütigen und den Inhalt ihrer Lehre enthüllen.

Wir verstehen nun besser die immer wiederkehrende Klage des Frommen über den allgemeinen „Abfall“, begreifen es, daß die „Gottlosen“, die mit den siegesgewissen Waffen des neuen Geistes gegen den alten Einfaltsglauben zu Felde ziehen, diesen ebenso rasch zum Verstummen bringen, wie der in Hiob lebendig wirkende Geist der Philosophie, seine drei altfrommen Gegner nach kurzem Ringen zu Boden streckt, darlegend, daß „ihre Denksprüche nur Sprüche von Staub, ihre Wälle nur Wälle von Lehm“ seien. Wir glauben es dem Frommen aufs Wort, wenn er klagt: das Volk ströme den Hochmütigen in hellen Haufen wie Wasser zu.[4] Diese haben eben ihren alten Überlieferungen einen neuen, mächtig anregenden und bestrickenden Inhalt gegeben, und dies nennt der Fromme in den Psalmen: Abfall von Gott und seiner Lehre! Ihre Lehren sind in seinen Augen frevler Hochmut.

---

schwere Versuchung zum Abfall der Fromme kommt, wenn die Frechen ihn beherrschen und darum betet er: Führe mich nicht in Versuchung, bewahre mich vor den Frechen! Dann bleibe ich rein von böser Schuld. Man sieht hier in die erbitterten Parteikämpfe des Judentums hinein. . . . .“ Gunkel hat hier richtig geschaut, aber worin das Geheimnis des berückenden Einflusses der „Frechen“ auf die Massen gelegen, durch den sie ein so großes Übergewicht im Volke erlangt hatten, das enthüllt er uns nicht. Und doch muß man endlich über diese Schwierigkeit hinwegkommen, will man in den Pss. und in der Weisheitliteratur zu größerer Klarheit, als bisher, vorschreiten

[1] Ps. 119,1. 2. 9.

[2] Ps. 131,1: ‏יהוה | לא־גבה לבי ולא רמו עיני ולא הלכתי בגדולות ובנפלאות ממני‎.

[3] Ps. 131,2. — cf. Ps. 101,2—8.

[4] Ps. 73,10: ‏לכן ישיב עמו הלם ומי מלא ימצו למו‎.

Ebenso begreifen wir den unauslöschlichen Haß, der den Frommen gegen den Gottlosen erfüllt, dessen Ausbrüche in den Psalmen hervorragende Forscher, wie De Wette, bestimmten, in diesen Gottlosen Nationalfeinde und Religionsverfolger zu sehen, da er nicht annehmen mochte, daß Volksgenossen einander so grimmig befehden konnten.[1] Wir werden diesen Kampf forttoben sehen: in den Sprüchen Salomos, in Hiob, in Koheleth, in der Sapientia Salomonis, im Sirachbuche und in der Danielapokalypse. Er beginnt von neuem aufzuleben nach der Niederwerfung des Hellenismus durch die Makkabäersiege auf pharisäischem Boden zwischen den Gesetzestreuen und den Häretikern, im Talmud „Minim“ genannt, setzt sich in neutestamentlicher Zeit fort zwischen den Rechtgläubigen und den in beiden ersten christlichen Jahrhunderten so übermächtigen „fälschlich sogenannten Gnostikern“.

Man stelle sich aber nur ja nicht vor, daß die Frommen in den Psalmen buchstabengläubige, mit Gesetzesbürden schwer beladene pharisäische Schriftgelehrten waren. Schon der in den Psalmen mit so viel Nachdruck geführte Kampf gegen das Opfer[2] verbietet eine solche Annahme. „Der Psalmist“, sagt Gunkel[3] zutreffend, „setzt die Haltung der Propheten fort, wie denn auch sonst in den Psalmen der hohe Geist der Propheten nachwirkt. Dagegen unterscheidet sich der Psalm (50) dadurch von den Pro-

---

[1] cf. Hupfeld, Die Psalmen IV, 455: „Unter den Klagepsalmen hat De Wette der nationalen Klasse eine Menge Psalmen zugewiesen, die dem Anscheine nach ganz persönlich sind: indem er unter Feinden, Frevlern stets Nationalfeinde und Religionsverfolger versteht im Gegensatz mit den Armen, Elenden, Gerechten u. dgl., wodurch das jüdische Volk als Jehovahverehrer bezeichnet werde: weil er es unglaublich findet, daß ein Volk sich untereinander so befeinden konnte, daß so viele klagende Stimmen sich erheben und so starke Verwünschungen ausgestoßen werden konnten, wie z. B. 109, und wie ein Israelit den andern ‚Gottloser‘ schimpfen konnte. Allein dieser Einwurf beantwortet sich schon aus den Propheten, von denen die stärksten Klagen über die Bedrückungen der Reichen und Vornehmen gegen die Geringen und Armen erhoben werden. Ganz ungeschichtlich und gegen den Geist der Psalmen wie des Altertums überhaupt ist aber die Beziehung auf Religionsverfolgung: da von der Religion und Gottlosigkeit im A. T. nur im praktischen, nicht im theoretischen Sinn die Rede ist.“ Daß diese letztere Ansicht eine irrtümliche, brauchen wir hier nicht mehr zu wiederholen.

[2] cf. Ps. 50. 40,7—11. 51,18—20.

[3] l. c. p. 108.

pheten, daß er sich stärker, als bei ihnen gewöhnlich ist, von Gedanken der Aufklärung beherrscht zeigt". —

Übrigens läßt uns der Psalmist nirgends im Zweifel über die Art seines Glaubensbekenntnisses; er enthüllt uns wiederholt den ganzen Inhalt seines Gesetzes, der himmelweit verschieden von dem der nachmaligen Pharisäer. Er schildert uns einmal den wahrhaft Frommen, der der Gottesnähe würdig, wie folgt: „Herr, wer darf in deinem Zelt weilen, wer auf deinem heiligen Berge wohnen? Wer in Unschuld wandelt und Tugend übt, wer Wahrheit redet in seinem Herzen; der mit seiner Zunge nicht verleumdet, einem andern nicht Böses zufügt und Schmach nicht auf seinen Nächsten lädt; in dessen Augen das Verächtliche verachtet ist, der aber die Gottesfürchtigen ehrt, zu seinem Schaden schwört und nicht wechselt; der sein Geld nicht auf Wucher gibt und Bestechung gegen den Schuldlosen nicht nimmt: Wer solches tut, wankt nicht in Ewigkeit".[1] — Und ein andermal: „Wer darf hinaufsteigen auf den Berg Gottes, wer stehen auf seiner heiligen Stätte? Wer reine Hände hat und ein unschuldiges Herz, wer seine Seele nicht an das Eitle hängt und nicht zum Truge schwört. Er erlangt Segen von Gott und Gerechtigkeit vom Gotte seines Heils. So ist das Geschlecht derer, die nach ihm fragen, die sein Antlitz suchen: Jakob".[2]

„Die Frage" — so kommentiert Gunkel den letteren Psalm — „wer in Gottes Heiligtum Zutritt habe, wer am Gottesdienst teilnehmen und sich so der göttlichen Gnade vergewissern dürfe, hat seit uralter Zeit in den Religionen große Bedeutung gehabt; die Antworten, die zu verschiedenen Zeiten und von verschiedenen Kreisen und Personen auf diese Frage gegeben worden sind, haben auch in Israel eine große Geschichte. Ursprünglich war es auch in Israel natürlich, daß dabei die eigentlich gottesdienstlichen, zeremoniellen Bedingungen betont wurden. Wie derjenige, der des Königs Palast betreten will, sich dem Zeremoniell des Hofes zu fügen hat, so erschien es dem ältesten Glauben ganz natürlich, daß auch im Gotteshause bestimmte Vorschriften gelten: man soll, wenn man es betritt, kultisch „rein" sein. Und auch dies schien ganz unumgänglich, daß man, wie das Antlitz des Königs, so auch das des Gottes „nicht ohne Geschenke" sehen dürfe. Aber eine

---

[1] Ps. 15. — [2] Ps. 24,3—7.

spätere Zeit hat diese geforderte „Reinheit" tiefer gefaßt. In Israel ist eine gewaltige religiöse Reformation aufgetreten, die die Opfer und Zeremonien ganz bei seite schob und eine wahre, tätige Frömmigkeit und Sittlichkeit an ihre Stelle setzte.

> „Womit soll ich Jahve begegnen,
>   mich beugen vor dem hohen Gott?
> Soll ich ihm begegnen mit Ganzopfern,
>   mit einjährigen Kälbern?"
>
> „Es ist dir kundgetan, Mensch, was gut ist,
>   Was Jahve von dir begehrt:
> Nichts anderes als Recht tun
> Und Treue lieben
>   und demütig wandeln vor deinem Gott!" [1])

Diesen Hauptsatz der prophetischen Predigt hören wir auch aus unserm Psalm. Von Opfern und Zeremonien ist hier nicht im geringsten die Rede, sondern von den Forderungen wahrer sittlicher Religion, von Reinheit der Hände und des Herzens, d. h. der Handlungen und der Gesinnung. Die Lauterkeit aber, die Gott fordert, wird an zwei Beispielen auseinandergesetzt: Der Fromme „erhebt seine Seele" allein zu Gott und setzt seinen Sinn nicht auf das „Eitle", d. h. auf Lüge, Falschheit, Frevel. Und eine zweite religiöse Sünde würde der Meineid sein, da man Gottes heiligen Namen zur Lüge mißbraucht. — Nun der Segensspruch, mit dem der Priester die jetzt einziehende Prozession segnet: „Segen" und „Gerechtigkeit" wird der Fromme von dem hilfreichen Gott empfangen; „Gerechtigkeit" — ein Wort, das uns in dieser Bedeutung fremd geworden ist — die Gerechtigkeit, die Gott durch sein Urteil verleiht; wer so beschaffen ist, wie der Psalm aufgezählt hat, den spricht Gott „gerecht", d. h. er erkennt ihn als seinen treuen guten Diener an und segnet ihn dann mit allem Guten; so kommt es, daß die von Gott verliehene „Gerechtigkeit" und der göttliche Segen hier und in ähnlichen Zusammenhängen parallel stehen. So — mit diesen Worten faßt der Psalmist das Vorhergehende zusammen — sind alle wahren Frommen, die nach Gott „fragen" und ihn „suchen" — die Worte sind gerade vom Aufsuchen und Befragen der Gottheit an der heiligen Stätte seit alter Zeit gebräuchlich." [2]) —

---

[1]) Mich. 6,8. 8. — [2]) Gunkel, l. c. p. 58 sqq.

Also von Gesetzesbürden, wie sie erst in der hasmonäischen Periode vermittelst der Auslegungsmethode der pharisäischen Schriftgelehrten geschmiedet wurden, die die pharisäische Eigenart des palästinensischen Judentums erst geschaffen, sie zu dem Zwecke geschaffen, um es vor jeder Berührung mit der heidnischen Umgebung und sogar mit einer ganzen und großen Klasse von Volksgenossen, den sogenannten „Am-haarez", hermetisch abzuschließen; von solchen Gesetzesbürden enthält das Glaubensbekenntnis der Frommen in den Psalmen auch nicht die leiseste Andeutung noch.

Nein, der Kampf, den die „Frommen" gegen die „Gottlosen" führen, wie er die ganze Psalmen- und Weisheitsliteratur durchzieht, ist kein Kampf gegen Anfeindungen, die Israel von äußern Feinden zu erdulden hatte, wie man noch heute da und dort behaupten will;[1] es ist auch kein Kampf Buchstabengläubiger im Sinne des Pharisäismus gegen einfach freche Gesetzesverächter und Gottesleugner; denn daß diese Gottlosen die Lehre Gottes verkünden, sagt uns ja der Psalmist selbst, freilich in rügender Darstellung, wie dies von dem erbitterten Gegner nicht anders zu erwarten ist. Nur einmal hören wir einen geistesmächtigen Wortführer dieser von den Frommen verwünschten Partei der Hochmütigen selber sprechen: Hiob, den seine frommen Bestreiter — und von ihrem Standpunkte aus mit vollstem Rechte — zum „Gottlosen" stempeln.[2] Und er gewährt uns einen tiefen Einblick in die vornehme und hohe Denkweise der leitenden Männer der Partei der „Gottlosen". Ja, Gott selbst entscheidet zugunsten der letzteren gegen die ersteren: weil jene nicht richtiges vor ihm gesprochen wie sein Knecht

---

[1] cf. Baethgen, Pss. XXXVII: „Jeder Leser des Psalters muß überrascht sein von den vielfachen Klagen über die Feinde, von denen die Dichter bedrängt sind. Daneben wird vielleicht auch auffallen, daß verhältnismäßig so viele Dichter unter schweren Krankheiten seufzen. Haben wir es hier mit persönlichen Feindschaften, mit Krankheiten im eigentlichen Sinne zu tun? — — Richtig wurde hier erkannt, daß die Klagen über Anfeindungen sich auf das beziehen, was das Volk Israel von den Nachbarvölkern zu erdulden hatte, und daß die Krankheit ein Bild für Leiden aller Art ist."

[2] Wenn die Frommen in den Psalmen ihre Gegner, die Hochmütigen, zu Gottesleugnern stigmatisieren, weil diese behaupten, Gott kümmere sich nicht um die Menschen cf. Ps. 10,11: אמר בלבו שבח אל הסתיר פניו בל־ראה und Ps. 73,11: ואמרו איכה ידע־אל ויש דעה בעליון לנצח; warum sollten diese selben Frommen nicht auch Hiob, der ja — allerdings im Weg philosophischer Reflexion — zu denselben Anschauungen gelangt ist — und

Hiob.[1]) — Der Kampf der „Frommen“ gegen die „Gottlosen“ war vielmehr ein Kampf der von Esra und Nehemia angebahnten nationalen, partikularistisch gerichteten Frömmigkeit gegen den hereinbrechenden und ungestüm vorwärts dringenden neuen Geist, der die hergebrachte Einfaltsfrömmigkeit zu vernichten, die Massen zu ethnisieren und das jüdische Volkstum zu zerstören drohte. Ein Kampf der Demutsfrömmigkeit gegen den intellektualistischen Hochmut, der es wagt, über Gott selbst und über seine Wege zu philosophieren!

Aber bei all ihrem Widerstreben gegen den neuen Geist, bei all dem Abscheu, den sie vor ihm und dessen Träger, dem „Gottlosen“, empfanden, konnten sich auch die „Frommen“ ihm nicht ganz entziehen, werden auch sie von ihm gestreift und gezwungen, ihr religiöses Denken umzugestalten. Das zeigt sich schon in ihrem offenkundigen Bestreben, den Schwerpunkt der Religion in die sittlichen Gebote des Gesetzes zu verlegen, ihr Wille, „das Wesen der Frömmigkeit durchaus in der Moral zu sehen. Man wird auch zugeben müssen, daß die jüdischen Frommen eben im Kampfe mit ihren Gegnern in hohem Maße gelernt haben, was Glaube und was Pflicht war, und das umsomehr, als sie sich meistens in einer kleinen Minderheit befanden. Aber als Parteisache konnte die Frömmigkeit zuletzt von der Unwahrheit nicht frei bleiben, die einer Parteisache überall anhaftet. Der größte Eifer für die Sache Gottes bedeutete hier keinegswegs nur eine Läuterung der Herzen, oft mußte er ihr auch hinderlich sein. Man konnte der Religion sein Leben opfern, ohne der Gerechtigkeit der Propheten auch nur einen Schritt näher zu kommen“.[2])

---

warum sollten nicht auch die Gottlosen der Psalmen auf dem gleichen Wege zu ihren Überzeugungen gekommen sein? — zu den Gottlosen zählen? Und so ruft denn auch der Wortführer der drei Bestreiter des Hiob diesem zu:

הלא־אלוה גבהי שמים ישב

וראה ראש כוכבים כי־רמו

ואמרת מה־ידע אל

הבעד ערפל ישפוט

עבים סתר־לו ולא יראה

וחוג שמים יתהלך (Hiob 22,12—15)

[1]) cf. Hiob 42,7—9: ויאמר יהוה אל אליפז התימני חרה אפי בך ובשני רעיך כי לא דברתם אלי נכונה כעבדי איוב·

[2]) Smend 451.

Am deutlichsten äußert sich die Einwirkung des neuen Geistes auf die frommen Psalmisten in ihren Schilderungen der Offenbarung Gottes in der Natur ohne jede Berufung auf das Gesetz! Wozu die Hinweise auf die wunderbaren Erscheinungen in der Natur, wenn die untrüglichste und erhabenste aller Offenbarung in dem Gesetz enthüllt ist? Man lese nur das neunzehnte Kapitel des Psalters, an welchem zwei Dichter gearbeitet haben, von denen der erstere uns in begeisterten Worten schildert, wie Gott sich in der Natur offenbare, während der letztere, dem diese Offenbarung zu wenig religiös erschien, sich gedrängt fühlte, dieses Gedicht mit einer Darstellung der Offenbarung im Gesetz zu ergänzen. Der erste Teil lautet: „Die Himmel verkünden die Ehre Gottes und seiner Hände Werk preist das Firmament. Ein Tag strömt dem andern die Sage zu, und eine Nacht der andern die Kunde. Da ist keine Sage, da sind keine Worte, ohne daß eine Stimme gehört wird. Und doch über die ganze Erde geht aus ihre Schnur, und bis ans Ende der Welt ihre Rede, wo dem Sonnenball er ein Zelt gesetzt. Und er ist wie ein Bräutigam, der aus seinem Zelte hervortritt, er frohlockt wie ein Held zu durchlaufen die Bahn. Vom Ende des Himmels ist sein Aufgang und bis zu seinem Ende sein Umschwung, und nichts bleibt verborgen vor seiner Glut“.[1])

Der Dichter zeigt hier in wenigen aber kräftigen Worten, wie die Gotteserkenntnis aus der Natur sprieße: nicht bedarf es da des Gesetzes, um uns Gott zu offenbaren, nicht alter Überlieferungen, nicht wirklicher Worte: die schweigsame Natur spricht majestätisch und eindringlich genug. — Ein späterer Psalmist stieß sich an dieser völligen Übergehung des Gesetzes und fügte dem eben zitierten Psalm die folgenden didaktischen Verse ad maiorem legis gloriam unvermittelt hinzu: „Die Lehre Gottes ist ohne Fehl, erquickt die Seele, das Zeugnis Gottes ist zuverlässig, macht weise die Toren. Die Satzungen Gottes sind recht, erfreuen das Herz; Gottes Gebot ist lauter, erleuchtet die Augen. Die Furcht Gottes ist rein, besteht auf ewig; die Rechte Gottes sind Wahrheit, allesamt gerecht. Köstlicher als Gold, als viel Feingold, süßer als Honig und Honigseim. — Auch dein Knecht wird durch sie belehrt, sie halten bringt reichen Lohn. Irrungen, wer merkt sie? Von den unbewußten sprich mich frei! Auch bewahre deinen Knecht vor den Hochmütigen, daß sie nicht über mich herrschen. Dann werde ich

---

[1]) Ps. 19,1—8.

vollkommen sein und rein von großen Vergehen. Mögen wohlgefällig sein die Worte meines Mundes und die Gedanken meines Herzens, Gott, mein Fels und Erlöser".[1])

Würde uns nicht von selbst das völlige Fehlen des Hinweises auf das Gesetz in dem ersten Teile unseres Psalms auffallen, der Verfasser des zweiten Teils müßte uns darauf stoßen. Dieser lebte in einer spätern Zeit, „in der das „Gesetz Mosis" die Religion beherrschte, das als die Offenbarung Gottes galt";[2]) etwa in der Zeit des Siraciden, wo das Gesetz bereits der Inbegriff aller göttlichen Weisheit und göttlichen Offenbarung zu werden anfing,[3]) und wo man in den Kreisen der Frommen es als eine Verletzung der Religion empfand, die göttliche Offenbarung ausschließlich aus der Natur vernehmen zu wollen, während sie doch „nirgend würdiger und schöner brennt" als im Gesetz.

Daß diese beiden Teile unseres Psalms verschiedenen Zeiten und verschiedenen Verfassern angehören, wurde denn auch in neuerer Zeit von den meisten Auslegern erkannt. Ewald, der nur darin fehlt, daß er in seiner Voreingenommenheit die Abfassung der Psalmen in ein hohes und höheres Alter hinaufrückt, hat hier inbezug auf die Nichtzusammengehörigkeit der beiden Teile richtig geurteilt. Er sagt: „Nun finden sich zwar noch in v. 8—15 Worte, welche einen deutlichen Schluß geben: aber daß dies nicht der ursprüngliche Schluß gewesen sein kann, leuchtet gewiß ein. Zunächst ist der Inhalt dagegen. Das Gesetz und die Religion Jahves wird hier dreimal aufs herrlichste gepriesen als in sich rein, richtig und fehlerlos, zuverlässig und ewig und daher auch wahrhaft belehrend und erquickend. Aber je mehr der Dichter dies aus seinem eigenen Bewußtsein fühlt, desto höher ist die Besorgnis, leicht nicht das ganze Gesetz zu erfüllen und dadurch der Segnungen desselben verlustig zu werden: daher die Bitte an Jahve, die unbekannten Irrtümer ihm zu vergeben, auch ihn vor der Herrschaft leichtsinniger Frevler zu schützen, damit er nicht durch deren Überredung oder Zwang verführt werde. — So konnte erst seit dem siebenten und sechsten Jahrhundert gebetet werden, als das geschriebene Gesetz in allen Stücken strenger gehalten wurde, die innern Parteien aber eben dadurch schärfer sich gegenüberstanden. Auch die weniger kräftige Sprache, die Farbe der Rede und die Kunst

---

[1]) Ps. 19,8—15. — [2]) Gunkel, l. c. 26. — [3]) cf. Sirach 24,22—28.

des Verses führt auf ein späteres Zeitalter. — Dann aber ist auch gar kein Übergang vom ersten Stück zum zweiten, weder in den Gedanken noch in den Worten; es fehlt alle innere Gemeinschaft und Verwandtschaft und der Abstand zwischen v. 7 und 8 ist nicht bloß schroff und hart, sondern ohne alle Brücke und mögliche Verbindung. — Doch wie das erste Stück ohne Ende, so ist das zweite ohne genügenden Anfang: denn für ein Gebet beginnt v. 8 zu frostig. Daher nur die Annahme übrig bleibt, daß ein späterer Dichter diesen Schluß an jenes alte Stück geheftet habe, um die Offenbarung in der Natur und die in der Schrift sich gleichzustellen: Entweder fand er das alte Stück schon so ohne seinen ursprünglichen Schluß, oder was wahrscheinlicher, der alte Schluß genügte ihm nicht mehr, da zu seiner Zeit die schriftliche Offenbarung hohe Wichtigkeit erlangt hatte, und es ihm passend schien, auch diese zu berühren.“ [1])

Ähnlich De Wette. Er kommentiert unsern Psalm wie folgt: „Bringen wir den Inhalt zur Einheit, so enthält der Psalm das Lob Gottes aus der Natur und Offenbarung mit hinzugefügten individuellen Empfindungen und Bitten; und so faßt man ihn gewöhnlich. Allein neuere Ausleger haben die Vermutung aufgestellt, er sei aus verschiedenen Stücken erwachsen, weil von v. 8 an kein Zusammenhang mit dem Vorigen und letztere Hälfte in Worten und Sachen sehr verschieden von der ersten sei. — Auch möchte ich noch hinzufügen, daß der Dichter, der mit jener erhebenden Naturanschauung beginnt, schwerlich mit den Empfindungen eines zerknirschten Herzens schließen konnte. Zwar sind diese durch eine natürliche Gedankenverbindung herbeigeführt, und Ps. 8, 5 schließt sich ähnlich an das frohe Gefühl der Naturanschauung das der Demut; aber da bleibt die Stimmung bis ans Ende freudig, hier aber stimmt der Schluß nicht mit dem Anfange. Endlich ist v. 15 eher der Epilog eines langen Bittpsalms, als eines jubelnden Hymnus. — Ich nehme also keinen Anstand, dieser Hypothese beizutreten; nur hat derjenige, welcher den Psalm zusammengestellt hat, offenbar jene Einheit des Inhalts vor Augen gehabt, und insofern kann man die gewöhnliche Ansicht bestehen lassen“. [2])

---

[1]) Ewald, Die Dichter des A. B., die Pss. I³, zweite Hälfte p. 32 sq.

[2]) De Wette, Komment. über die Pss.⁴ 201 sq. cf. Hupfeld, Die Pss. I, 405 sq.: „Die beiden Teile sind offenbar ganz verschiedenartig, nicht nur im Inhalt, sondern auch in Ton und Rhythmus: der erstere echt lyrisch be-

Ein anderes Beispiel von Beeinflussung durch den neuen Geist bietet der achte Psalm. Auch hier verkündet nicht das Gesetz, sondern die Natur die Größe und Allmacht Gottes, wobei noch überdies eine dem alttestamentlichen Geist ganz fremde Bewunderung und Verherrlichung der Menschenkraft auffällt, ähnlich derjenigen, wie sie bei Hiob wiederkehrt. Lassen wir den Psalmisten selbst sprechen: „Gott unser Herr, wie herrlich ist dein Name auf der ganzen Erde, dessen Hoheit sich über die Himmel erstreckt! Aus dem Munde der Kinder und Säuglinge hast du dir Macht gegründet um deiner Gegner willen, um zu stillen Feind und Widersacher. Wenn ich deine Himmel sehe, das Werk deiner Finger, Mond und Sterne, die du eingesetzt: Was ist der Mensch, daß du

------

geistert, der zweite in seinem didaktischen Teil ruhig, spruchmäßig, mit langen durchaus viergliedrigen Perioden (Versen). Daher ist die Einheit sehr zweifelhaft, obgleich sich beide Teile für uns, die wir in der Reflexion geübt sind, nicht schwer unter eine gemeinsame Kategorie bringen lassen: Lob Gottes aus der Natur und Offenbarung, oder genauer Offenbarung Gottes am Himmel und im Gesetz. — — Schon der Witz, der aufgeboten werden muß, um eine Einheit herauszubringen, beweist, daß sie eine erzwungene ist; und der gänzliche Mangel einer Verbindung und eines Übergangs, sowie die große Verschiedenheit des Tons, Stils und Rhythmus ist ein nicht hinwegzuräumendes Zeugnis dagegen. Eher könnte eine künstliche Einheit wie jene der Gesichtspunkt des Sammlers gewesen sein, dem er bei der Verbindung beider Stücke folgte, wie De Wette vermutet; wovon die Vermutung Ewalds, daß ein späterer Dichter diesen Schluß an das alte Stück angehängt habe, um die Offenbarung in der Schrift (dem geschriebenen Gesetz) der in der Natur gleichzustellen, nicht wesentlich verschieden. — Und schon der Gegenstand an sich verrät ein späteres Zeitalter dieses Teils." — Ähnlich Olshausen, Die Pss. 111 sq.: „Die erste Hälfte", sagt er, „erscheint durchaus als Fragment eines schönen und wahrscheinlich viel längeren Gedichtes. — — Die zweite Hälfte ganz verschiedenartig ihrem Inhalte nach und minder eigentümlich und großartig in der Darstellungsweise, bildet ein selbständiges Ganzes und wird in ein späteres Zeitalter gehören, wo nicht allein auf die strenge Haltung des mos. Gesetzes der höchste Wert gelegt wurde, sondern auch der äußere Zustand der Nation bereits traurige Veränderung erfahren hatte." — Baethgen, Die Pss. p. 54, der dieselben Einwände gegen die Einheit unseres Psalms erhebt, fügt zum Schlusse hinzu: „Es gewinnt den Anschein, daß ein späterer Dichter das ihm vorliegende Fragment eines Psalms, welcher Gottes Herrlichkeit in der Natur feierte, dadurch ergänzte, daß er als Gegenstück die Herrlichkeit des göttlichen Gesetzes pries und den Psalm auf diese Weise zugleich zu einem Liede machte, welches in dem Gottesdienste der Gemeinde gesungen werden konnte."

sein gedenkst, des Menschen Sohn, daß du ihn beachtest! Und doch ließest du ihn nur wenig hinter Gott zurücktreten und kröntest ihn mit Herrlichkeit und Hoheit. Du gabst ihm die Herrschaft über deiner Hände Werk, alles legtest du ihm zu Füßen: Schafe und Rinder allzumal, auch die Tiere des Feldes; Vögel des Himmels und Fische des Meeres, was die Pfade des Meeres durchzieht. Herr unser Gott, wie herrlich ist dein Name auf der ganzen Erde!"[1]

Beides ist hier neu: die Berufung auf die Offenbarung Gottes in der Natur mit vollständiger Umgehung des Gesetzes und die Verherrlichung des Menschen. Beides verrät die Einwirkung der neuen Richtung, die wir bald darauf in dem Buch Hiob so kräftig zum Ausdruck kommen sehen. Der ganze Unterschied zwischen der Verherrlichung Gottes im Munde Hiobs und derjenigen im Munde des Psalmisten besteht darin, daß der erstere die Schlußfolgerung zieht: Gott sei zu erhaben, als daß er sich um den einzelnen Menschen, um sein Tun und Lassen kümmern sollte; während der letztere hier und an anderen Stellen,[2] gerade aus der Allmacht Gottes folgert, daß er zu dem Menschen förmlich herniedersteige, um ihn zu erhöhen und ihn mit göttlicher Kraft und Hoheit auszustatten. — Die markigen Worte, die der Psalmist hier von der bewunderungswürdigen Größe des Menschen spricht, der geradezu als Herrscher in der göttlichen Schöpfung gepriesen wird, erinnern lebhaft an die großartige Schilderung, die Hiob von den weitreichenden Kräften und Fähigkeiten des Menschengeistes entwirft;[3] freilich um schließlich, ähnlich wie hier der Psalmensänger, die unbegrenzte Macht Gottes zu preisen, die göttliche Weisheit als hoch und erhaben über die menschliche, die ihr gegenüber doch nur eine tief beschränkte, hinzustellen, sie als für den Menschen unerforschlich und unergründlich zu erweisen, und diesen auf den Weg der Demut und der Unterwerfung unter Gottes allmächtigen Willen hinzuführen; da ja die Summe der menschlichen Weisheit Gottesfurcht sei.[4] — So ruft auch der Siracide, der gleichfalls

---

[1] Ps. 8. — [2] cf. Ps. 113,4—8. — [3] Hiob 28,1—12.
[4] Hiob 28,12—28. — cf. Hupfeld I, 147. Er bemerkt zu Ps. 8: „Der Mittelpunkt des Liedes ist dankbare Betrachtung der Güte Gottes gegen den Menschen, die ihm eine so hohe Stelle in der Schöpfung angewiesen; und die vorhergehende Betrachtung der Größe und Herrlichkeit Gottes in der Pracht des Himmels dient nur dazu, durch den Kontrast derselben mit der Kleinheit des Menschen die Gnade Gottes gegen diesen desto eindrücklicher zu machen. So

wiederholt die Offenbarung Gottes aus der Natur ohne jeden Hinweis auf das Gesetz preist, aus: „Wem gab er die Macht, seine
Werke zu verkünden, und wer kann seine Großtaten erforschen.
Wer kann den Umfang seiner Erhabenheit ausreichend schildern!“ ¹)
Ein andermal: „Nicht den Heiligen Gottes gab es der Herr, alle
seine Wunderwerke zu verkünden!“ ²) Und am Schlusse seines
großen, so viel Ähnlichkeit mit den einschlägigen Schilderungen
des Psalters und des Buches Hiob bietenden Hymnus auf die Offenbarung Gottes in der Natur heißt es: „Vieles gibt es noch wunderbarer und stärker als dieses, denn wenige seiner Werke sehen
wir; ³) alles nämlich schuf der Herr, und den Frommen verlieh er
Weisheit“. ⁴)

Auch der vielbekannte und vielgerühmte Psalm 104, der gleichfalls das Dasein und die Allmacht Gottes aus der Schöpfung verherrlicht, und dem Luther die Überschrift gibt: „Lob Gottes aus

---

richtig Hengstenb. wie schon Calvin.“ — Und Gunkel, p. 20 sq. zu Ps. 8: „Des
Dichters Auge schaut den ungeheuren Himmel und die gewaltigen Wesen, die
dort stehen; er bedenkt, daß dies alles Gottes Geschöpfe sind; und nun fällt
ihm aufs Herz, wie wenig der Mensch ist, verglichen mit den himmlischen
Körpern, wie ganz unwürdig er ist, daß der Allmächtige sich um ihn kümmere!
Und doch ist derselbe Mensch nach Gottes Willen ein König, ja ein Gott in
seiner Welt. Mit Hochgefühl durchmustert der Psalmist des Menschen Königreich. Er gebietet über die Tiere der Herde, er bezwingt das Wild —; selbst
Vögel und Meereswesen weiß er sich zu fangen. Er ist der Herr, dem alles
zu Füßen liegt; mit Königsherrlichkeit ist er gekrönt; ja, Gott hat ihn „wenig
geringer gemacht denn die Gottheit selbst“. — — Auch das Heidentum kennt
solche Gedanken von des Menschen Hoheit. „Vieles Gewaltige lebt, doch nichts
ist gewaltiger als der Mensch“ (Sophokles, Antigone). Das sind älteste Gedanken des menschlichen Geschlechts. — Aber anders als der griechische
Dichter bleibt der Psalmist bei diesen Gedanken nicht stehen; neben die
Freude an menschlicher Herrlichkeit stellt er in schönem Gegensatz das
demütige Bewußtsein, daß der Mensch seiner Natur nach ganz unwürdig sei
der hohen Stellung, die Gott ihm gegeben hat, der Psalmist singt keinen
Hymnus auf den Menschen, sondern auf den Gott, der ihn so hoch erhoben
hat.“ — Wir fügen dem hinzu, daß dies auch in Hiob c. 28 der Fall ist, dessen
Verfasser gangbare philosophische Reflexionen ins Religiöse umsetzt.

¹) Sir. 18,4—6. — ²) Sir. 42,17.

³) Sir. 43,32: πολλὰ ὑπόκρυφά ἐστι μείζονα τούτων, ὀλίγα γὰρ ἑωράκαμεν τῶν
ἔργων αὐτοῦ. cf. Hiob 26,14: הֵן־אֵלֶּה קְצוֹת דְּרָכָו וּמַה־שֵּׁמֶץ דָּבָר נִשְׁמַע־בּוֹ׃

⁴) Sir. 43,33: πάντα γὰρ ἐποίησεν ὁ κύριος, καὶ τοῖς εὐσεβέσιν ἔδωκε σοφίαν.
cf. Hiob 28,28: וַיֹּאמֶר לָאָדָם הֵן יִרְאַת אֲדֹנָי הִיא חָכְמָה וְסוּר מֵרָע בִּינָה׃

dem Buch der Natur", nimmt nicht die mindeste Beziehung auf
das Gesetz, und schon die Umdeutung der mosaischen Schöpfungs-
geschichte ins Pantheistische verrät hier die nachexilische oder,
bestimmter gesprochen, die griechische Zeit.[1]

Es ist überdies bemerkenswert, daß die von uns bezogenen
drei Psalmen, die die Offenbarung Gottes zum Gegenstand ihr Behandlung haben, in einen strafenden Hinweis auf die Gottlosen
auslaufen,[2] was vermuten läßt, daß sie diesen philosophisch gerichteten Widersachern gegenüber, die ja den Glauben und die
Schriftauffassung der Frommen verwerfen, mit Absicht jede Berufung auf das Gesetz vermeiden, es vorziehend, modern gewordene
Erweise des Daseins Gottes aus der Natur ihnen entgegenzuhalten.
Hierher gehört auch Psalm 107, der uns vier markante und viel
bewegte Bilder aus dem Leben — nicht aus der Geschichte Israels[3]
— vorführt, um zu zeigen, daß es im Menschenleben Augenblicke
gibt, wo selbst dem hartnäckigsten Gottlosen sich die Erkenntnis

-----

[1]) Daß wir es hier mit einer neuartigen, von der hergebrachten gar sehr
verschiedenen Auffassung der Gottheit zu tun haben, springt in die Augen.
Noch im vierten christlichen Jahrhundert wurde diese Darstellung des Lichtes
als einer Emanation aus Gott als ein Mysterium tradiert. So lesen wir hierüber im Midrasch, Genes. rabb. III z. 1,3: „R. Simon b. Jehozadok fragte den
R. Samuel bar Nachman: da ich gehört, daß du ein Haggadist bist, so wirst
du wohl sagen können, woher das Licht geschaffen ward? Er antwortete: Gott
hüllte sich in das Licht wie in ein Gewand, und der Glanz seiner Herrlichkeit
strahlte von einem Ende der Welt bis zum andern. Diese Überlieferung teilte
er ihm geheimnisvoll (בלחישה) mit. Aber das steht ja, erwiderte jener, im
Bibelvers, heißt es doch Ps. 104,2: Gott umhüllte sich mit dem Licht, wie mit
einem Gewand"; und warum flüsterst du es mir ganz leise zu?" Darauf
R. Sam. b. Nachman: „Da man es mir leise überliefert hat, so überliefere auch
ich es leise": כשם ששמעתי בלחישה כך אמרתיה בלחישה. — Es war also
eine alte geheimvoll gehütete Überlieferung, und unser Tradent im vierten
Jahrhundert weiß lange nicht mehr den Grund dieser Geheimhaltung.

[2]) Olshausen, p. 399 bemerkt zu Ps. 104,35: „Durch v. 35 werden wir in
die Zeit versetzt, wo der große Gegensatz zwischen den Frommen und den
Frevlern alle Gedanken jener beherrschte, d. h. in die Zeiten des syrischen
Druckes oder später." — Und Hupfeld IV, 91 gibt zu, daß in diesem Vers (35)
„man allerdings eine Beziehung auf Zeitverhältnisse — Bedrängnis von Heiden,
oder Kampf mit einer schlechten Partei finden könne." — cf. Ps. 8,3. 19,14.
107,40—43.

[3]) cf. Hupfeld IV, 142 sq.

des Daseins Gottes aufzwingt und ihn mit unwiderstehlicher Gewalt zur Bewunderung und Anbetung des Weltschöpfers hinreißt.

Die Psalmen stehen an der Spitze des hagiographischen Schrifttums. Sie leiten eine neue Literatur ein, deren Geist sie verdammen, ohne selbst gegen ihn gefeit zu sein; den sie mit Ingrimm bekämpfen, ohne ihn überwinden zu könnnen.

II.

DIE PROVERBIEN.

Den zweiten Platz unter den Hagiographen läßt die Überlieferung die Proverbien einnehmen. Mit Recht; denn sie sind tatsächlich im großen und ganzen nach den Psalmen die nächst ältesten literarischen Erzeugnisse des neu aufstrebenden jüdischen Geistes, die vielleicht auch gleichzeitig mit jenen entstanden, wenn sie auch allerdings von einer anderen Schichte des palästinensischen Judentums ausgingen, die sich der neuen Richtung nicht so schroff und ablehnend, wie die Psalmendichter, gegenüberstellte, ihr vielmehr bis zu einem gewissen Grade entgegenkam, sich von ihr befruchten ließ, auf deren Fluren das Schönste suchend, um ihre Liebe, die Religion Mosis und der Propheten, damit zu schmücken. Schlossen sich die Psalmisten mit hartnäckigster Widersetzlichkeit gegen die fremde Philosophie ab, sie in Bausch und Bogen verwerfend und ihr gegenüberstehend, „wie ein Tauber, der nicht hört und wie ein Stummer, der den Mund nicht öffnet"; so ließen die vom Geiste des großen Propheten noch angehauchten, innerlich freien Elemente im Volk sie nahe, sehr nahe an sich herankommen, assimilierten sich ihr fast bis zur Selbstentäußerung, ohne sich jedoch in ihr vollständig zu verlieren, wie dies bei einem anderen Teile des Volkes wieder der Fall war, der sich widerstandslos ihrem berückenden Zauber gefangen gab und vom alten Glauben abfiel. Die Spruchdichter hielten die richtige Mitte zwischen den beiden extremen Parteien: den „Frommen" und den „Gottlosen" des damaligen, ungeachtet des trotzigsten Widerstands der ersteren neu sich umgestaltenden Judentums. Ihre Losung war: „Weder zur Rechten noch zur Linken biegen!"[1]) Sie huldigten dem neuen Geiste, weil sie in ihm ein befruchtendes Element zur Wiederbelebung des im Verlöschen begriffenen Prophetismus sahen, an dessen Stelle seit Esra und Nehemia Schriftgelehrsamkeit und Schulweisheit treten sollten. —

---

[1]) Prov. 4,27: אל תט ימין ושמאול‎.

Sie nahmen also die fremde Philosophie gastfreundlich auf, führten sie unter dem unanfechtbar frommen Namen Chokma ins Judentum ein, ließen ihren alten und alternden Glauben durch sie durchdringen und neu beleben; behielten aber ihr gegenüber Selbständigkeit genug, um sich nicht in ihren Strudel hineinwirbeln zu lassen und in ihr unterzugehen. Da wo die Gefahr des Überwucherns der weltlichen Philosophie zu drohen anfing, wo zu besorgen stand, daß der mosaische Gedanke ihr unterliegen könnte, da traten sie in energische Opposition gegen dieselbe und bekämpften sie mit aller Macht, die Schäden und Gefahren aufdeckend, welche die berückende fremde Kultur in ihrem Gefolge führt.

Es ist selbstverständlich, daß die Spruchdichter, die sich in den Dienst einer solchen vermittelnden Mission stellten, die das Alte mit dem Neuen nützlich verbinden wollten, keineswegs naive Schriftsteller waren, daß bei ihnen weit mehr die Kunst als die Natur, die sie allerdings mit erstaunlicher Treue kopierten, den Griffel führte, zumal sie gezwungen waren, ihre Ideen gottbegnadeten Männern der Vorzeit in den Mund zu legen, um sich Gehör und autoritativen Glauben zu erzwingen.

Ebenso selbstverständlich ist es, daß diese Dichter, die modern sein und mit den Ideen der Neuzeit sich vertraut zeigen mußten, nicht, wie die „Frommen" der Psalmen, als Stockjuden auftreten durften. Sie durften keine solche sein, noch weniger es zu sein scheinen. Und in der Tat ist bei ihnen alles spezifisch Jüdische zurückgestellt. Sie gehen hierin bis zur Selbstverleugnung. Das Individuum steht ihnen über dem Judentum, der Mensch über dem Volk, der Universalismus über dem seit Esra und Nehemia, im Gegensatz zu den großen Propheten, propagierten Partikularismus.

Man darf sich jedoch den Einfluß der griechischen Bildung auf Palästina durchaus nicht derart entstanden denken, als ob man sich dortselbst frühzeitig mit den Studien der platonischen, stoischen oder aristotelischen Philosophie befaßt hätte und als ob demgemäß unsere Spruchdichter lauter Platoniker, Stoiker oder Peripatetiker gewesen. Die neuen Ideen waren vielmehr um jene Zeit bereits weltbeherrschend geworden und sind seit Alexander dem Großen — und in schwächerem Maße vielleicht schon früher[1]) — auch in

---

[1]) Ist es doch geschichtliche Tatsache, daß es schon um die Mitte des vierten vorchristl. Jahrh. vollständig hellenisierte Juden gab. cf. Jos. c. Apion. I, 22. cf. Wellhausen, Isr. u. jüd. Gesch. 194.

Palästina eingedrungen und haben daselbst große Popularität erlangt. Sehr anschaulich zeichnet Wellhausen den Weg, auf welchem
der Hellenismus nach Palästina gelangt ist. „Die Berührung
mit dem Hellenismus", sagt er, „die von weltgeschichtlicher Bedeutung wurde, fand nicht sowohl auf den Höhen statt, als in den
niedern Regionen, zwischen dem Allerweltsgriechentum und dem
Allerweltsjudentum. Denn der Geist hat abseits von der Straße
des Lebens und Lernens wundersame Kommunikationswege. Schon
die griechische Sprache brachte den Juden eine Menge von Begriffen zu, sie vermittelte ihnen an und für sich, und durch den
Verkehr, den sie ermöglichte, die populäre Philosophie. Die Philosophie war damals nicht aristokratische Wissenschaft, sondern eine
Anweisung zum glücklichen Leben für Hoch und Nieder." [1] —

In der Tat, die Weisheitslehre war damals längst schon von
der olympischen Höhe, in der sie vormals thronte, herniederge-
gestiegen, um zur Popularphilosophie zu werden, und sich weithin
vernehmen zu lassen. „Öffentlich am Wege und an der Straße
stand sie; an den Toren bei der Stadt, da man zur Türe eingeht,
schrie sie. Sie hat ihr Haus gebaut, gehauen ihre sieben Säulen;
ihr Stück geschlachtet, ihren Wein gemischt, auch schon ihren
Tisch gerüstet, ihre Mägde entsendet, also rufend über den Rücken
der Höhen der Stadt: Wer einfältig ist, kehre hier ein! Wer
sinnlos, zu dem sprach sie: Kommt, genießet von meiner Speise,
und trinket von dem Weine, den ich gemischt. Verlasset einfältiges
Wesen und lebet und schreitet auf dem Wege der Vernunft!" [2]

Die neue Richtung, die die Weisheitsliteratur im nachexilischen
Judentum inaugurierte, hat, insofern sie nur nicht zur „Verleugnung des Gottesbundes" und zum Abfall von Gott führte, [3] sogar
die göttliche Sanktion erhalten. Gott selbst muß dem Hiob, in
welchem der mit den alten, von seinen drei Freunden vertretenen
Überlieferungen gründlich aufräumende neue Geist verkörpert
ist, erscheinen, um seinem Unmut über die von der Zeit über-
wundenen konservativen Anschauungen des Themaniters Eliphas
und seiner beiden Freunde Luft zu machen. Aus dem Gewitter-
sturm spricht er zu diesem: „Mein Zorn ist wider dich und deine
beiden Genossen entbrannt, weil ihr nicht die Wahrheit vor mir
geredet habt wie mein Knecht Hiob". [4] Noch mehr: er stellt die

---

[1] Wellhausen, l. c. — [2] Proverb. 8,1—4; 9,1—7. — [3] cf. Prov. 2,17.
[4] Hiob 42,7. 8.

aus dem Zweifel und der philosophischen Reflexion hervorgegangenen
religiösen Anschauungen Hiobs als die richtigen hin, die fortan die
herrschenden sein sollen. Hiob aber, den furchtlosen und energischen Verfechter derselben, macht er zum Priester und Verkünder
der neuen Wahrheiten: „Und Hiob mein Knecht", so fährt er fort,
„soll für euch beten, denn auf ihn nehme ich Rücksicht, um an
euch nicht Unerhörtes zu tun, da ihr nicht die Wahrheit vor mir
geredet habt, wie mein Knecht Hiob."[1] — Die bisher herrschend
gewesenen Offenbarungen, wie sie noch von den drei den Volks-
glauben so hartnäckig verteidigenden Freunden Hiobs verfochten
werden, hatten sich überlebt, neue geistige Werte wollten an ihre
Stelle treten, die nun, wie einst die alten vom Sinai, aus dem
Sturmgewitter einem neuen Geschlechte von Gott verkündet
werden.

Aus der späten Abfassung der Proverbien erklärt es sich denn
auch, daß in den Propheten keinerlei Beziehungen auf dieselben sich
vorfinden. Es erklärt sich ferner, daß die Zustände, wie sie als
in Israel herrschend bei den Propheten geschildert sind, den Sprüchen
Salomos, „welche doch ebensowohl wie die Reden der Propheten
auf die Gegenwart und ihre Bedürfnisse sich beziehen", völlig fremd
sind, daß wir da nirgends eine Warnung vor dem Götzendienst antreffen, während die vorexilischen Propheten gegen die ungeheure
Verbreitung desselben in Israel unaufhörlich zu kämpfen haben.[2] —
In der Zeit, als die Sprüche abgefaßt wurden, gab es eben keinen
Götzendienst mehr in Israel zu bekämpfen, da war an die Stelle der
vielen Götzen Ein Götze getreten, ein neuer, von den frühern ganz
verschiedener[3]: der Geist Griechenlands, der, wie es in Daniel
heißt: „Grose Dinge redete, gegen den Gott der Götter wunderbar
sprach",[4] von dem selbst der ehemals so grundfromme Hiob dermaßen berückt wird, daß er gewaltige Reden gegen die göttliche
Weltordnung zu führen anhebt.

In der Spruchsammlung tritt uns eine ganz neue Welt entgegen. Selbst konservative Bibelforscher wie Delitzsch, erkennen
dieses, zum mindesten in Bezug auf einen Teil der Salomonischen
Sprüche, gerade jenen, welcher die Grundlage unserer Untersuchungen bilden wird, vorbehaltlos an. Wir meinen Kap. 1—9.

---

[1] Hiob 42,8. — [2] cf. Bertheau, Die Spr. Sal. XLI sq.
[3] cf. Dan. 7,7. 19. — [4] Dan. 7,8. 20. 11; 11,30.

„Hier wird man“, sagt Delitzsch, „auch nicht einen Spruch mehr
treffen, der aus Salomonischer Zeit stammte; sondern eine neue
Zeit war gekommen, wo die Lehrdichter aus eigener Schöpfung
längere Stücke entwarfen, welche kaum noch einige Ähnlichkeit
mit den älteren Salomonischen Sammlungen zeigen. Nichts beweist
schon äußerlich strenger, daß damals die Salomonische Zeit und
Dichtungsart längst dahingeschwunden war, als die doppelte Erscheinung, auf welche man hier stößt, die einer sehr langen aus-
führlichen Einleitung und Vorbereitung zu den Sprüchen, die ein
Dichter an die Spitze des jetzigen Buches stellt K. 1—9, und die
eines langen Nachtrages zu den alten Sprüchen“.[1]).

Eine der auffälligsten Erscheinungen, denen wir in den Proverbien begegnen, ist, wie bereits angedeutet, der stark universalistische Zug, der durch dieselben geht. Die Weisheit predigt hier
nicht dem Israeliten, sondern den Menschen im allgemeinen.[2]
Sie umfaßt alle mit gleicher Liebe, läßt sich von allen Menschen
gern finden, inspiriert die Könige und Richter der Erde.[3]) „In hohem
Grade sich des Adels und der Würde des nach Gottes Ebenbild
geschaffenen Menschen bewußt und wie in sich selbst, so in jedem
einzelnen Menschen eine geistige, mit Selbstbewußtsein und Freiheit begabte, Achtung gebietende Persönlichkeit schauend, versteht
Salomo im Gegensatz zu den früheren, auf partikularistischem
Standpunkt stehenden Moralisten unter dem Nächsten nicht bloß
den Israeliten mit Einschluß des Fremdlings, der im Lande wohnt,
sondern den Menschen in unterschiedsloser Allgemeinheit und will
die von ihm aufgestellten Pflichten gegen alle Menschen, mit denen
man in Berührung kommt, oder kommen kann, besonders aber
gegen die, die unserer Hilfe bedürfen, ja sogar gegen den Feind
befolgt wissen“.[4]) — „Das Volk Israel als nächster Beziehungspunkt
der göttlichen Gnade wird gar nicht erwähnt; die gegebenen Regeln
scheinen nicht für eine bestimmte, gotterwählte Gemeinde, sondern
allgemein giltig zu sein“.[5]) — „Es ist bedeutungsvoll“, sagt Well-

---

[1]) Delitzsch, Die Dichter des A. Bundes II², 49. cf. Ewald, Die Salom.
Schriften 48 sq.

[2]) Prov. 8,11: ‏אליכם אישים אקרא וקולי אל בני אדם‎.

[3]) Prov. 8,15—18.

[4]) Alwin Lange, Die Entwickl. der eth. Anschauungen des Salomo usw.
p. 15. cf. Smend, l. c. 481.

[5]) Holtzmann, l. c. 294.

hausen, „daß die Juden damals begannen, sich ihres alten Jahve zu entledigen. — Statt Jahves kamen allgemeine Gottesnamen in Gebrauch: Elohim und El, Adonai und Eljon. — Es hieß nicht mehr: der Gott Israels, sondern der Gott des Himmels; später wurde auch geradezu der Himmel gesagt. Man sieht aus diesen sprachlichen Erscheinungen am allerdeutlichsten, wie sehr der Universalismus die Juden beherrschte, und wie international sie im Prinzip gerichtet waren, trotzdem daß sie noch in den Fesseln ihrer alten Bräuche lagen. Die jüdische Frömmigkeit geht über den Begriff, den das Altertum mit Religion verband, hinaus. Die Richtung des jüdischen Geistes konvergiert mit der Richtung, die der griechische Geist etwa mit dem sechsten Jahrhundert genommen hat“.[1]

Das ist nun allerdings richtig, nur können wir nicht zugeben — und dieses wird sich in der Folge motiviert finden — daß die Juden, aus denen die Spruchdichter hervorgingen, damals nur im Prinzipe frei waren, und daß sie dabei noch in den Fesseln ihrer alten Bräuche lagen. Dem widerspricht schon die in der Weisheitsliteratur herrschende ganz freie Auffassung der Religion. „In den Proverbien wie im Buche Hiob sind Liebe und Treue oder Gerechtigkeit und Liebe die Summe der göttlichen Gebote. Mit vollem Verständnis wird der phrophetische Satz wiederholt, daß Recht und Gerechtigkeit bei Gott mehr gelten als Opfer.“[2]

Wer so predigt, muß auch innerlich frei sein, muß den Buchstabenglauben, falls dieser wirklich in der nachexilischen Zeit, die wir durch die pharisäische Brille zu sehen gewohnt sind, vorhanden war und alle Volksschichten durchdrungen hatte, völlig überwunden haben. O. Holtzmann urteilt vollständig richtig, wenn er sagt: „In den Sprüchen begegnet uns nirgends ein bewußtes Dringen auf Erfüllung des Gesetzesbuchstabens. Das Gesetz als ein schriftlich geoffenbarter Gotteswille wird gar nicht erwähnt. Das beweist gewiß nicht, daß dieses Gesetz damals noch nicht vorhanden war; es beweist nur, daß der Verfasser unseres Buches seinen Gedankenkreis von der Bevormundung durch dieses Gesetz noch im wesentlichen frei hielt. Alles spezifisch Jüdische, wie Reinlichkeitsgebote, Sabbathgesetze, Opferdienst, kommt fast gar nicht zur Sprache. Das

---

[1] Wellhausen 181.
[2] Smend 480 sq.

hätte in der Zeit nach den Makkabäerkämpfen wenigstens in einer hebräischen Schrift nicht fehlen können."[1])

Solche und ähnliche, eine junge Zeit verratende Anschauungen haben viele Forscher genötigt, anzunehmen, daß die Proverbien aus einer Sammlung von aus verschiedenen, auch späteren Zeiten angehörigen Sprüchen bestehen, wobei einmütig zugestanden wurde, daß die Kapp. 1—9 die jüngsten seien. Man ist aber nachgerade zu der wichtigen Erkenntnis gelangt, daß die ganze Spruchsammlung, wie sie uns in den Proverbien vorliegt, jedenfalls in der nachexilischen Zeit entstanden ist. Stade, welcher glaubt, daß an der Spruchdichtung wahrscheinlich auch die vorgriechische Periode beteiligt ist, gesteht zu, daß das in Kap. 1—9 vorgetragene Lob der Weisheit die Verhältnisse der griechischen Zeit verrate, daß aber auch der Inhalt der älteren Teile lehre, sie seien in allem Wesentlichen ein Erzeugnis nachexilischer Frömmigkeit und Sitte. Vieles, so namentlich die engen Berührungen mit den Psalmen und die Stellung, welche in einzelnen Sprüchen das Weib einnehme, weise die Entstehung dieser Dichtungsart in die nachexilische Zeit, wobei natürlich nicht geleugnet werden solle, daß einzelne der nach orientalischer Sitte auf Schnüren gereihten Münzen überprägtes älteres Courant vorstellen.[2])

Ähnlich urteilt Smend. „Die Proverbien", sagt er, „sind nicht volkstümliche Sprichwörter, so daß sie alle aus sehr verschiedenen Zeiten stammen könnten, sondern Kunstdichtungen mit pädagogischem Zweck. — Sämtliche Teile des Spruchbuches müssen ferner für nachexilisch gelten. — Überall tritt uns der Parteigegensatz der Gerechten und Gottlosen entgegen, durch den jedem einzelnen seine Stellung und Haltung zugewiesen ist. Die Religion beruht auf dem Gesetz und der Lehre, die von der einen Seite angegriffen, von der andern verteidigt wird und der tiefe Ernst der gesamten religiösen Stimmung und sittlichen Haltung ist nur als nachprophetisch zu begreifen, wobei die prophetische Anschauung vom Wert des Opfers nur das Augenfälligste ist".[3]) — Entschiedener Holtzmann. Nach ihm „enthalten sämtliche Teile lauter Sprüche, die

---

[1]) Holtzmann 295. — [2]) Stade 216.

[3]) Smend 476. cf. Cornill 224[2]: „Daß wir in unserm Spruchbuche nicht etwa eine Sammlung von aus dem Volksmunde stammenden Volkssprichwörtern haben, sondern uns durchaus auf dem Boden der Kunstpoesie befinden, dafür verweist Delitzsch sehr treffend auf 1. Sam. 24,14, wo uns wirklich ein

nach Form und Inhalt wesentlich dasselbe Gepräge tragen, so daß
wenigstens die Zeit ihrer Entstehung für alle im wesentlichen dieselbe sein muß, auch wenn die letzteren Teile nicht von demselben
Verfasser herrühren sollten wie die ersteren". Und man wird
schwerlich fehlgreifen, meint er, wenn man die Entstehung dieser
Sprüche in die spätjüdische Zeit, etwa zu Beginn der griechischen
Ära, setzt.[1])

Und so stünden wir denn keineswegs so isoliert, als es auf
den ersten Blick den Anschein haben möchte, mit unserer Überzeugung, daß die Weisheitsliteratur dem Jahrhundert ihr Entstehen
verdankt, in welchem die ersten so kunstsinnigen und kunst-
fördernden Ptolomäer, unter deren Herrschaft die Juden damals
standen und ungestört ihren Idealen sich hingeben konnten, das
Szepter führten. Zu dieser Ansicht bekennen sich in neuester Zeit
namhafte Forscher, wenn sie auch dieselbe bislang nur vermutungs-
weise und unentschieden aussprachen. „Über die zweite Hälfte
der persichen Zeit", sagt Cornill, „dürfen wir schwerlich hinaufgehen,
wenn wir nicht vielmehr in die griechische Zeit hinab-
gehen müssen. Auf jeden Fall zeugt die, um mit Delitzsch zu
reden: „Richtung des Israelitischen auf das Humane, des Jahve-
tums auf das Gemeinreligiöse, des Gesetzes auf das Gemeinsittliche",
wie die Proverbien sie aufweisen, für Beeinflussung Israels
durch japhetitischen Geist — am deutlichsten wohl der Prolog
1—9. Ein Periodenbau, wie Kap. 2, welches Einen großen Satz
bildet, ist im Alten Testament ohne Beispiel, und mit der Hypostasierung der Weisheit Kap. 8 „hat die Metaphysik des Judentums
und der alexandrinischen Philosophie noch nicht das letzte, wohl
aber das erste Wort geredet" (Reuss). Als fast stärkstes Argument
bietet sich uns dar das Verhältnis der Proverbien zu Jesus ben
Sira. Nicht nur äußerlich betrachtet ist Jesus ben Sira das einzige
Analogon zu ihnen; auch die geistige Verwandtschaft der beiden
Werke ist trotz mancher Verschiedenheiten im einzelnen doch eine
so enge und nahe, daß wir dieselben nach ihrer Entstehungszeit

---

echtes vom Volk geprägtes משל הקדמוני überliefert wird, welches die näm-
liche prägnante Kürze und drastische Knappheit zeigt, durch die alle wahrhaft
volkstümlichen und echten Sprichwörter sich auszeichnen. cf. auch 1. Sam. 10,12;
1. Reg. 20,11. — Von dieser Art ist in dem ganzen Spruchbuche nicht ein
einziges."

[1]) Holzmann 294.

nicht um eine Reihe von Jahrhunderten auseineinander rücken dürfen."[1])

Nun meint man aber, daß die Lobpreisung des Königtums in den Proverbien sicherlich auf eine vorexilische Abfassung derselben hinweise. Allein wir haben bereits gesehen, daß auch in den Psalmen ein solch nichtisraelitischer König, welcher die Juden zur Dankbarkeit verpflichtete, gepriesen wird; und dies überrascht keineswegs, wenn man weiß, daß diese letzteren — und das lehrt ihre ganze Geschichte bis auf den heutigen Tag — stets von tiefster Dankbarkeit und treuester Hingebung für jede Regierung erfüllt waren, die ihnen die freie Ausübung ihrer Religon und ungehemmte Entwicklung ihrer Geistesanlagen gestattete. Man braucht es also gar nicht mit Smend so „höchst merkwürdig" zu finden, „daß die Juden in dieser Weise — wie es nämlich in den Proverbien geschieht — das heidnische Königtum würdigen konnten".[2]) Sehr zutreffend weist Cornill bei dieser Gelegenheit auf Sirach hin. „Selbst die Königssprüche in den Proverbien", sagt er, „welche als sicherstes Kriterium für vorexilischen Ursprung angeführt zu werden pflegen, haben ihre Doppelgänger bei Jesus Sirach. Zwar kann die Möglichkeit nicht in Abrede gestellt werden, daß einzelnes in dem Spruchbuche „überprägtes älteres Courant" ist, aber als Ganzes gehört es mit aller nur erreichbaren Sicherheit dieser Epoche an".[3])

Damit ist aber auch das Rätsel gelöst, welches Bertheau[4]) darin findet, daß das Buch der Sprüche so vielfach auf das allergenaueste mit dem Buche des Jesus Sirach übereinstimmt. Gehören sie doch beide derselben Epoche an und sind sie doch beide Produkte derselben geistigen Bewegung.

Zu ähnlichem Resultate gelangt Holtzmann, der, wie wir bereits gesehen, sich des Eindrucks, daß aus den Proverbien der griechische Geist spricht, nicht erwehren kann. Er folgert schließlich: „Sind also die Sprichwörter vor der Makkabäerzeit und nach Esra verfaßt, so gewinnt die Bestimmung ihrer Zeit noch einen bestimmten Anhaltspunkt daran, daß häufig von einem König gesprochen wird, der zwar kein Israelit sein, aber den Israeliten doch viel näher gestanden haben muß, als dies je die orientalischen Großkönige des alten Perserreichs getan haben. — Haben wir es

---

[1]) Cornill 226 sq. — [2]) Smend 524. — [3]) Cornill 227.
[4]) Bertheau, Die Spr. Sal. XLII.

aber mit hellenistischen Königen zu tun, so wird es sich empfehlen, die Zeit der Ptolomäerherrschaft als Entstehungszeit dieser Sprüche Salomos anzunehmen. Und in diese Zeit der Versöhnung und Verschmelzung von Judentum und Hellenentum passen die Sprüche außerordentlich gut. Das eigentliche Religiöse ist abgeblaßt".[1] —

Wir haben es schon oben hervorgehoben, daß hier die Allegorie — und das wird in Bezug auf Kapp. 1—9, die uns in unsern Untersuchungen ja fast ausschließlich beschäftigen werden, selbst von konservativen Theologen zugegeben — bis zur Vollendung entwickelt erscheint. Man hat gefunden, daß die Weisheit in den Sprüchen personifiziert ist; ebenso die Torheit. Man hat aber nicht gefunden, daß hier auch der neue Geist in seiner gefahrbringenden Gestalt uns allegorisch dargestellt wird und zwar: in dem „fremden Weibe", dessen bezauberndes Wesen „den Abfall vom Bunde Gottes" verkörpert. Man findet es selbstverständlich, daß der Spruchdichter, der so tiefe und erhabene Ideen über die göttliche Weisheit entwickelt, der mit großer Kunst die volkstümlichen Weisen spielen läßt, um neue Weisheit und neue Anschauungen der Masse zuzuführen, um die Jugend vor Ausschreitungen nach rechts und links zu bewahren; daß dieser selbe Dichter, sagen wir, gleichzeitig die allertäglichsten Lehren vorbringt, die nichts weiter bezwecken, als vor dem Umgang mit einem lüderlichen Weibe zu warnen; daß er einen so großen Apparat in Bewegung setzt, ein so schweres Geschütz aufführt, und alles das nur, um der Gefahr zu begegnen, die von Seite einer fremden, nicht mehr in der ersten Jugendblüte stehenden Metze droht;[2] daß in einem Atem von diesem fremden Weibe gesagt wird, sie habe den Bund Gottes vergessen, während die vor ihr gewarnte Jugend auf den Weg der Frommen gewiesen wird, „da nur diese das Land besitzen, die ‚Gottlosen' und die ‚Abtrünnigen' aber aus demselben gewaltsam gerissen werden".

---

[1] Holtzmann 295 sq.

[2] Sie hatte ja bereits einen „Mann ihrer Jugend", den sie verlassen. Wäre der Dichter hier nicht an ein bestimmtes Bild gebunden gewesen, und hätte er die Wahl frei gehabt, hätte er es nicht vorgezogen, da, wo er die verführerische Buhlerin schildern wollte, ein mit allen Reizen der ersten Jugend ausgestattetes Weib vorzuführen, als seine Zuflucht zu nehmen zu einer „Fremden, einer Ausländerin mit berückender Rede", die ihre erste Jugend bereits hinter sich hat?

Da haben die ältesten Schriftausleger, der Talmud und die ersten Kirchenlehrer, richtiger gelesen. Der erstere sieht in dem fremden Weibe die Häresie (Minuth), letztere die berückende griechische Bildung, was ja auf dasselbe herauskommt. — Man braucht übrigens nur die betreffenden, in der allgemein als jüngste geltenden Sammlung des Spruchbuches enthaltenen Schilderungen des verführischen Weibes sich näher anzusehen, um sich zu überzeugen, daß hier eine Personifizierung des neuen zum Abfall von Gott führenden fremden Geistes durchgeführt ist. Die klassischen Stellen lauten:

„Mein Sohn, wenn du meine Worte annimmst, meine Gebote bei dir birgst, daß du neigest zur Weisheit hin dein Ohr, dein Herz zur Vernunft hinlenkst; wenn du die Einsicht herbeirufst, zur Vernunft deine Stimme erhebst, wenn du sie suchst wie Silber und wie nach Schätzen nach ihr gräbst: dann wirst du die Furcht Gottes verstehen und Wissen Gottes finden. Denn Gott verleiht Weisheit, aus seinem Munde kommt Wissen und Vernunft. Er spart dem Redlichen auf wahres Heil, er, der ein Schild dem schuldlos Wandelnden; daß er behüte die gerechten Pfade und die Wege seiner Frommen bewahre. — Dann wirst du Recht und Billigkeit verstehen und Geradheit, jede Bahn des Guten. Denn Weisheit wird dir ins Herz kommen und Erkenntnis wird deiner Seele lieb sein. Die Überlegung wird dich bewahren, die Einsicht dich behüten: Um dich vor schlimmem Wege zu bewahren, vor Menschen, die Verkehrtes reden, die da verlassen haben die Bahn der Geradheit, zu gehen die Wege des Dunkels. — Welche ihren Weg verkehren und folgen ihrem Abwege. Um dich vor dem fremden Weibe zu retten, der Ausländerin, die glatte Worte führt. Die verlassen den Gatten ihrer Jugend und vergessen den Bund ihres Gottes. Denn hin zum Tode sinkt ihr Haus und zu den Schatten ihre Bahnen. Alle, die zu ihr eingehen, kommen nicht wieder, erreichen nicht des Lebens Pfade. Damit du gehest auf dem Wege des Guten und bleibest auf der Bahn des Frommen. Denn die Gerechten werden im Lande wohnen und die Geraden darinnen bleiben. Aber die Gottlosen werden aus dem Lande vertilgt und die Abtrünnigen aus ihm gerissen werden.“ [1] —

---

[1] Prov. c. 2.

Und nun die folgenden Warnungen:

„Mein Sohn, auf meine Worte merke, zu meinen Reden neige dein Ohr! Mögen sie nicht deinen Augen entschlüpfen, bewahre sie in deinem Herzen. Denn Leben sind sie denen, die sie finden und Heilung ihrem ganzen Leibe. — Entferne von dir verkehrten Mund, Unredlichkeit der Lippen halte dir fern; lasse dein Auge gerade ausschauen und deine Wimpern richtig vor dir hinsehen! Wäge wohl ab die Bahn deines Fußes und alle deine Wege seien aufrecht: Bieg nicht zur Rechten noch zur Linken, entferne deinen Fuß vom Bösen. — Mein Sohn! auf meine Weisheit merke, meiner Vernunft neige dein Ohr, daß du behaltest guten Rat und deine Lippen Einsicht wahren! Denn Honigseim träufeln die Lippen der Fremden und glätter als Öl ist ihr Gaumen: aber ihr Ausgang ist bitter wie Wermut, scharf wie ein zweischneidiges Schwert.[1]) Ihre Füße fahren in den Tod, ihre Schritte halten die Hölle fest. Daß du den Pfad des Lebens nicht ausbiegst, schwankend sind ihre Tritte, du merkst es nicht. Also meine Söhne, hört auf mich und weichet nicht von den Worten meines Mundes. Fern von ihr wähle deinen Weg, und komme nicht nahe der Türe ihres Hauses. Daß du nicht Fremden gebest deine Ehre und deine Jahre dem Grausamen. Daß Fremde nicht an deiner Kraft satt werden und deine Arbeit nicht sei in eines Fremden Hause und nicht seufzest an deinem Ende, wenn hinschwindet dein Blut und Fleisch und sprichst: Ach, wie habe ich Zucht gehaßt, wie verachtete mein Herz die Zurechtweisung und hörte nicht auf die Stimme meiner Lehrer und neigte nicht mein Ohr zu ihren Lehren! Und bin schier zu allem Unglück gekommen mitten in der Versammlung und Gemeinde. — Trinke Wasser von deinem Borne und Fließendes aus deinem Brunnen! Laß deine Quellen nach außen fließen, deine Wasserbäche auf die Gasse. Sie seien aber dein Eigen-

---

[1]) Prov. 5,3—5: ‏כי נפח הטפנה שפתי זרה וחלק משמן חכה ואחריתה‎ ‏מרה כלענה חדה כחרב פיות‎. Es ist doch merkwürdig und gewiß wegweisend, daß die Psalmisten fast mit denselben Worten diese berückende Macht den Gottlosen zuschreiben, in denen wir die Träger der neuen Richtung erkannt haben. cf. Ps. 55,22: ‏חלקו מחמאת פיו וקרב לבו רכו דבריו משמן‎ ‏הוות תחשב לשונך כתער מלטש עשה רמיה‎ Ferner Ps. 52,4: ‏והמה פתוחות‎. cf. Ps. 5,10; 57,5; 59,8; 62,5; 63,4.

tum allein, und kein Fremder mit dir. So wird dein Born gesegnet sein und freue dich des Weibes deiner Jugend: die liebliche Hindin, die holde Gemse — ihr Busen mache allezeit dich trunken, ihre Liebe ergötze dich unaufhörlich: Warum willst du, mein Sohn, an der Fremden dich ergötzen, umarmen den Schoß der Ausländerin?"[1] —

Und diese so tief greifenden Mahnungen, diese so fein ausgeführten Schilderungen des fremden Weibes, der Ausländerin mit der Sirenenstimme, die als Verkörperung des Abfalls von dem Gottesbunde dargestellt wird, sie sollten lediglich vor Unzucht und Ehebruch warnen wollen! Wir wollen es nicht in Abrede stellen, daß die Spruchsammlung da und dort auch vor solchen Lastern warnt; allein die hier angeführten Beispiele gehen weit über derartige alltägliche Themen hinaus. Den Reizen der „Fremden", die den Gatten ihrer Jugend verlassen, den Bund Gottes vergessen,[2] werden hier die Reize des ihrem Ursprung treu gebliebenen heimischen Weibes aus der Jugendzeit gegenübergestellt;[3] von der ersteren wird behauptet, daß sie mit der Macht ihrer Rede ihre Verehrer von Gott abspenstig macht, welche dann aus dem Lande, das die Frommen dauernd bewohnen werden, ausgerissen werden. Der Zusammenhang hier wäre doch wohl, zumal in dem Munde unserer so wenig auf der Oberfläche einer Alltagsphraseologie sich bewegenden Spruchdichter kaum verständlich. — Allein nicht die Buhlerin wird hier in den Vordergrund unseres Interesses gestellt, sondern die Verführungskunst ihrer Rede, die Macht ihrer den Abfall von Gott bewirkenden Worte, wie wir sie so oft und so farbenreich, als von den „Gottlosen", den Verfechtern der neuen

---

[1] Prov. 4,20 sqq. 5,1—21. — cf. 6,24—26; 7,4—5. 24—27; 22,14; 23,27—29.

[2] Prov. 2,17: ‏העזבת אלוף נעוריה ואת־ברית אלהיה שכחה‎.

[3] Prov. 5,18: ‏יהי־מקורך ברוך ושמח מאשת נעוריך‎. Wäre hier tatsächlich nur vor Unzucht und Ehebruch gewarnt, dann wäre nicht einzusehen, wie man der Ausländerin, die ihren Jugendgatten verlassen, ein Brechen des Gottesbundes daraus zum Vorwurf machen kann. Die Ausleger suchen über diese Schwierigkeit durch das Kunststück hinwegzukommen, daß sie kommentieren, hier sei der Bruch „des bei Gott beschworenen heiligen Ehebundes des fremden Weibes" zu verstehen. (cf. Ewald, Die Salom. Spr. 82².) Von einem solchen bei Gott beschworenen heiligen Ehebund aber wissen wir nicht das mindeste. Und am allerwenigsten kann man einer Ausländerin, die ihren Jugendgatten verlassen, vorwerfen, sie habe den bei Gott beschworenen Ehebund gebrochen.

Geistesrichtung ausgehend, in den Psalmen dargestellt finden. —
So erklärt sich auch leicht in unserm Falle der Gegensatz zwischen
den durch die Überredungskunst der „Fremden" zum Abfall ge-
brachten „Gottlosen" und den in Einfalt treu gebliebenen
„Frommen".[1] —

Und nun gar erst die Schilderung des so suggestiv wirkenden
Zaubers, der von der „Fremden" ausgeht und unwiderstehlich in
den Abgrund zieht den Ahnungslosen.[2] Diesem neuen, uferlos
dahinsteuernden Geiste gegenüber wird der heimische, von Gott
seinen Ausgang nehmende ringsum gestützte, ewig frisch sprudelnde
gepriesen, dem nicht mindere Reize als jenem innewohnen: Trinke
— so mahnt eindringlichst und weithin verständlich der Spruchdichter — trinke Wasser aus deinem eigenen Brunnen und frisch
Fließendes aus deiner eigenen Quelle, lerne sie verstehen, die An-
mut des Weibes deiner Jugend würdigen; warum aber willst du
dich in den Umarmungen der Fremden verlieren? Denn klar vor
Gott sind jedermanns Wege, er wägt die Schritte eines jeden.[3] —

Zweifellos, das „fremde Weib" ist eine allegorische Person.
Sie ist ebenso eine Personifikation des zügellosen, stracks zum Abfall von Gott führenden neuen Geistes, wie die auf allen Straßen
predigende Frau Chokma eine Personifikation der festgefügten, rechtgläubigen von der Gottesfurcht ausgehenden, sich ewig treu bleibenden und niemals nach rechts oder links ausschreitenden Weisheit
ist. Das haben unsere modernen Bibelforscher übersehen, wohl aber
haben es die ältesten Exegeten, der Talmud, die frühesten Kirchenlehrer, ja sogar schon die griechischen Bibelübersetzer herausgefunden.

Die Worte, mit welchen der Spruchdichter, getreu seiner
Stellung zwischen den Extremen, vor dem Übermaß des Genusses
von Honig warnt, und die da lauten: „Wenn du Honig gefunden,
so genieße davon, bis du genug hast, damit du dich davon nicht
übersättigst und ihn ausspeiest",[4] bezieht der Talmud auf die

---

[1] Prov. 2,21. 22: כי ישרים ישכנו ארץ ותמימים יותרו בה : ורשעים מארץ יכרתו ובוגדים יסחו ממנה.

[2] Prov. 5,6: ארח חיים פן תפלם · · · · · · לא תדע. Diese Worte beziehen sich nicht, wie Luther und mit ihm viele Ausleger übersetzen, auf die
Fremde, sondern auf den zu Warnenden; dieser, nicht jene merkt nicht, daß
ihre Wege haltlos.

[3] Prov. 5,14—22. — [4] Prov. 25,16.

„verführerische mináische“, d. i. häretische Lehre.; — Die Mahnung
des Spruchdichters: der Jüngling möge seine Wege fern halten von
der zauberischen Fremden und ihrem Hause nicht nahe kommen,[1])
zielt nach einer aus dem ersten christlichen Jahrhundert stammenden
talmudischen Auslegung gleichfalls auf die mináische Lehre; sie
wolle sagen: pflege keinen Umgang mit den Minäern, komme nicht
in ihre Kreise, du könntest leicht straucheln. Und selbst wenn
du deiner so sicher bist, daß du nicht besorgst, durch den Umgang mit ihnen Schaden zu nehmen, so bedenke dennoch, was die
Schrift sagt: „Alle, die zu ihr eingehen, kommen nicht wieder und
erreichen nicht des Lebens Pfade.“[2]) — Die Unterweisung des
Spruchdichters: „Lasse deine Augen gerade ausschauen und deine
Wimpern richtig vor dir hinsehen, wäge wohl ab, die Bahn deines
Fußes und alle deine Wege seien aufrecht; biege nicht zur Rechten
noch zur Linken“,[3]) ist nach der Überlieferung des Midrasch gegen
die Lehrweise der Minäer gerichtet. Wenn der Spruchdichter der
Jugend eindringlichst ans Herz legt: Wasser aus dem eigenen
Borne und frisch Quellendes aus dem eigenen Brunnen zu trinken,[4])
so glossiert der Talmud diesen Spruch mit den Worten: Das will
sagen, trinke die Wasser deines Schöpfers, aber nicht getrübte
Wasser, damit du nicht hingezogen werdest zu den Minäern.[5]) —

Aber auch die ältesten und bedeutendsten Kirchenschriftsteller,
wie Clemens von Alexandrien, kennen bereits die Überlieferung,
nach welcher unter dem Bilde des „fremden verführerischen Weibes“
der griechische Geist, unter dem Bilde des „fremden Wassers“
die Häresie dargestellt erscheint.[6]) — Da wo er auf die „fremden
Wasser“, vor denen im Spruchbuche gewarnt wird, zu sprechen
kommt, kommentiert er: „Fremden Wassers enthalte dich“, heißt
es, „aus fremder Quelle trinke nicht“. Er warnt uns hier vor der
Wollust, damit wir lange leben und viele Jahre des Lebens uns zu-
gelegt werden — man mag nun die Worte auf Enthaltsamkeit von
fremder Lust, oder auf Meidung von Häresien deuten.“[7])

---

[1]) Prov. 5,8. — [2]) Prov. 2,19. — [3]) Prov. 4,25—27. — [4]) Prov. 5,15.

[5]) Ausführlicheres hierüber und die Nachweisungen der Quellen in meinem
Buche, Geschichte der jüd. Apologetik p. 470—491.

[6]) Strom. I, 5,29: Κἄν τις βιαζόμενος λέγῃ „μὴ πρόσεχε φαύλῃ γυναικὶ, μέλι
γὰρ ἀποστάζει ἀπὸ χειλέων γυναικὸς πόρνης“, τὴν Ἑλλενικὴν παιδείαν κτλ.

[7]) Clem. Alex. Paedag. III, 2,9: ἡμῖν δὲ „παριέναι ποταμὸν ἀλλότριον“ ὁ θεῖος
παρανεῖ παιδαγωγὸς .... „ἀπὸ ὕδατος ἀλλοτρίου ἀπόσχου“ φησὶν „καὶ ἀπὸ

Ebenfalls in hergebrachter Weise deutet Origenes unsere Stelle: Trinke Wasser aus deinem Brunnen ... „Oft“, sagt er: „berichtet die Schrift Tatsachen nur zu dem Zweck, um wichtigere und tiefsinnigere Wahrheiten damit nahe zu legen. Das ist beispielsweise der Fall bei den Brunnen, bei den Ehen und den verschiedenen Weibern der Gerechten, von denen die Schrift erzählt. Daß rechtmäßige Frauen und Sklavinnen bildlich zu nehmen seien, ist eine Lehre, die wir nicht erst erfunden, sondern von Geistesmännern früherer Tage überkommen haben.“[1])

Die Berufung der Kirchenlehrer auf alte Überlieferung hat hier in der Tat ihre volle Berechtigung. Denn sie lasen das Alte Testament in der griechischen Übersetzung der Siebzig und diese geben an manchen Stellen der Proverbien ganz merkwürdige Winke, wie diese aufzufassen, und wie sie schon in den ältesten Zeiten, die von der Entstehungszeit der Weisheitsliteratur nicht gar weit entfernt waren, tatsächlich aufgefaßt wurden. Die Siebzig geben nämlich die Stelle Proverb. 2, 16—18, die in dem auf uns gekommenen hebräischen Text lautet: „Um dich vor dem fremden Weibe zu retten, der Ausländerin, die glatte Worte führt; die verlassen den Gatten ihrer Jugend und vergessen den Bund Gottes“, direkt anknüpfend an die Warnung vor dem Umgang mit denen, die krummen Weges sind, in folgender höchst auffälliger und lehrreicher Weise wieder: „Die dich von dem geraden Wege abbringen und dich den frommen Ansichten entfremden. Mein Sohn, gib dich nicht schlechter Überredung gefangen, welche verlassen die Lehre der Jugend und den Bund Gottes vergessen hat.“[2]) —

Da hätten wir ihn denn ganz unverhüllt und unmaskiert vor uns, den verführerischen neuen Geist, den „minäischen“ Zauberer, da wäre denn das Kind beim rechten Namen genannt.

Die Siebzig nehmen sonach die ganze Stelle bildlich und verstehen unter dem „fremden Weibe“ die personifizierte Verführung,

---

πηγῆς ἀλλοτρίας μὴ πίῃς“, τὸ ῥεῦμα τῆς ἡδυπαθείας φυλάξασθαι παραινῶν, ἵνα πολὺν ζήσωμεν χρόνον, προστεθῇ δὲ ἡμῖν ἔτη ζωῆς, εἴτε ἀλλοτρίαν ἡδονὴν μὴ θηρωμένοις, εἴτε καὶ τὰς αἱρέσεις ἐκτρεπομένοις.

[1]) Orig. c. Cels. IV, 44.

[2]) ὧν αἱ τρίβοι σκολιαί, καὶ καμπύλαι αἱ τροχιαὶ αὐτῶν, τοῦ μακράν σε ποιῆσαι ἀπὸ ὁδοῦ εὐθείας, καὶ ἀλλότριον τῆς δικαίας γνώμης. υἱὲ μή σε καταλάβῃ κακὴ βουλή, ἡ ἀπολιποῦσα διδασκαλίαν νεότητος, καὶ διαθήκην θείαν ἐπιλελησμένη.

welche vom rechten Glauben abirren macht im Gegensatz zu der personifizierten Weisheit, die allein zur Wahrheit führt.[1])

Der Spruchdichter warnt also vor der suggestiven Macht, welche die bezaubernde Rede der „Fremden" ausübt, läßt dann aber das Bild fahren, um in eindringlichster Weise die Folgen zu schildern, die ihren kürzesten Ausdruck finden in den Worten: „Der Wahn ist kurz, die Reue lang".[2]) — Er wählt hierauf ein neues Bild, das Bild von der nach außen sich weithin ergießenden Quelle, um auch dieses bald zu verlassen und zu dem früheren wieder zurückzukehren, indem er seinen Hörern die Reize des heimatlichen Weibes schildert und mit der bittern Klage schließt: „Warum willst du dich, mein Sohn, mit der Fremden verlieren?"

Nun aber stellen sich große Schwierigkeiten der Interpretierung der folgenden Sätze entgegen: „Trinke Wasser aus deinem Born und Fließendes aus deinem Brunnen. — Lasse deine Quellen nach außen fließen, deine Wasserbäche auf die Gasse. — Sie seien aber dir allein, und nicht sei ein Fremder mit dir."[3])

Der Zusammenhang — so meint man — ist hier ein ganz unverständlicher, wenn man nicht mit den LXX liest: „Lasse nicht deine Quellen nach außen fließen". Denn sonst wären ja die unmittelbar darauf folgenden Worte: „Habe du sie allein, und kein Fremder mit dir", widersinnig.[4]) — Dagegen frage ich: Ist es wohl denkbar, daß der so universalistisch gerichtete Spruchdichter,

---

[1]) cf. Umbreit, Komment. über d. Spr. Sal. 17; Hitzig, Die Spr. Sal. 12.

[2]) Prov. 5,9—15. — [3]) Prov. 5,15—18.

[4]) cf. Ewald, l. c. 96 sq.: „Indem vorausgesetzt wird, der junge Mann, dem diese Lehren gegeben werden, sei (nach der dortigen Sitte) schon verheiratet, wird er also aufgefordert, sich am lautern Glücke des eigenen Hauses zu erfreuen v. 15, unter der Versicherung, daß, wenn durch seine Untreue das Weib nicht selber zur Untreue verleitet werde, oder nach dem Bilde, wenn er den eigenen schönen Quell wohl verwahre, damit er nicht nutzlos auf die Straßen fließe, er dann allen göttlichen Segen und alle menschliche Erquickung genug an ihm haben werde v. 16—18, welches dann ohne dieses Bild weiter gesagt wird v. 19f. — Man kann in der Tat nicht zweifeln, daß kraft des Bildes und des Gedankens sowie dem Fortschritte der Rede gemäß v. 16—18 so zusammenhängen müssen; denn unstreitig fehlt durch ein altes Versehen אַל vor v. 16, welches noch die LXX nach ihrem ursprünglichen Wortgefüge lasen, und welches man schon deswegen durchaus nicht entbehren kann, weil v. 17 sichtbar nur verständlicher dasselbe aussagt, was v. 16 bildlich gemeint war. — — Der Ausdruck gesegnet v. 18 spielt dann allerdings auf den Kindersegen, aber nur wie sonst im A. T. z. B. ψ 127 an."

der alle Welt mit seiner Weisheit beglücken, der sie allen Menschen unterschiedslos zugänglich machen will, der sie in allen Gassen und Straßen, auf allen Anhöhen und in allen Niederungen predigen, die Könige, Fürsten und Richter der Erde von ihr geleitet sein läßt,[1] der seinen Jüngern gestattet, die Süßigkeiten der fremden Kost nach Herzenslust in sich aufzunehmen, und nur vor der Gefahr warnt, die der Übergenuß mit sich bringt; ist es denkbar, frage ich, daß dieser selbe hochherzige Lehrer wieder so engherzig sein konnte, zu verlangen, daß die von ihm gepredigte Weisheit unter den Scheffel gestellt, daß sie im engen Hause verwahrt, darin eingeschlossen und keinem Fremden mitgeteilt werde? Eine solche Auslegung scheint mir ganz absurd.

Vielmehr will der Spruchdichter hier seine Umgebung warnen, sich nicht völlig in dem fremden Geiste zu verlieren, er will, zumal die Jugend, die bestrickt von dem Zauber der neuen Weisheit, in ihr aufzugehen droht, zu ihrer ersten Liebe zurückführen, preisend die Reize des heimatlichen Jugendweibes, die denjenigen der Fremden nicht nachstehen. Pflege, so predigt er, deine eigene Quelle, trinke Wasser aus dem eigenen Brunnen, und lasse es weit hinausfließen; doch bleibe diese Quelle dein Eigentum und der Fremde soll sie nicht in den Besitz bekommen, soll nicht Herr derselben an deiner Statt werden, was notwendig eintreten muß, wenn du das Weib deiner Jugend verlässest und dich bei der Fremden verlierst. —

Zum Überfluß bietet uns der Siracide eine Illustration zu diesen Worten, die uns vollends verbietet, dieselben im Sinne des Partikularismus aufzufassen. Er spricht von dem „Buche des Bundes", das bei ihm schon mit der Weisheit identifiziert erscheint und rühmt von demselben: „Es erfüllt alles mit Weisheit, wie der Phison und wie der Tigris in den Tagen des Frühlings. Es fließt über von Klugheit, wie der Euphrat und wie der Tigris zur Zeit der Ernte. Es strömt Belehrung aus wie ein Licht, und wie der Gihon zur Zeit der Weinlese . . . . . Auch ich bin gleich einem aus dem Flusse abgeleiteten Bächlein, gleich einer Wasserleitung, die in den Lustgarten fließt. Und ich sprach: „Ich will meinen Garten bewässern und mein Gartenbeet tränken. Und siehe, mein Bächlein ward zum Flusse, und mein Fluß ward

----

[1] Prov. 8,1—18; 9,1—7.

zum Meere! Hinfort will ich meinen Unterricht wie eine Prophezeiung ausgießen und ihn für alle kommenden Geschlechter hinterlassen. Sehet also, daß ich nicht für mich allein gearbeitet habe, sondern für alle, die die Weisheit suchen.[1]

So spricht kaum ein Jahrhundert später Jesus Sirach ganz zweifellos in Ausführung der eben behandelten Stelle der kanonischen Sprüche Salomos! So predigt Sirach, der, wie noch gezeigt werden soll, ungleich nationaler und partikularistischer gestimmt ist als Salomo, und es sollte gestattet sein, jenen Worten Prov. 5, 15—18 eine so engherzige Auslegung zu geben, die dem Geiste unseres Spruchdichters geradezu ins Gesicht schlägt!

Nun wird es auch schon an der Zeit sein, in dem Prozeß über das Alter der Weisheitsliteratur den sich so oft und so vernehmlich meldenden Kronzeugen: die hypostasierte Weisheit, zu verhören. Und da wird es sich empfehlen, uns vor allem die markantesten Stellen aus dem Spruchbuch, aus Hiob, aus Jesus Sirach und aus Pseudo-Salomo, die über die göttliche Weisheit sich verbreiten, vor Augen zu halten. Wir lassen sie hier also der Reihe nach folgen.

In den Proverbien rühmt sich ganz unvermittelt die Weisheit:

„Gott schuf mich anfangs seiner Schöpfung, längst noch vor seinen Werken. Von Ewigkeit bin ich eingesetzt, von Anfang vor der Erde. Da die Tiefen noch nicht waren, da war ich schon bereitet, früher als die wasserschweren Quellen. Bevor die Berge eingesenkt waren, vor den Hügeln war ich bereitet. Ehe er gebildet Land und Triften und die Massen der Erdschollen. Als er die Himmel bereitete, war ich dabei, als er den Kreis auf die Meeresfläche zog, als er die Wolken oben festigte, als die Quellen der Tiefen stark erbrausten, als er dem Meere seine Grenzen setzte, daß nicht die Wasser seine Mündung überströmten, als er die Säulen der Erde gründete: da war ich bei ihm als Werkmeisterin, war ich sein Ergötzen Tag für Tag, spielend vor ihm allezeit, spielend auf seinem Erdkreis und mich ergötzend an den Menschenkindern."[2] —

Der Held des Buches Hiob preist die göttliche Weisheit, nachdem er zuvor der menschlichen ihre Grenzen gezeigt, mit folgenden begeisterten Worten:

---

[1] Sirach 24,22 sqq. — [2] Prov. 8,22—23.

Doch die Weisheit, wo wird sie gefunden, und welches
ist die Stätte der Einsicht. Niemand kennt den Pfad zu ihr,
und im Lande des Lebens wird sie nicht gefunden. Die Tiefe
spricht: sie ist nicht bei mir, und das Meer spricht: sie ist
nicht bei mir.

Doch die Weisheit, woher kommt sie, und wo ist die
Stätte der Einsicht? Verborgen ist sie vor den Augen ·alles
Lebenden und vor den Vögeln des Himmels ist sie verhüllt.
Abgrund und Totenreich sprechen: mit unsern Ohren hörten
wir nur ein Gerücht von ihr. Gott weiß den Weg zu ihr und
er kennt ihren Ort: denn er schaut bis zu den Enden der
Erde, was unter dem Himmel ist, sieht er. Als er an den
Wind die Wage legte und die Wasser mit dem Maß
bestimmte, als er dem Regen sein Gesetz vorschrieb,
einen Weg dem Donnerstrahl: damals sah er sie und
tat sie kund, bereitete und erforschte sie auch. — Zu
dem Menschen aber sprach er: siehe, Gottesfurcht, sie ist die
Weisheit, vor dem Bösen weichen, Einsicht."[1]
Jesus Sirach führt die göttliche Weisheit, also redend, ein:

„Ich ging aus dem Munde des Höchsten hervor und dem
Gewölke gleich umhüllte ich die Erde. Ich schlug mein Zelt
auf in der Höhe und mein Thron war auf der Wolkensäule.
Ich allein umzog des Himmels Kreis und wandelte in den
Tiefen des Abgrunds. Auf den Wogen des Meeres und allem
festen Lande unter jedem Volke und Stamme wohnte ich. Bei
diesen allen suchte ich einen Ruheort, und in wessen Eigentum ich bleiben sollte"[2] . . .
In der Sapientia endlich rühmt sich Salomo, von der „Weisheit,
der Künstlerin von allem",[3] Belehrung erhalten zu haben:

„In ihr ist", so fährt er fort, „ein Geist, der da ist ver-
ständig, heilig, einzig, mannigfach, feingewandt, scharfsinnig,
unbefleckt, lichtvoll, unschädlich, das Gute liebend, durchdringend, unaufhaltsam, wohltätig. Menschenfreundlich, zuverlässig,
fest, sorgenfrei, allvermögend, allsehend und alle verständige,
reine und feine Geister durchdringend. Denn beweglicher als

---

[1] Hiob 28,12 sqq. 20 sqq. — [2] Sirach 24,3—8.
[3] Pseudo-Sal. 7,22: ἡ γὰρ πάντων τεχνίτης ἐδίδαξέ με σοφία. cf. Prov. 8,30.

jede Bewegung ist die Weisheit, sie durchdringt aber und geht durch alles wegen ihrer Reinheit. Denn sie ist ein Hauch der Gotteskraft und ein reiner Ausfluß der Herrlichkeit des Allmächtigen. — Sie ist ein Abglanz des ewigen Lichtes, ein fleckenloser Spiegel der Wirksamkeit Gottes und ein Bild seiner Güte. Obgleich nur Eine, vermag sie alles. — Ja sie ist prachtvoller als die Sonne, glanzvoller als die Gestirne ersten Ranges, mit dem Lichte verglichen, erhält sie den Vorzug. Denn auf dieses folgt die Nacht, gegen die Weisheit aber vermag die Bosheit nichts. — Sie reicht mächtig von einem Ende des Weltalls bis zum andern und ordnet alles trefflich an. — Ihre edle Herkunft verherrlicht das Zusammenleben mit Gott.... Denn sie ist eingeweiht in die Erkenntnis Gottes und an der Wahl seiner Werke hat sie Anteil." [1])

Schon auf den ersten Blick fällt es uns auf, daß in allen hier zitierten Schriften die Weisheit als eine vorweltliche und weltschöpferische göttliche Dynamis gedacht ist, eine Hypostasierung, die der alttestamentlichen Vorstellung von Jehova, dem eifervollen, keine wie immer geartete göttliche Potenz neben sich duldenden Gotte, nicht nur völlig fremd, sondern sie sogar von Grund aus zerstört. In diesen sämtlichen vier Schriften tritt die Weisheit als göttliche Substanz auf, nur erscheint das Kolorit der Darstellung bei Salomo und Hiob ein anderes als bei Sirach und Pseudo-Salomo. Natürlich: die ersteren sind in hebräischer, die letzteren in griechischer Sprache auf uns gekommen. Sicherlich aber ist es falsch, wenn beispielsweise behauptet wird, die Personifikation in den Proverbien, obgleich sie der Hypostasierung nahe stehe, müsse nicht notwendig für jüngere Zeiten sprechen, da sie sich als rein poetische denken lasse; [2]) während man in der Sophia Pseudo-Sa-

---

[1]) Pseudo-Sal. 7,22—8,5.

[2]) So lesen wir bei Baudissin, Einl. in die BB. des A. T. 718: „Die Art, wie die Weisheit (in den Proverbien) personifiziert und als etwas für sich neben der Gottheit Bestehendes dargestellt wird, spricht nicht notwendig für jüngere Zeiten, da sich diese Personifikation, obgleich sie der Hypostasierung nahe steht, als rein poetische denken läßt, wie das Auftreten des Gegensatzes der Weisheit als „Frau Torheit" offenbar nicht anders zu verstehen ist." — Allein die „Frau Torheit" tritt hier mitnichten als Gegensatz zu der göttlichen, sondern der menschlichen Weisheit auf; eine Parallele zwischen der einzigartigen Darstellung der göttlichen Weisheit und der „Frau Torheit" in den Sprüchen ist absolut unzulässig.

lomos „bei weitem mehr als bloße rhetorisch-dichterisch personifizierte Eigenschaft Gottes, die dem philonischen Logosbegriff schon
ziemlich nahe komme", erblickt.[1]) — Wir werden vielmehr in der
Folge zeigen, daß die göttliche Weisheit in dem Spruchbuch und
bei Hiob ungleich reiner und philosophischer als später bei
Sirach und Pseudo-Salomo aufgefaßt ist. — Selbst konservative
Ausleger, die sogar den jüngsten Teil der Salomonischen Sprüche,
c. 1—9, schon in dem siebenten Jahrhundert entstanden sein lassen,
geraten in Begeisterung, wenn sie die hier von der göttlichen Sophia gegebene Schilderung kommentieren sollen und zeigen sich
von der Neuheit der hier miteins aufleuchtenden, hohen
und erhabenen Gedanken auf das tiefste überrascht und ergriffen.

Ewald spricht davon, wie eine ganz andere Vorstellung in der
Schilderung der Schöpfung bei Salomo und in jener uralten der
Genesis herrsche und fährt dann fort: „Noch weit wichtiger ist doch
zuletzt, daß, soll über jene Einzelheiten noch etwas gesagt werden,
nicht anderes darüber sagbar ist, als daß die Weisheit vor dem
Anfang der Schöpfung nicht bloß dagewesen sei, sondern auch
tätig in diese als Ordnerin und Werkmeisterin eingegriffen habe
und daher noch jetzt darin erhaltend walte: als wäre sie bei der
Schöpfung eine Werkmeisterin und Gehülfin gewesen, die Gott als
spielendes Lieblingskind habe gewähren lassen, und die damals wie
im Spiele — die Welt nach Gottes Willen geschaffen habe. — —
Aber kaum sagt sie endlich, was sie damals bei dem Schöpfer
war, als sie auch sogleich die Rede mit der kürzesten geschickten
Wendung zu den Menschen noch in aller ewigen Gegenwart um-
kehrt und damit rasch schließt, weil sie in der Tat alles gesagt,
was sie diesen zu sagen hatte. Aber es ist, als ob sie gerade auf
dieses gedrängte Ende das Schönste und Göttlichste zu sagen aufgespart hätte: Was ist wahrer und was zugleich erhabener und herrlicher zu denken, als daß es dieselbe zarte, feine Weisheit ist,
welche vor aller Welt schon da war und mit Gott wie sein liebstes
Kind künstlerisch die Welt selbst mitschaffen half und welche nun
entsprechend ewig an dieser von ihr mitgeschaffenen Welt, vor
allem aber an den Menschen gerne ihre heitere Freude und wie
ihr Vergnügen findet!"[2]) —

---

[1]) cf. Grimm, Das B. der Weish. 163. — [2]) Ewald, l. c. 120 sq.

Durch welche starke geistige Bewegungen aber solche ganz neue, Moses und den Propheten völlig fremde Ideen schon im siebenten Jahrhundert in Palästina eingedrungen waren, das erklärt uns Ewald nicht. —

Daß aber in Wirklichkeit griechische Weisheitslehre aus dieser Schilderung der aus Gott emanierten weltschöpferischen Sophia spricht, das haben bereits neuere Forscher herausgefunden. Lassen wir einen solchen darüber sprechen: „Eigentliche Spekulation tritt nun aber in der Rede der Weisheit hervor. „Der Herr erschuf mich als Erstling seiner Schöpfung noch vor seinen Werken, seit lange schon ....." Es ist ja ohne Frage ein überaus hoher und schöner Gedanke, daß das Ideal sittlich normierter Weisheit den Schöpfer bei seiner Schöpfung geleitet habe. Aber wenn diese Weisheit als Erstling unter Gottes Geschöpfen und als Werkführerin Gottes beim Bau der Welt gepriesen wird, so entfaltet sich doch hier der griechische Begriff des Kosmos als der wunderbar herrlichen Weltordnung viel zu deutlich vor unsere Augen, als daß wir nicht den fremdländischen Einschlag in diesem Gewebe bemerken müßten; und wenn es heißt, daß diese bei der Schöpfung waltende Weisheit nun auch die Führerin des einzelnen Menschen auf seinem Lebenswege sein soll, so klingen auch darin ganz deutlich gewisse Theorien griechischer Philosophie an." [1])

In der Tat, es ist ein fremdländischer Einschlag, der sich selbst in dem Rahmen des allgemein als jüngste Sammlung geltenden Teils des Spruchbuches ganz fremd ausnimmt. Es frappiert uns zu sehen, wie so urplötzlich mitten in die so glatt dahinfließende Rede der von praktischer Klugheit überströmenden menschlichen Weisheit die erhabene göttliche Weisheit, ausgestattet mit den weltschöpferischen und welterhaltenden Attributen, so zu sagen, wie ein Deus ex machina hereingeschneit kommt, um ebenso unvermittelt wieder in die alte praktisch — kluge Menschenweisheit einzumünden. Aber nicht nur wir Leser der späten Nachwelt werden von diesem uns so fremd und so neuartig anmutenden Einschub überrascht; die frühesten Leser dieses Buches, die griechischen Übersetzer, waren es nicht minder. Wir sehen es förmlich, wie sie hier stutzen und sich anstrengen, um eine nur irgendwie halt-

<hr>

[1]) Holtzmann, l. c. II, 297. cf. Stade, l. c. II, 216.

bare Notbrücke herzustellen, die von der nüchternen menschlichen Weisheit hinüber zu der hehren göttlichen führen sollte. Die Siebzig schieben nämlich in 8, 21 als Einleitung in die Schilderung der göttlichen Weisheit die folgenden Worte ein:

„Wenn ich euch so das Alltägliche melde, so will ich euch auch Uraltes berichten."[1] —

Die Absicht ist zu augenfällig, um nicht noch nachdenklicher zu machen.

Nein, es gibt keinen glatten Steg, der von der menschlichen Weisheit zur göttlichen führen könnte — das predigt auch Hiob mit lautester Stimme — und der von unserm Spruchdichter unternommene Versuch, die Kluft zwischen beiden zu überbrücken, läßt die göttliche Sophia aus diesem Milieu nur um so isolierter hervortreten, sie schon auf den ersten Blick als ein ihm künstlich und gewaltsam aufgepfropftes fremdes Reis erkennen.

Wie fremd übrigens diese göttliche Werkmeisterin dem alttestamentlichen Schrifttum gegenübersteht, und wie wenig sie darin heimisch werden konnte, das lehren am deutlichsten die Schriften Philos, die immer wieder alle möglichen und unmöglichen Anstrengungen machen, sie künstlich, und wo dies nicht angeht, zwangweise in dasselbe hineinzuinterpretieren und hineinzuallegorisieren. Daß er, oder vielmehr seine frühen Vorgänger, die Darstellung der Weisheit als einer göttlichen Dynamis aus der griechischen Philosophie geschöpft, ist schon daraus zu ersehen, daß sie Philo ungezählte Male und — was besonders auffällig — ausgestattet mit den Funktionen des Logos, obgleich zu seiner Zeit der Begriff des Logos bereits vollständig ausgebildet und landläufig war,[2] in die heil. Schrift hineinliest. Daß er aber die „göttliche Sophia", obgleich sie damals von dem Logos bereits verdrängt war, dennoch

---

[1] Prov. 8,21: ἐὰν ἀναγγείλω ὑμῖν τὰ καθ' ἡμέραν γινόμενα, μνημονεύσω τὰ ἐξ αἰῶνος ἀριθμῆσαι.

[2] cf. meine Schrift, Zur Entstehungsgesch. des Christentums 19 sqq. — Ferner W. Grimm, das B. der Weish. 34: „Eine Haupt- und Grundlehre Philos ist bekanntlich der Begriff des göttl. Logos. Dieser höchst komplizierte und inhaltreiche Begriff kann nicht Philos eigene Erfindung sein, denn in diesem Falle müßte ihn Philo doch irgendwo und irgendwie zu entwickeln, zu begründen und zu verteidigen gesucht haben. Statt dessen setzt er ihn überall als etwas längst Bekanntes voraus. Der Begriff muß demnach zu Philos Zeit Gemeingut der philosophisch gebildeten Juden in Alexandria gewesen sein."

neben diesem immer noch behandelt und sie mit demselben identifiziert, zeigt deutlich, daß er, wie auch sonst überall in seinen Auslegungen so hier von seinen Vorgängern abhängig,[1]) dieses ganze Vorstellungsmaterial von diesen überkommen und es mit diesen ahnungslos in die Bibel hineinlas.

Einige Beispiele mögen dies illustrieren. — Da wird in die Worte Genes. 15, 9 der Gedanke hineinallegorisiert, oder vielmehr hineingepreßt, es gebe eine doppelte Art Weisheit: eine göttliche und eine menschliche. Die letztere sei von der ersteren sehr verschieden und verhalte sich zu ihr wie ein Abbild zum Urbild. Die göttliche Weisheit wohne in einsamer Höhe bei Gott, in dessen ausschließlichem Besitz sie sei.[2]) — Die Weisheit ist die Wohnung des Allbeherrschers. Die zehn Vorhänge der Stiftshütte bedeuten die Ideenwelt, nach welcher die wirkliche Welt abgebildet wurde.[3]) — Die Worte Genes. 2, 24: „Darum verläßt der Mann seinen Vater und seine Mutter und hängt an seinem Weibe“, werden also kommentiert: „Wegen der Sinnlichkeit verläßt der Geist, wenn er ihr Sklave geworden, den Vater, den Gott des Alls, und die Mutter, die Tugend und Weisheit Gottes.“[4]) — In das Gebot: „Ehre Vater und Mutter, damit es dir wohlergehe“, wird hineinphilosophiert: „Wenn wir den Geist als den Vater unseres Doppelwesens, und die Sinnlichkeit als dessen Mutter ehren, werden wir von jenen selbst gutes erfahren. Wir ehren den Geist, wenn wir ihm das Nützliche und nicht das Angenehme gewähren und zwar ist alles,

---

[1]) cf. mein Buch, Gesch. der jüd. Apolog. 202 sqq.

[2]) Quis rer. div. haer. I, 490: Πρὸς δὲ τούτοις „τρυγόνα τε καὶ περιστερὰν“, τήν τε θείαν καὶ τὴν ἀνθρωπίνην σοφίαν, πτηνὰς μὲν ἀμφοτέρας καὶ αναπηδᾶν μεμελετηκυίας, διαφερούσας δὲ ἀλλήλων, ᾗ διαφέρει γένους εἶδος, ἢ μίμημα ἀρχετύπου. Φιλέρημος μὲν γὰρ ἡ θεία σοφία, διὰ τὸν μόνον θεὸν, οὗ κτῆμά ἐστι, τὴν μόνωσιν ἀγαπῶσα κτλ. — Diese Auffassung die Sophia verdankt Philo sicherlich nicht der Bibel, sondern der griech. Philosophie, zumal er dieselben Eigenschaften dem Logos, der selbst der jüd. Weisheitsliteratur noch völlig unbekannt, zuschreibt. cf. Philo ibid. I, 506: ὁ γάρ θεοῦ λογος φιλέρημος καὶ μονωτικὸς, ἐν ὄχλῳ τῶν γενομένων καὶ φθαρησομένων οὐχὶ φυρόμενος, ἀλλ' ἄνω φοιτᾶν εἰθισμένος ἀεὶ καὶ ἑνὶ ὁπαδὸς εἶναι μεμελητικώς. Freilich liest Philo auch den Logos mit allen seinen Qualitäten aus Moses heraus.

[3]) Ibid. I, 536: Σοφία δὲ αὐλὴ καὶ βασιλειόν ἐστι τοῦ παντηγεμόνος καὶ μόνου βασιλέως αὐτοκράτορος κτλ. cf. Gfrörer, Philo I, 215 sqq.

[4]) Leg. alleg. I, 75: Ἕνεκα τῆς αισθήσεως ὁ νοῦς, ὅταν αὐτῇ δουλωθῇ, καταλίπῃ καὶ τὸν πατέρα, τὸν ὅλων θεὸν, καὶ τὴν μητέρα τῶν συμπάντων.

was von der Tugend herrührt, nützlich. Die Sinnlichkeit ehren wir, wenn wir sie zügeln. — Wenn nun beide, Geist und Sinnlichkeit, diese Ehre erlangt haben, so muß es mir, der ich beide besitze, wohlergehen. Wenn du aber deine Vernunft weit von dem Geiste und der Sinnlichkeit abwendest und als Vater den Weltschöpfer, als Mutter die Weisheit, durch welche alles geschaffen wurde, der Ehre würdigst, dann wirst du selbst große Wohltat empfangen." [1] — Aber nicht bloß als weltschöpferische, sondern auch als allwissende göttliche Dynamis finden unsere jüdischen Hellenisten die Sophia in der Schrift verherrlicht. [2]). — Sie ist ferner die ewig jungfräuliche Tochter Gottes und zugleich Erzeugerin. In den Worten Genes. 28, 2: „Mache dich auf und ziehe nach Mesopotamien, in das Haus Bäthuels, des Vaters deiner Mutter, und nimm dir dort ein Weib aus den Töchtern Labans, des Bruders deiner Mutter", findet die jüdisch-alexandrinische Schule die Mahnung ausgedrückt: Halte dich zur göttlichen Weisheit, denn du wirst in ihr einen sichern Hafen in den Stürmen des Lebens finden. Die Weisheit werde nämlich in der Schrift mit dem Namen Bäthuel bezeichnet, was da heiße Tochter Gottes. Und in Wahrheit sei sie eine Tochter und ewig unbefleckte Jungfrau. Den Vater der Rebekka aber nenne die Schrift Bäthuel; wie jedoch könne die Tochter Gottes, die Weisheit, Vater genannt werden? Freilich wohl deshalb, weil ihr Name zwar weiblich, ihr Wesen aber männlich sei. — „Wir sagen also", schließt diese Ausführung, „ohne uns weiter mit Namen zu befassen, daß die Weisheit, die Tochter Gottes, Vater und Erzeuger ist, der in die Seelen den Samen des Wissens, der Bildung, der Einsicht und der schönen und lobenswerten Handlungen pflanzt." [3]) —

---

[1]) Quod det. pot. insid. sol. I, 201 sq.: .... ἐὰν δὲ πόῤῥω τὸν λόγον ἀπὸ νοῦ καὶ αἰσθήσεως ἀπαγαγὼν πατέρα μὲν τὸν γεννήσαντα κόσμον, μητέρα δὲ τὴν σοφίαν, δἰ ἧς ἀπετελέσθη τὸ πᾶν τιμῆς ἀξιώσῃς, αὐτὸς εὖ πείσῃ.

[2]) De migr. Abr. I, 442: Νικῶνται γὰρ ὑπὸ τῶν τοῦ ὄντος δυνάμεων οἱ περὶ αὐτὸν ἅπαντες ἅπαξ λόγοι. Τὴν δε σοφίαν αὐτοῦ διασυνίστησιν οὐ μόνον ἐκ τοῦ τὸν κόσμον δεδημιουργηκέναι, ἀλλὰ καὶ ἐκ τοῦ τὴν ἐπιστήμην τῶν γεγονότων ἱδρυκέναι βεβαιότατα πὰρ' ἑαυτῷ. Λέγεται γὰρ ὅτι „Εἶδεν ὁ θεὸς τὰ πάντα ὅσα ἐποίησεν κτλ.

[3]) De profug. I, 553: „Ἀπόδραθι οὖν εἰς τὴν Μεσοποταμίαν" τουτέστιν εἰς μέσον τὸν χειμάῤῥουν ποταμὸν τοῦ βίου, καὶ μὴ ἐπικλυσθῇς ἐγκαταποθείς· στηριχθεὶς δὲ βεβαιοτάτην ἄνωθεν καὶ ἑκατέρωθεν καὶ πανταχόθεν ἐπικυματίζουσαν φορὰν τῶν πραγμάτων, σθεναρῶς ἀπώθει. Τὸν γὰρ σοφίας οἶκον, εὔδιον καὶ γαληνὸν λιμένα

In den Worten Deut. 32, 13: „Honig aus dem Felsen und Öl aus dem harten Gestein“ finden unsere jüdischen Hellenisten gleichfalls die Wirksamkeit der göttlichen Weisheit dargestellt. „Unter dem harten und unzerstörbaren Felsen“, heißt es bei Philo, „ist die Weisheit Gottes gemeint, die Amme, Pflegerin und Ernährerin der nach unsterblicher Kost Begehrenden. Denn sie als Mutter alles in der Welt Geschaffenen gewährt sogleich aus sich selbst den aus ihr Geborenen Nahrung. Aber nicht alles ist der göttlichen Nahrung gewürdigt worden, sondern nur die der Erzeugerin würdig Befundenen. Denn viele gehen aus Mangel an Tugend zugrunde, der schlimmer ist als der Mangel an Speise und Trank. Die Quelle der göttlichen Weisheit fließt bald sanfter und milder, bald wieder mit stürmischer Schnelligkeit und Kraft.“ [1] — Und anderswo, zum selben Thema philosophierend und kommentierend die Schriftworte: „Der dich geleitet durch jene große und furchtbare Wüste, woselbst die beißende Schlange und der Skorpion und der Durst und kein Wasser und dir Wasser aus dem harten Felsen gab“; [2] sagt er: „Die Seele gerät auch unter die Skorpionen, das heißt in die Zerstreuung in der Wüste und der Durst nach den Leidenschaften ergreift sie; bis Gott ihr die Quelle seiner Weisheit sendet und die abgekehrte Seele mit ewiger Gesundheit tränkt. Denn der harte Fels ist die Weisheit Gottes, die höchste und erste seiner Kräfte, und aus ihr tränkt er die gottgeliebten Seelen.“ [3] — Nach dieser Auslegung ist auch das Manna, das Gott vom Himmel herabregnen ließ, die göttliche Weisheit, läßt sie Gott von oben auf die

εὑρήσεις, ὃς ἐνορμιζόμενόν σε ῥαδίως ὑποδέξεται. Σοφίας δὲ ὄνομα Βαιθουὴλ ἐν χρησμοῖς ᾄδεται, τοῦτο δε μεταληφθὲν, θυγάτηρ θεοῦ προσαγορεύεται· καὶ γνησία γε θυγάτηρ καὶ ἀεὶ πάρθενος, ἀψαύστου καὶ ἀμιάντου φύσεως ἐπιλαχοῦσα, διά τε τὴν ἑαυτῆς κοσμιότητα ..... καὶ πῶς ἡ θυγάτηρ τοῦ θεοῦ, σοφία, λέγοιτ' ἂν ἐνδίκως εἶναι πατήρ; Ἢ διότι ὄνομα μὲν θῆλυ σοφίας ἐστὶν, ἄρρεν δὲ ἡ φύσις; ...... Λέγομεν οὖν, μηδὲν τῆς ἐν τοῖς ὀνόμασι διαφορᾶς φροντίσαντες, τὴν θυγατέρα τοῦ θεοῦ σοφίαν ἄρρενά τε καὶ πατέρα εἶναι, σπείροντα καὶ γεννῶντα ἐν ψυχαῖς μάθησιν, παιδείαν, ἐπιστήμην, φρόνησιν, καλὰς καὶ ἐπαινετὰς πράξεις.

[1] Quod det. pot. insid. sol. I, 213: πέτραν τὴν στερρὰν καὶ ἀδιάκοπον ἐμφαίνων σοφίαν θεοῦ, τὴν τροφὸν καὶ τιθηνοκόμον καὶ κουροτρόφον τῶν ἀφθάρτου διαίτης ἐφιεμένων. Αὕτη γάρ, οἷα μήτηρ τῶν ἐν κόσμῳ γενομένη, τὰς τροφὰς ἐξ ἑαυτῆς εὐθὺς ἤνεγκε τοῖς ἀποκυηθεῖσιν κτλ.

[2] Deut. 8,15 sq.

[3] Leg. alleg. I, 82: Ἡ γὰρ ἀκρότομος πέτρα, ἡ σοφία τοῦ θεοῦ ἐστι, ἣν ἄκραν καὶ πρωτίστην ἔτεμεν ἀπὸ τῶν ἑαυτοῦ δυνάμεων, ἐξ ἧς ποτίζει τὰς φιλοθέους ψυχάς. cf. De poster. c. I, 251; De somn. I, 690 u. a. St.

vornehmen und schauenden Seelen niederträufeln".[1]) — Sie ist so
erhaben, daß sie nur von Gott und gottbegnadeten Menschen gewürdigt werden kann. „Niemandem" — spricht Moses bei Philo —
„außer Gott, oder einem sonstigen fleckenlos reinen, weisheit-
liebenden Wesen ist es gestattet oder auch nur möglich, über die
Weisheit, die nicht bloß älter als ich, die sogar vor dem All da
war, Untersuchungen anzustellen."[2])

So sehen wir hier und an vielen anderen Stellen überall die
fremdländischen Sophia- und Logosbegriffe mehr gewaltsam als
künstlich aufgepfropft, und es tut einem ordentlich wohl, wenn man
einmal auf ein minder unnatürliches Herauslesen der Weisheit aus
der Schrift gerät. Das ist der Fall, wo Philo sich auf die merkwürdige Darstellung der Sophia in dem kanonischen Spruchbuch
beruft. Er stellt einmal die Weltentstehung als ein Kind der
zwischen Gott und der Weisheit — allerdings nicht nach Menschen-
art — eingegangenen Eheverbindung dar und stützt sich dabei auf
den Ausspruch eines Mannes „aus dem göttlichen Chor", der die
Sophia also redend einführe: „Gott schuf mich am Anfang seiner
Werke" usw. Es sei ja, kommentiert er, selbstverständlich, daß
die Mutter und Ernährerin aller Dinge älter als alles Geschaffene
sein müsse.[3])

Philo zeigt uns aber auch — und das ist für uns nicht un-
wichtig —, daß eine Brücke direkt von der Philosophie zur Sophia

---

[1]) De prof. I, 566: „Ἰδοὺ ἐγὼ ὕω ὑμῖν ἄρτους ἐκ τοῦ οὐρανοῦ". Τῷ γὰρ
ὄντι τὴν αἰθέριον σοφίαν ὁ θεὸς ταῖς εὐφυέσι καὶ φιλοθεάμοσιν ἄνωθεν ἐπιψεκάζει
διανοίαις. — cf. quod det. pot. insid. I, 214 sq., wo das Manna anstatt mit der
Sophia, mit dem Logos identifiziert wird. Da heißt es: Τὴν πέτραν ταύτην
ἑτέρωθι συνωνυμίᾳ χρώμενος καλεῖ Μάννα, τὸν πρεσβύτατον τῶν ὄντων λόγον
θεῖον. — Ebenso Leg. alleg I, 82: Καλεῖται γὰρ τὸ μάννα Τί, ὃ πάντων ἐστὶ
γένος. Τὸ δὲ γενικώτατόν ἐστι ὁ θεός, καὶ δεύτερος ὁ θεοῦ λόγος, τά δὲ ἄλλα
λόγῳ μόνον ὑπάρχει κτλ. — Der Eden. Genes. 2,10 versinnbildlicht gleichfalls
den Logos. cf. Leg. alleg. I, 56: Ποταμὸς ἡ γενική ἐστιν ἀγαθότης αὕτη ἐκπο-
ρεύεται ἐκ τῆς Ἐδὲμ τοῦ θεοῦ σοφίας. Ἡ δέ ἐστιν ὁ θεοῦ λόγος. Also hier fließen
Sophia und Logos ineinander.

[2]) De human. II, 385: Σοφίαν δὲ πρεσβυτέραν οὐ μόνον τῆς ἐμῆς γενέσεως,
ἀλλὰ καὶ τῆς τοῦ κόσμου παντὸς οὖσαν, οὔτε θέμις οὔτε δυνατὸν ἄλλῳ τῷ κρίνειν,
ἢ θεῷ, καὶ τοῖς ἀδόλως καὶ καθάρως καὶ γνησίως αὐτῆς ἐρῶσιν.

[3]) De ebriet. I, 361: Εἰσάγεται γοῦν παρά τινι τῶν ἐκ τοῦ θείου χόρου ἡ
σοφία περὶ αὑτῆς λέγουσα τὸν τρόπον τοῦτον, „Ὁ θεὸς ἐκτήσατό με πρωτίστην τῶν
ἑαυτοῦ ἔργων, καὶ πρὸ τοῦ αἰῶνος ἐθεμελίωσέ με". ἦν γὰρ ἀναγκαῖον τῆς μητρὸς
καὶ τιθηνῆς τῶν ὅλων πάνθ' ὅσα εἰς γένεσιν ἦλθε, εἶναι νεώτερα.

hinüberführt und kennzeichnet uns mit markanten Strichen die zwischen beiden bestehenden verwandtschaftlichen Verhältnisse. Hiernach ist die Philosophie das vorbereitende Mittel, die Sophia das Endziel. Sowie die enkyklischen Wissenschaften den Weg zur Philosophie, so bahnt diese den Weg zur Weisheit. Die Philosophie ist die Vorstufe, die Pfadbereiterin der Sophia, diese aber die Erkenntnis der göttlichen und menschlichen Dinge und deren Ursachen. Sowie nun die enkyklischen Wissenschaften die Dienerinnen der Philosophie sind, so ist die Philosophie die Dienerin der Weisheit.[1] — Und alles dies und noch vieles andere wird aus den mosaischen Schriften herausgelesen![2]

Ganz deutlich aber finden wir schon in den uns noch erhaltenen Fragmenten des etwa anderthalb Jahrhundert vor Philo lebenden Aristobul die nahen Beziehungen der Salomonischen göttlichen Sophia zur griechischen Philosophie, oder — präziser ausgedrückt — zu der Sophia der peripatetischen Schule, bestimmt: „Das Erste ist“, so heißt es bei Aristobul, „daß Gott die Welt geschaffen und uns zum Ausruhen von den Mühseligkeiten den siebenten Tag zur Ruhe gegeben hat. Dieser Tag kann naturgemäß die erste Erzeugung des Lichtes genannt werden, in welchem alles begriffen wird. Man könnte dasselbe auch von der Weisheit sagen; denn alles Licht strömt aus ihr, weshalb einige Peripatetiker von ihr gesagt haben, sie sei einer Fackel gleich; wer ihr folge, werde durch das ganze Leben Frieden genießen. Noch deutlicher hat einer unserer Vorfahren, Salomo, von ihr gezeugt: sie sei vor Himmel und Erde gewesen, was mit dem Vorhergesagten übereinstimmt.“[3]

---

[1] De congr. erud. Grat. I, 530: Καὶ μὴν ὥσπερ τὰ ἐγκύκλια συμβάλλεται πρὸς φιλοσοφίας ἀνάληψιν, οὕτω καὶ φιλοσοφία πρὸς σοφίας κτῆσιν. Ἔστι γὰρ φιλοσοφία ἐπιτήδευσις σοφίας, σοφία δὲ ἐπιστήμη θείων καὶ ἀνθρωπίνων καὶ τῶν τούτων αἰτιῶν. Γένοιτ᾽ ἂν οὖν ὥσπερ ἡ ἐγκύκλιος μουσικὴ φιλοσοφίας, οὕτω καὶ φιλοσοφία δούλη σοφίας.

[2] Ibid.

[3] Ap. Euseb. Praep. ev. XIII, 12. cf. VIII, 10: Ἐχομένως δ᾽ ἐστὶν, ὡς ὁ θεὸς τὸν ὅλον κόσμον κατεσκεύακε, καὶ δέδωκεν εἰς ἀνάπαυσιν ἡμῖν, διὰ τὸ κακόπαθον εἶναι πᾶσιν τὴν βιοτὴν, ἑβδόμην ἡμέραν, ᾗ δὴ καὶ πρώτη φυσικῶς ἂν λέγοιτο φωτὸς γένεσις, ἐν ᾧ τὰ πάντα συνθεωρεῖται. Μεταφέροιτο δ᾽ ἂν τὸ αὐτὸ καὶ ἐπὶ τῆς Σοφίας· το γὰρ πᾶν φῶς ἐστιν ἐξ αὐτῆς. Καί τινες εἰρήκασι τῶν ἐκ τῆς αἱρέσεως ὄντες· „Λαμπτῆρος αὐτὴν ἔχειν τάξιν· ἀκολοθοῦντες γὰρ αὐτῇ συνεχῶς ἀτάραχοι καταστήσονται δι ὅλου βίου“· σαφέστερον δὲ καὶ κάλλιον τῶν ἡμετέρων

Freilich, Aristobul und mit ihm die gesamte jüdisch-alexandrinische Schule waren von der Überzeugung durchdrungen, daß alle Weisheit Griechenlands aus dem mosaischen Schrifttum geflossen, daß schon Homer — wie die früheste jüdische Sibylle singt — seine Verse der Bibel entlehnt habe.[1]) Eine objektive Betrachtung jedoch muß notwendig finden, daß auch in unserm Fall nicht Salomo sondern die peripatetische Schule die primäre Quelle ist für die Darstellung der Sophia als einer Emanation Gottes, als einer weltschöpferischen und welterhaltenden göttlichen Dynamis.

Erweist sich aber diese Sophia als ein fremdes Produkt auf dem Boden der hebräischen Spruchweisheit, dann wissen wir auch, von woher es nach Palästina verpflanzt wurde: Es kam aus Griechenland, den Weg über Alexandria nehmend, und der jüdische Spruchdichter hat es, stehend unter der suggestiven Wirkung der seit Alexander d. Gr. und seinen unmittelbaren ägyptischen Nachfolgern, den ersten Ptolomäern, ungestüm in Palästina eindringenden griechischen Kultur, gastfreundlich aufgenommen und es auf heimischem Boden künstlich gezüchtet. Er steht am Anfang der Periode, die eine neue, von äußeren Einflüssen angeregte geistige Richtung in Judäa inauguriert, und in welcher das Sophiaproblem die Geister allenthalben beschäftigte, wie dies ja genugsam aus Salomo, Hiob, Sirach und Pseudo-Salomo hervorleuchtet. Er hat viel, doch noch nicht alles von dem neuen Geiste in sich aufgenommen. Das Unsterblichkeitsproblem, das schon von seinem unmittelbaren Nachfolger, dem ihm geistesverwandten Verfasser des Buches Hiob, und von dem am Ende dieser Periode, d. i. im Ausgang des dritten

---

προγόνων τις εἶπε, Σολομῶν, αὐτὴν πρὸ οὐρανοῦ καὶ γῆς ὑπάρχειν· τὸ δὴ σύμφονόν ἐστι τῷ προειρημένῳ. Es ist lehrreich zu sehen, daß schon lange vor Aristobul Pseudo-Salomo über die Weisheit als Urlicht ebenso philosophiert, wie hier die Peripatetiker. cf. Ps. Sal. 7,29 f.: ἔστι γὰρ αὐτὴ (sc. σοφία) εὐπρεπεστέρα ἡλίου, καὶ ὑπὲρ πᾶσαν ἄστρων θέσιν, φωτὶ συγκρινομένη εὑρίσκεται προτέρα. — Bei Philo ist sie das Urbild der Sonne. cf. De migr. Abr. 1, 442: Σοφία δὲ οὐ μόνον φωτὸς τρόπον ὄργανον τοῦ ὁρᾶν ἐστιν, ἀλλὰ καὶ αὐτὴν ὁρᾷ. Αὕτη θεοῦ τὸ ἀρχέτυπον ἡλίου φέγγος, οὗ μίμημα καὶ εἰκὼν ἥλιος.

[1]) Orac. Sib. III, 419—426:

    Καί τις ψευδογράφος πρέσβυς βροτὸς ἔσσεται αὖθις,
    Ψευδόπατρις . . . .
    Ἀλλὰ σαφῶς, ἔπεσι γὰρ ἐμοῖς, μέτρων τε κρατήσει·
    Πρῶτος γὰρ χείρεσσιν ἐμὰς βίβλους ὀνομήνῃ.

Jahrhunderts lebenden Verfasser des B. Koheleth im ablehnenden Sinne behandelt wird, liegt unserem Spruchdichter noch fern. Und so wie Koheleth gegen Ende des dritten Jahrhunderts die in Palästina seit Hiob in Schwang gekommene spekulative Richtung abschließt, so findet die hebräische Weisheitsliteratur überhaupt bald darauf ihren Abschluß, und mit ihr jedes selbständige, geistige Schaffen, und wird durch die nach den Makkabäersiegen zur Herrschaft gelangende Schriftgelehrsamkeit und pharisäische Schulweisheit abgelöst, um in der „Diaspora der Hellenen" vor ihrem gänzlichen Erlöschen noch eine glanzvolle Nachblüte zu feiern, als deren Frucht das Christentum hervorging.

III.

HIOB.

Hatten die Spruchdichter eine Reihe von aus frühern Zeiten
überkommenen, den Namen Salomos tragenden Sprüchen benutzt, um
in die alten volkstümlichen Schläuche neuen Wein zu füllen, sorgfältig bestrebt, einer ungesunden Gärung vorzubeugen, so wählte ihr
Nachfolger, der geistesmächtigere, in die Schachte der Weisheit und
Erkenntnis tief eingedrungene Verfasser des Buches Hiob, eine ganz
neue, bis dahin in Israel noch nicht gekannte Form für seine Dichtung, um den Geist, der seine Zeit in ihren Tiefen bewegte, zur
kunstvollen Darstellung zu bringen. Nur darin knüpft er feinfühlig
und mit dem energischen Willen, sich weithin Gehör und Autorität zu sichern, an die Vergangenheit an, daß er zu seinem Helden,
der den neuen zeitbeherrschenden Geist verkörpern sollte, einen
seinem Lesepublikum geläufigen Namen, einen in Israel bereits „ein-
gebürgerten Heiligen" erwählt,[1] welcher zufolge der Überlieferung,
ungeachtet seiner großen Frömmigkeit von schweren Unglücksfällen
und unsagbaren Leiden heimgesucht, gleichwohl in seinem Glauben
an Gott nicht irre wurde. — Das war so recht der Mann, an dem
der Dichter alle Zeitprobleme erörtern, alle die brennenden Fragen
der Gegenwart, soweit dies nur immer in einer Zeit, wo der Glaube
an ein Fortleben nach dem Tode im Volke noch nicht Wurzel gefaßt, möglich war, zu lösen versuchen durfte.

Die Frage: warum blühen die Gottlosen und leiden die Frommen?
welche zu Zeiten des Dichters auf aller Lippen brannte[2] und die
auch das ganze Buch Hiob beschäftigt, dessen Held die Berechtigung
dieser Frage in so grauenhafter Weise an sich selbst demonstrierte,
bot die beste Gelegenheit, alle andern zeitbewegenden, durch das
Hereinströmen neuer Ideen angeregten religiösen Fragen und Zweifel
in Behandlung zu ziehen. — Im Buch Hiob erscheint der alte

---

[1] cf. Ezech. 14,14. 20. — [2] cf. Ps. 73,2 sq.

Glaube in seinen Grundfesten erschüttert, auf der ganzen Linie
herrscht der Zweifel, der Zweifel, den ein philosophierendes Denken
geboren und der, wenn er haltlos, zum religiösen Nihilismus führt.
Eine derartige, an den heiligsten, bislang als unantastbar geltenden
Überlieferungen geübte schonungslose Kritik, wie sie uns in dem
Buche Hiob entgegentritt, war in Israel unerhört, sie begegnet uns
nur noch einmal am Ende des dritten Jahrhunderts in dem Buche
Koheleth, in welchem die Weisheitsliteratur ihren Abschluß findet.

Bei allem Radikalismus aber gehört der Verfasser des Buches
Hiob immer noch zu den Konservativen der neuen Richtung.[1]) Er
nimmt, nicht unähnlich dem Spruchdichter, seinen Standpunkt
zwischen den Extremen von rechts und links, preisgebend das Alte,
hinfällig Gewordene, aufnehmend das Neue, soweit es erhaltend und
befruchtend wirkt; um andererseits die Partei der äußersten Linken,
die sich kopfüber in die neue Strömung stürzt und das Kind mit
dem Bade ausschüttet, ad absurdum zu führen, ihr zeigend, wie
hinfällig und nichtig alle Menschenweisheit gegenüber der Gottes-
weisheit sei, und daß das einzige Heil für den Menschen in der
Furcht Gottes gelegen sei, aus der allein ihm eine nie versagende
Stütze und die richtige Einsicht in die göttlichen und menschlichen
Dinge erwachse.

Daß aber dieser neue Geist weite Kreise beherrschte, haben
wir bereits in den Psalmen und in den Salomonischen Sprüchen
gesehen, wo vor den Ausschreitungen desselben nicht genug gewarnt
werden kann und der fremden Weisheit die heimische, aus der
Gottesfurcht quellende entgegengestellt wird. Auch Ewald anerkennt
es, daß der Dichter des B. Hiob mit seinen neuen Anschauungen
nicht vereinzelt dastand. „Indessen", sagt er, „hat doch der Dichter
deutlich sein Buch für Zeitgenossen geschrieben, welche auf die
Lehren desselben vorbereitet und gespannt waren; der alte Glaube
über das Übel muß bereits durch entgegengesetzte Erfahrungen aufs
tiefste erschüttert gewesen sein, der Unglaube starke Wurzeln gefaßt haben: denn ohne solche Vorgänge ist Gedanke und Zweck
dieses Buches nicht zu begreifen. Im höhern Altertum kann schon
hiernach das Buch nicht geschrieben sein, als der einfache Glaube

---

[1]) Das hat auch Ewald (Iob 64) feinfühlig herausgefunden: „Wir können",
sagt er, „nur finden, daß der Dichter dieses Buches in der Mitte zwischen
alten und neuen Vorstellungen steht und zu einer Zeit lebte, wo das
später Herrschende noch durchaus flüssig und neu war."

noch in voller Kraft und Genüge war; auch nicht in der Zeit, da mit dem Ungenügenden der alten Vorstellung noch ein fester Mut siegreich kämpfte. — Andererseits scheint der Dichter einer der Ersten zu sein, deren Geist sich aus jener Verwirrung zu dieser Größe reiner Einsicht und fortgeschrittener Hoffnung emporhob: denn man sieht ihn noch ringen mit dem höhern Teile des Gedankens, und das Größte, was hier dargestellt werden soll, ist so wenig schon etwas längst Fertiges und Bekanntes, daß es hier ganz neu aus der ersten Quelle hervordringt.“[1]

Daß uns in dem Buche Hiob eine ganz neuartige, mit vollendeter Kunst durchgeführte Behandlungsweise religionsphilosophischer Probleme entgegentritt, ist allenthalben erkannt worden. „Das Alte Testament“, sagt Nöldeke, „gibt uns von großen einheitlichen Lehrgedichten nur ein einziges Beispiel. Hätten wir nicht das Buch Hiob, so müßten wir daran zweifeln, daß die hebräische Spruchpoesie bis zur Gestaltung solcher Werke fortgeschritten wäre. Das Buch zeigt uns aber, daß dem hochbegabten Volke Israel in alter Zeit die gewaltigste Dichterkraft und die schönste Vollendung der Form zu Gebote stand, wo es galt, die Wahrheit erhabener Ideen dichterisch in einem großen Ganzen zu erweisen.“[2] Und Ewald: „Eine Menge seltener dichterischer Bilder und Vorstellungen scheint sich hier zu öffnen, wie eine neue Welt, wobei von selbst die Frage entsteht, ob sie alle hier zuerst in der hebräischen Dichtkunst erscheinen und woher sie stammen? Bei dem geringen Umfang des Alten Testaments ist diese Frage oft schwer ganz genau zu beantworten, zumal dies Buch — das einzige von eigentlicher Kunstdichtung ist, worin also auch fast allein mit einer gewissen Absicht die dichterischen Anschauungen der Hebräer über die sichtbare und unsichtbare Welt ausführlicher hervortreten.“[3] —

---

[1] Ewald, Iob 59 sq. Freilich setzt Ewald die Abfassung des B. Hiob in die Zeit kurz nach Jesaia. Denn vom 8. und 7. Jahrh. an steigere sich die Verwirrung der persönlichen und volkstümlichen Verhältnisse so stark, „daß sie sehr wohl den Dichter, eine Lösung des Rätsels der Zeit zu suchen, reizen konnte“. — Man wird es wohl gar sehr bezweifeln dürfen, ob dies wirklich bereits die richtige Zeit war für die Lösung so hoher philosophischer Probleme, wie sie im B. Hiob versucht wird.

[2] Nöldeke, l. c. 181.

[3] Ewald, l. c. 61 sq. cf. Renan, Le livre de Iob XV: Au premier coup d’œil, en effet, ce poëm occupe dans la litterature hébraïque une position assez isolée.

Das Buch Hiob setzt in auffälligster Weise die Psalmen und die Sprüche Salomos voraus; die drei Freunde Hiobs dürften direkt von den Psalmen hergekommen sein, denn sie gleichen auf ein Haar den dortselbst gezeichneten „Frommen", denen sie ganz aus der Seele sprechen. Sie sind Fleisch von ihrem Fleische und Bein von ihrem Beine. Und was die Proverbien betrifft, so haben namhafte Gelehrte schon längst darauf hingewiesen, daß selbst ihre jüngsten Bestandteile älter als Hiob sein müssen, da letzterer eine entschiedene Verwandtschaft mit den Proverbien in Gedankengang und Ausdrucksweise aufweise; überdies sei Iob. 15, 7 direkt abhängig von Prov. 8, 25, da ohne die Kenntnis dieser Stelle jene Worte des Eliphas absolut unverständlich seien.[1]

Wir finden also auch beim Buch Hiob den ihm von der Überlieferung unter den Hagiographen zugewiesenen dritten Platz vollkommen gerechtfertigt.

Einmütig wird von den Auslegern hervorgehoben, daß Hiob seinen drei, die Unfehlbarkeit der alten Überlieferungen verfechtenden Freunden gegenüber einen neuen Standpunkt vertrete; daran aber wurde nicht gedacht, daß in dem Buche eine starke, ja vielleicht noch stärkere Spitze gegen die Extremen seiner Zeit gekehrt ist, wie sie in den Proverbien so scharf gegen die dem fremden Geist sich rückhaltlos hingebende Jugend gerichtet ist. Und der Kampf gegen diese steht dem Dichter im Mittelpunkt des Interesses: ja er fühlt sich am Ende den altkonservativen Freunden verwandter noch, als den ziellos fortstürmenden Neuerern, nähert sich in der Folge weit mehr dem Standpunkt der ersteren, als dem der letzteren. Gelangt er doch in seinen tiefsinnigen und weitaus-

---

[1] Cornill, l. c. 237[2]. — cf. Dillmann, l. c. XXVI sq.: „Der Dichter gehörte unleugbar zu den Weisen; mehr als mit irgend einem Buche berührt er sich in seinen oft ganz spruchartig klingenden Reden mit den Prov. z. B. 15,16. 21,17. 26,6 . . . . .; und muß zu seiner Zeit das Theologumen von der Weisheit als göttlichem Weltprinzip schon entwickelt gewesen sein. — Die rein religiöse didaktische Kunstpoesie des B. Iob setzt eine längere Übung der religiösen Lyrik und Spruchdichtung voraus und kann nicht an deren Anfang stehen." — Ferner Gesen., Gesch. der hebr. Spr. 33: „In dem B. Hiob drängt sich der Beobachtung die doppelte Erscheinung auf, daß sich Sprachgebrauch und Ideenkreis dieses Gedichtes einerseits an viele der vortrefflichsten Psalmen, besonders auffallend aber an die salomonischen Gnomen anschließen; andererseits aber, daß es sich entschieden zu den jüngern Schriften des zweiten (nämlich nachexilischen) Zeitalters hinneigt."

holenden Betrachtungen schließlich — und darauf scheint die ganze
Dichtung angelegt — zu dem endgiltigen Resultate: alle menschliche Weisheit, so Vieles und so Ungeahntes ihr auch erreichbar
sei, sie scheitere am Ende an der Unzulänglichkeit des Menschengeistes und es bleibe dem Erdensohne schließlich doch nichts anderes übrig, als sich vor Gott zu demütigen und sich mit jener
Weisheit zu bescheiden, die aus der Gottesfurcht hervorquelle —
da ja die göttliche Weisheit dem Menschen unerforschlich, die
menschliche aber trügerisch sei.

Also nicht bloß gegen die alten, in die neue Zeit nicht mehr
passenden Überlieferungen zieht Hiob mit rücksichtsloser Energie
zu Felde, sondern mehr noch gegen die neue mit der weltlichen Philosophie aufgekommene, alle festen und Schutz
gewährenden Dämme wegflutende Richtung, deren Theorien
er in seinen langen Auseinandersetzungen zu erschüttern sich bemüht, bis er sie schließlich durch Gott selbst in donnergewaltiger
Rede niederschmettern läßt.

Ein weiterer Beweis, daß Hiob erst nach den Proverbien geschrieben wurde, liegt, wie wir bereits angedeutet, zweifellos darin.
daß der Spruchdichter, eben so wenig wie die Psalmisten, noch
von dem Unsterblichkeitsproblem Notiz nimmt, während es im
Buche Hiob wiederholt zur Erörterung gelangt. Der Dichter unseres
Buches hört bereits die Botschaft, aber es fehlt ihm noch der
Glaube, er fehlt noch gegen Ende des dritten Jahrhunderts dem
Verfasser des Buches Koheleth, er fehlt sogar noch dem Siraciden
am Anfang des zweiten Jahrhunderts; während er schon früher
den von der griechischen Philosophie durchtränkten Diasporajuden,
wie dies eclatant aus Pseudo-Salomo hervorleuchtet, als unanfecht-
bares Dogma feststand. Erst nach den Makkabäersiegen wird er
gleichzeitig mit der Auferstehungslehre zum Dogma. — Wie selig
wäre Hiob, hätte er diesen Glauben, hätte er ihn als heiliges
Vermächtnis von seinen Vorfahren überkommen! Wie würde er
sich in seinen unsagbaren Schmerzen an ihn klammern! Er würde
dann sein furchtbares Martyrium leichter tragen, da ihm ja ein
seliges Leben nach dem Tode winkte! Aber ach, diesen Glauben
hatte er nicht, er war noch neu, vor kurzem erst aus der Fremde
herbeigezogen und galt ihm zunächst noch als eine trügerische
Menschenhoffnung. Und wie oft er auch darüber die Frage an das
Schicksal richtet, es bleibt taub gegen dieselbe. Nein, sagt Hiob,

es gibt kein Leben nach dem Tode! Gottes Blick trifft den Menschen, und er ist nicht mehr. Eine Wolke schwindet, geht dahin, so ersteht nicht wieder, wer ins Grab sinkt, nie kehrt er wieder, niemals sieht seine Stätte ihn wieder.[1]) Für den Baum gibt es Hoffnung; wird er abgehauen, so treibt er frisch, und sein Schößling läßt nicht nach; altert seine Wurzel in dem Boden, stirbt im Staube sein Stumpf ab, so grünt er doch wieder vom Geruch des Wassers und gibt Frucht, als wäre er neu gepflanzt. Doch der Mensch stirbt und liegt da, er verscheidet und ist nicht mehr. Wasser schwinden aus dem Meere, der Strom versiegt und vertrocknet: Und der Mensch liegt und ersteht nicht wieder, und nicht erwacht er, solange der Himmel besteht, noch wird er vom Schlafe erweckt werden.[2]) — Wie später den Verfasser des Buches Koheleth, so beschäftigt ihn die zu seiner Zeit schon vielfach ventilierte Frage: ob der Mensch, wenn er stirbt, je wieder auferstehen werde.[3]) Die Antwort, die Hiob zu geben weiß, lautet noch trostlos genug: Es wäre zu schön, sagt er, wenn der Mensch nach seinem Tode wieder auferstehen würde: „Alle Tage meines Lebens wollte ich hoffen, bis meine Ablösung käme. Du riefest dann, und ich antwortete dir, du würdest meine Schritte nicht zählen, und auf mein Vergehen nicht achten, im Bündel läge versiegelt meine Schuld, du verdecktest meine Sünde. Doch ach —: Ein Berg, der stürzt, zerfällt, von seiner Stätte rückt der Fels, Wasser wäscht Steine ab und seine Ströme schwemmen fort den Staub der Erde: Und des Sterblichen Hoffnung machst du zunichte; Denn du bewältigst ihn für immer, und er geht dahin, entstellst sein Antlitz und lässest ihn fahren. Sind seine Söhne in Ehren — er weiß es nicht, sind sie verachtet, er wird es nicht gewahr."[4])

Man sieht, so leidenschaftlich Hiob von der seinen Vorgängern, den Spruchdichtern, noch fern gelegenen Möglichkeit eines Lebens nach dem Tode eingenommen ist, die ihm ja Kraft, sein Leiden zu ertragen, verleihen würde, es fehlt ihm der Glaube, die Erwartung einer Wiederaufstehung ist ihm noch eitle Menschenhoffnung, die von seinem Zweifel unbarmherzig zerstört wird. „Man kann nicht sagen", bemerkt Delitzsch zu diesen Reflexionen Hiobs, „daß Iob hier die Hoffnung eines Lebens nach dem Tode ausspricht, im

---

[1]) Hiob 7,8—11. cf. Hiob 10,20—22.
[2]) Hiob 14,7—13. — [3]) Hiob 14,14: אם ימות גבר היחיה.
[4]) Hiob 14,14—22.

Gegenteil, es fehlt ihm diese Hoffnung und alles Wissen um die
Berechtigungsgründe derselben; die Hoffnung bleibt, wie Ewald
recht bemerkt, noch in der Vorstellung, ohne Gewißheit zu werden,
indem bloß verfolgt wird, wie schön und herrlich die Sache sein
würde, wenn sie wäre. Aber einesteils zeigt uns der Dichter an
dieser rührenden Äußerung Iobs, wie ganz anders er sein Leiden
ertragen würde, wenn er wüßte, daß es wirklich eine Erlösung aus
dem Hades gibt, andernteils zeigt er uns in dem Wunsche Iobs,
daß es so sein möchte, den Keimansatz der werdenden Hoffnung, denn was ein frommes Gemüt wünscht, das hat eine innere
Energie, welche von der subjektiven Wirklichkeit auf die objektive
hindrängt. Die Hoffnung des ewigen Lebens, sagt irgend einer der
Alten, ist eine Blume, welche am Rande der Hölle gewachsen ist.
Der Dichter des B. Iob bestätigt uns das. Mitten in der Hölle des
Gefühls göttlichen Zornes, in welche Iob versunken ist, keimt ihm
diese Blume. Aber keimend ist sie noch nicht Hoffnung, sondern
erst Sehnsucht. Und diese Sehnsucht kann sich nicht zur Hoffnung
entfalten, weil kein Licht der Verheißung in die Nacht
hineinscheint, von welcher das Gemüt Iobs beherrscht wird und
welche die Anfechtung noch finsterer macht, als sie an sich ist.
Kaum hat sich Iob einige Augenblicke geweidet an der Vorstellung
dessen, was er gern hoffen möchte, so übermannt ihn wieder der
Gedanke an die Wirklichkeit dessen, was er zu fürchten hat. Er
erscheint sich wie ein Missetäter, der zur Todesvollstreckung aufgespart wird. Wenn schon in der Natur Berge, Felsen, Steine und
der Staub der Erde den Elementen nicht zu widerstehen vermögen,
so ist es Gott ein Leichtes, des Sterblichen Hoffnung mit einem
Male zu vernichten. Er drängt ihn gewaltsam aus diesem Leben
hinweg, und in die Unterwelt hingefahren, weiß er nicht mehr um
das Geschick der Seinigen droben, von dem Leben und dem Wissen
um die Lebendigen bleibt ihm nichts als der bewußte Schmerz
seines Leichnams. — So zeigt uns der Dichter auch im dritten
Teile der Rede Iobs eine große Idee, die sich durchdringen will,
aber es nicht vermag.“[1])

Der Glaube also an ein Leben nach dem Tode, der bei Hiob
zum erstenmal auf alttestamentlichem Boden — sichtbarlich als
Postulat fremder, hier bis dahin ungekannter Ideen — zur Erör-

---

[1]) Delitzsch, Bibl. Komment. II, 152 sq. cf. Smend, l. c. 497.

terung gelangt, vermag sich unter den daselbst noch zur Geltung
bestehenden Voraussetzungen, nicht durchzusetzen, und es ist zutreffend angemerkt worden, daß auch am Schlusse des Buches in
den Reden Gottes sich nicht der geringste Hinweis auf die bezüglichen, von Hiob aufgeworfenen Fragen und Zweifel findet, daß
auf dieselben mit keinem einzigen aufrichtenden Worte reagiert
wird.[1] —

Daß in dem Buche Hiob eine neue, durch fremde Einflüsse
hervorgerufene Weltanschauung zum Durchbruch gelangt, wird
allenthalben hervorgehoben. Merx führt in schlagender Weise aus,
daß sich Kap. 15, 18, 19 eine unleugbare Hindeutung darauf findet,
daß das religiöse Bewußtsein des Volkes, kurz bevor das Buch
Hiob geschrieben worden, einer Veränderung unterlegen habe.
„Eliphaz sagt, Iob neigt sich den Meinungen der Neuerer zu, er
möge sich aber an die Lehre der Väter halten, zu deren Zeiten
noch kein Fremder durch das Land gegangen sei, wobei natürlich
der ergänzende Gedanke ist, daß durch fremde Einflüsse der Grund-
stock der hebräischen Überzeugung verletzt sei.“[2] — Das stimmt
vollkommen. Es scheint uns aber gründlich verfehlt, diesen auf
hebräischem Boden sich vollziehenden Umschwung der religiösen
Anschauungen mit Merx schon zu Ende des 8. oder Anfang des
7. Jahrhunderts sich vollziehen zu lassen, „da erst mit der assyri-
schen Invasion, die 760 begann und die ein einigermaßen dauerndes
Abhängigkeitsverhältnis von Israel und Juda begründete, es begreiflich werde, wie gesagt werden könne, das Bewußtsein der
Juden sei durch fremde Einflüsse alteriert worden“. — Diese In-
vasionen, „die erst seit 730 angefangen“, brachten wohl den fremden
Götzendienst in seinen krassesten Formen unter die Juden, von
dessen Existenz jedoch noch zu Zeiten unseres Dichters sich auch
nicht die leiseste Andeutung im Buche Hiob mehr vorfindet; wie
hingegen solche hohe philosophische Ideen, wie sie der Dichter des
Hiob entwickelt, schon mit jener Invasion in das Judentum eindringen konnten, das einleuchtend zu erklären, gelingt Merx ebensowenig wie Ewald. Dagegen stimmt alles in Hiob zu dem Geiste,

---

[1] cf Smend, l. c. 503: „Von Hiobs Hoffnung auf eine Rechtfertigung
nach dem Tode nimmt Gott keine Notiz. — Der Dichter will damit diese Hoffnung als eine bloß subjektive und menschliche hinstellen, die er als solche
gelten läßt, der er aber keine objektive Gewißheit beimessen will.“

[2] Merx, l. c. XLI sq.

der mit Alexander herrschend zu werden anfing, zu jenen Zeiten,
in welchen mit den Fremden auch die neuen Ideen in Judäa ein-
drangen, und dies umsomehr, da sich diese Ideen durchweg als
griechischen Ursprungs erweisen.

Der Verfasser des Buches Hiob macht aber, wie bereits gezeigt, nach zwei Seiten Front: nach der Seite der verknöcherten
Dogmatiker und nach jener der alles Alte und Hergebrachte verwerfenden Neuerer. Hält man sich dies vor Augen und erkennt
man, daß der Dichter mehr noch, um die letzteren als die ersteren
zu widerlegen, sein Werk geschrieben, so werden sich einem manche
Rätsel, die es aufweist, lösen. Man läßt sich aber allgemein durch
den großen Apparat täuschen, der in unserm Buche gegen die
drei den alten Glauben mit soviel Breitspurigkeit und Wieder-
holungen vertretenden Freunde Hiobs aufgeführt wird, der uns
übersehen läßt, daß ja der Dichter selbst im Grunde seines Herzens
die himmelstürmenden Ansichten, die er gegen sie ins Treffen führt,
nicht durchwegs teilt, sondern vielfach nur die extremen, den Um-
sturz predigenden Lehren seiner Zeit wiedergibt, um schließlich
ihre Haltlosigkeit offenkundig zu machen und aus ihrem Zusammenbruch den wahren, aus reinem, vorurteilsfreiem Denken und aus
einer kritischen Prüfung hervorgegangenen Gottesglauben zu retten,
uns den alten Glauben in neuer Beleuchtung, die ihn verklärt
und ihn zukunftsstark macht, vorzuführen.

Schon der Umstand, daß Hiob ungeachtet aller schreienden
Ungerechtigkeiten, die er in der Welt sieht und am eigenen Leibe
furchtbar empfindet, so daß er wiederholt in den Verzweiflungs-
schrei ausbricht: „Dem Gottlosen ist die Erde ausgeliefert!“[1]
„Über den Reinen triumphiert der Freche!“[2], dennoch nicht wie
die Gottlosen in den Psalmen zu der Schlußfolgerung kommt:
„Gott ist nicht!“, sondern vielmehr aus allen diesen schreienden
Ungerechtigkeiten den Frommen nur um so gestärkter und gefesteter
hervorgehen läßt:[3] schon dieser Umstand allein läßt uns in dem
Verfasser den wahren Frommen erkennen, der gleich weit von einem
blinden Köhlerglauben wie von einem alle Überlieferung in Bausch
und Bogen verwerfenden Unglauben ist, der sich aus der Nacht
des Zweifels zu dem Lichte der reinen Gotteserkenntnis emporringt,

---

[1] Hiob 15,24. — [2] Hiob 17,8.

[3] Hiob 17,9: ‏ויאחז צדיק דרכו וטהר ידים יוסיף אמץ‎.

aus den neuen Zeitideeu das Schädliche ausscheidend und das Gesunde aufnehmend. Und es ist wahrlich kein Wunder, daß seine
Auffassung von Religion im Gegensatz zu der kritiklosen Hinnahme
alter Überlieferungen, wie sie von den drei Freunden Hiobs gefordert wird, am Ende von Gott selbst sanktioniert wird, und wir
begreifen andererseits vollkommen, daß ein Buch wie Hiob, obgleich es den Himmelsthron kühn bestürmt, dennoch in den Bibel-
Kanon aufgenommen werden und daselbst unangefochten seinen
Platz behaupten konnte. Denn das erkannten schließlich selbst
die pharisäischen Schriftgelehrten, die gestrengen Hüter der Tradition, welchen ein entscheidendes Wort bei der endgiltigen Ab-
schließung des Kanons zufiel, daß hier in erster Linie gegen den
Abfall von Gott gekämpft, siegreich gekämpft, und in zweiter Linie
erst gegen den blinden urteilslosen Glauben, der unfähig, einer
neuen ungestüm anstürmenden, alles Hergebrachte umstürzenden
Zeit standzuhalten, Stellung genommen wird.

Das Problem des Buches Hiob, sagt man, ist die Theodicee.
Ganz richtig. Ist das Problem aber die Theodicee, dann muß man
sich doch fragen, wem gegenüber der Dichter sich gedrängt fühlte,
die Verteidigung und Verherrlichung Gottes zu übernehmen? Doch
wohl nicht gegenüber den drei, dem traditionellen Glauben blind
ergebenen Freunden Hiobs. Kämpfen doch diese vom Anfang bis
zum Ende unentwegt für die Anerkennung der göttlichen Erhabenheit und der Unanfechtbarkeit der gerechten göttlichen Weltregierung,
wenn ihnen auch allerdings dabei die philosophischen Waffen, wie
sie der Held des Dialogs zu führen versteht, nicht zur Verfügung
sind. Wohl aber läßt der Dichter seinen Helden als Anwalt Gottes
gegen sich selbst, will sagen, gegen Hiob als Vertreter der neuen,
stracks zur Leugnung Gottes führenden Richtung auftreten, um zu
zeigen, wohin die herrschenden philosophischen Theorien steuern,
um darzutun, daß sie nirgends einen festen Halt, nirgends einen
rettenden Anker dem auf den sturmgepeitschten Wogen des Zweifels
umhergeschleuderten Menschenschifflein darbieten, bis es in den
friedlichen Hafen des einzig und allein in allen Schicksalen des
Lebens Schutz und Schirm gewährenden Glaubens an Gott und an
seine weise und gerechte Weltleitung eingelaufen ist. — Der Verfasser zeigt uns, daß auch Hiob vormals, da er noch im Glücke
und in voller Gesundheit war, zu der gedankenlos gläubigen Sippe
seiner drei Freunde zählte, zu jener „in frommer Einfalt" da-

hinlebenden Menschengattung, wie sie uns in den Psalmen entgegentritt. Im Epilog schildert er ihn nachdrücklichst als solchen, und Gott selbst stellt ihm das Zeugnis einer tadellosen unschuldsvollen Frömmigkeit aus.[1]) — Da kamen plötzlich furchtbare Dinge über ihn, die ihn ungestüm aus seinem seligen Traumleben aufscheuchten, den denkenden Menschen in ihm wachrüttelten, sodaß er das Leben von einer andern Seite als bisher, in seiner nackten Wirklichkeit zu sehen anfing. Der Zweifel, der alle Welt beherrscht, erfaßt auch ihn; aber seine Frömmigkeit hat eine gesunde Basis, und er verliert sich nicht in ihm, wie seine übrige, der neuen Geistesströmung sich völlig überlassende Umgebung. Mit dieser philosophiert er über die heillos schlechte Weltordnung, nicht aber um mit ihr zu dem Schluß zu gelangen: „Es gibt keinen Gott!", sondern um, nachdem er alle modernen Anschauungen bis zu ihren letzten Konsequenzen ausgedacht, den Zweifel abzutun, und aus ihm den wahren Glauben, den Glauben, der nicht jener seiner Freunde ist, nicht eine gedankenlose Anbetung hergebrachter Dogmen, sondern der, sich aus dem Denken hervorringend, allen Verlockungen einer berückend wirkenden Philosophie standzuhalten vermag, sich zu sichern. Und so lehrt uns der Dichter selbst, daß seine Absicht nicht lediglich die war, gegen überlebte Anschauungen zu Felde zu ziehen, sondern, daß es ihm weit mehr noch am Herzen lag, die neue, verderbliche, einen bodenlosen Nihilismus predigende Lehre mit ihren eigenen Waffen zu Boden zu strecken.

Freilich ist dies leicht zu übersehen. Denn der Dichter beginnt den Kampf und führt ihn intensiv bis zu Ende, gegen hergebrachte, von der täglichen Erfahrung Lügen gestrafte Dogmen, sodaß uns diese Seite der Polemik vollauf beschäftigt und unsere ganze Aufmerksamkeit in Anspruch nimmt. Noch mehr: die Waffen deren er sich dabei bedient, sind die der philosophierenden, die letzten von der überlieferten Religion gezogenen Schranken niederreißenden Neuerer, sodaß man versucht wäre, ihn in einen Topf mit diesen zu werfen, was denn auch seine drei Freunde tat-

---

[1]) cf. Hiob 1,1: וג׳ וישר תם ההוא האיש והיה. — Daselbst V. 8: כי אין וג׳ וישר תם איש בארץ כמהו. — Ferner das. 2,3 dieselben Worte. Genau so wird der Fromme in den Psalmen charakterisiert, so beispielsweise: Ps. 15,2: תמים הולך .וג׳ תמים בדרך אשכילה. — Ps. 101,2: תמים בדרך הלך. Ps. 119,1: דרך תמימי אשרי u. a. St.

sächlich tun. Kein Wunder, stehen wir doch staunend vor einer elementaren Auflehnung des freien Gedankens gegen überkommene religiöse Anschauungen und Dogmen: „Während Hiob, durch sein Schicksal bestimmt, die Rolle des freien Gedankens gegen die feste, im Leben einseitig angewandte Satzung der Dogmatik übernimmt, halten mehrere Freunde desselben als hitzige Verfechter des sogenannten positiven Glaubens ihm heftige Widerrede, wobei uns nicht entgehen darf, wie der künstlerische Schöpfer dieses Dialogs, um die Übermacht der philosophischen Streitkraft im Kampfe gegen eine beschränkt und lieblos verflochtene Dogmatik dadurch vorzüglich in ihrem ganzen Glanze hervorzuheben sucht, daß er die Bekämpfung des freien Urteils des menschlichen Geistes unter mehrere, nämlich drei Personen, verteilt, welche den mannigfaltigen Stoff ihres gemeinsamen Widerstreites in meistens breit und einförmig dahinfließende Woge sich vielfach wiederholender Rede auflösend, ungeachtet zuletzt noch ein vierter Kämpfer zur Unterstützung auf ihre Seite tritt, von dem einzigen noch dazu von den furchtbarsten Schmerzen geplagten Hiob gänzlich besiegt werden. — — Fruchtlos ringen die drei Gegner, den kühn bestürmten himmlischen Thron mit der festen Mauer dogmatisch-starrer Satzung zu umziehen; der sorgsam aufgerichtete Bau sinkt vor den leuchtenden Waffen des frei sich erhebenden Geistes. Als zur Verstärkung der bereits geschlagenen Feinde unseres Helden ein neuer mit jugendlichem Übermute angezogen kommt, führt dieser leere Streiche in der Luft: denn Hiob würdigt ihn des Streites nicht, und der Herr der himmlischen Heerschaaren selbst läßt sich alsbald zu den Kämpfenden hernieder, seinem Gegner mit eigener Hand den Preis des Sieges zu erteilen".[1] —

Die Redeschlacht beginnt mit der tiefen Klage Hiobs über sein unverschuldetes Geschick und den daran sich knüpfenden Betrachtungen über einen ganz verfehlten Glauben an eine vergeltende himmlische Gerechtigkeit. Schon bei dem ersten Ansturm gegen ihre altehrwürdige, ihnen für unfehlbar geltende Vergeltungslehre stellen sich die drei Freunde in die Bresche, sich zu Verteidigern Gottes und seines Heilsplanes aufwerfend. Ihre Verteidigung ist genau nach dem Rezept der Psalmen gehalten. Sie sind ja eben die Frommen der Psalmen, die das einzige Heil in dem uner-

---

[1] Umbreit, Das B. Hiob XXIV sq., XXVIII sq.

schütterlichen Festhalten an dem alten einfaltsfrommen, jedes Grübeln arg verpönenden Glauben sehen. Schon der erste der drei, Eliphas, tritt dozierend dem seiner Unschuld sich bewußten, schmerzverzerrten Hiob entgegen, emphatisch versichernd: ein Reiner könne gar nicht untergehen und sei auch noch niemals untergegangen; soviel er gesehen, ernten vielmehr die Bösen das Unheil, das sie säen.[1] Hierauf berichtet er: „Einen Toren sah ich festgewurzelt, und ich verwünschte ihn; fern sind seine Söhne nun vom Heil und werden zerdrückt im Tore ohne Retter, derweil seine Ernte Hungrige verzehren und selbst aus Dornhecken nehmen sie es weg, und nach ihrer Habe lechzen Durstige.“[2]

Dabei ist es gar nicht eigene Erfahrung, die der gute Alte da zum besten gibt, er betet vielmehr auch dieses „Erlebnis“ blind dem frommen Psalmensänger nach, der, um sich und seinesgleichen in Unglückstagen angesichts des blühenden Wohlergehens der „Gottlosen“ zu trösten und zu stärken, beschwichtigend predigt: „Ich sah einen Gottlosen, hervorragend und sich spreizend wie eine Zeder des Libanon. Und ich ging vorüber und siehe — er war nicht mehr da; ich suchte ihn, er war nicht mehr zu finden! Bleibe fromm und halte dich recht, denn solchem wird es zuletzt wohlergehen. Die Abtrünnigen aber werden vertilgt allzumal, der Nachwuchs der Gottlosen wird ausgerottet.“[3] — „Entrüste dich nicht über die Bösewichter, beneide nicht die Übeltäter; denn wie Gras werden sie bald morsch, wie grünes Kraut welken sie dahin.“[4] „Jung war ich und bin alt geworden, und habe den Gerechten noch nie verlassen gesehen, und seinen Samen nach Brot betteln.“[5] — „Nur noch kurze Zeit, und der Gottlose ist nicht mehr, du blickst hin auf seine Stätte, und er ist fort.“[6] — „Wie Wasser, das dahinfließt, zergehen sie — wie eine Schnecke, die zerfließend dahingeht, wie eine unzeitige Geburt des Weibes, sehen sie die Sonne nicht.“[7] „Plötzlich werden sie von Gott gefällt.“[8] — „Wie plötzlich werden sie zunichte, gehen unter und nehmen ein Ende mit Schrecken. Wie ein Traum, wenn man erwacht, so macht Gott ihr Bild in der Stadt verächtlich.“[9] —

Denselben, dem Psalmisten in Wort und Bild entlehnten Gedankengang variieren auch die beiden Freunde des Eliphas, sich

---

[1] iob 4,7, 8. — [2] Hiob 5,3—6. — [3] Ps. 37,35—39. — [4] Ps. 37,1—3.
[5] Ps. 37,25. — [6] Ps. 37,10. — [7] Ps. 58,8, 9. — [8] Ps. 64,8.
[9] Ps. 73,19, 20. cf. Ps. 5,11, 12; 64,8, 9.

fortwährend in demselben engen Kreise bewegend. Nicht auf den Anfang, meint der nächste Gegenredner des Hiob, Bildad, komme es an, sondern auf das Ende, und da müsse man sich Trost und Rat bei den Alten holen, bei ihnen allein sei Belehrung zu finden. Und nun läßt er die Alten sprechen: „Wächst Schilf ohne Sumpf, oder Gras ohne Wasser? Noch in der Blüte, ehe es abgepflückt, verdorrt es vor allem Gras. Also ist das Ende aller Gottvergessenen, schwindet die Hoffnung der Gottlosen.[1] Denn seine Zuversicht wird abgeschnitten und seine Hoffnung ist ein Spinngewebe. Er stützt sich auf sein Haus, doch es steht nicht, er hält sich daran, doch es bleibt nicht. Er ist frisch grünend vor der Sonne, und über seinen Garten dehnt sein Sproß sich aus, an einem Quell verflechten seine Wurzeln sich, auf einen Überfluß von Trieben schaut er; tilgt man ihn aber von seiner Stätte weg, verleugnet sie ihn: „Nimmer sah ich dich!"[2] —

Und die Moral der von den Alten überkommenen Lehren faßt Bildad in folgende Worte zusammen: „Siehe, das ist die Wendung seines Weges und aus dem Staube sproßt ein anderer auf! Siehe Gott verachtet nicht den Frommen und stützt nicht die Hand des Frevlers. Noch wird er deinen Mund mit Lachen füllen und deine Lippen mit Jubel.[3] Deine Feinde aber bekleidet er mit Schmach und die Hütte der Gottlosen — ist nicht mehr.[4]

Dasselbe Lied singt der Dritte im Bunde der Konservativen, Sophar, der ganz entrüstet darüber ist, daß Hiob es wage, seine eigene Lehre als die lautere Wahrheit zu preisen, und sich sogar als rein selbst vor Gott hinzustellen.[5] Er predigt dem Märtyrer Buße, dann würde alles wieder gut werden. Seine matte Erwiderung schließt Sophar mit den Worten: „Die Augen der Gottlosen aber schmachten hin, und ihre Zuflucht schwindet ihnen, und ihre Hoffnung ist: die Seele aushauchen."[6]

Damit ist wohl der Gedankenschatz, nicht aber der Redeschwall unserer drei Gottesstreiter erschöpft, der mit jeder neuen,

---

[1] cf. Ps. 129,6.7: ‏יהיו כחציר גנות שקדמת שלף יבש‎.

[2] Hiob c. 8. Ganz nach Ps. 103,15,16: ‏אנוש כחציר ימיו כציץ השדה כן יציץ: כי רוח עברה בו ואיננו ולא יכירנו עוד מקומו‎.

[3] Hiob 8,21: ‏עד ימלא שחוק פיך ושפתיך תרועה‎. cf. Ps. 126,2: ‏אז ימלא שחוק פינו ולשוננו רנה‎.

[4] Hiob 8,19 sqq. — . [5] Hiob 11,4: ‏ותאמר זך לקחי ובר הייתי בעיניך‎.

[6] Hiob 11,19 sqq.

die Auflehnung gegen hergebrachte religiöse Anschauungen stei-
gernden Rede Hiobs immer neue Nahrung erhält.

Auf die dritte Rede Hiobs, in welcher der freie Gedanke sich
mit elementarer Kraft gegen alle dogmatischen Schranken aufbäumt,
ergreift Eliphas, der eigentliche Siegelbewahrer der alten Überlieferungen, das Wort, das alte Lied von neuem anhebend. Er
meint, Hiobs Wissen sei ein windiges, das nur mit Sturm den
Leib fülle, die Gottesfurcht verringere, die Verehrung gegen den
Allmächtigen schmälere. Sein eigener Mund verrate seine Schuld,
obgleich er seine Worte geschickt wähle. Er möge doch nicht
glauben, allein alle Weisheit zu besitzen, was er wisse, das wüßten
auch sie, zumal Alter und Erfahrung in ihrer Mitte sei.
„Höre mich an“, so ruft er dann Hiob zu, „ich will dich belehren,
und was ich sah, dir berichten, dir melden, was weise Männer
als untrüglich uns verkünden, denn“ — so fügt er mit Nachdruck
hinzu — „ihnen allein war das Land überlassen und noch nicht
war ein Fremder“ — und demgemäß auch noch keine fremde Anschauungen — „in ihre Mitte gedrungen:[1]) „Solange der Gottlose
lebt, empfindet er Pein, und gezählte Jahre sind dem Frevler vor-
behalten. In seinen Ohren tönen Schreckensstimmen, im Frieden
überfällt ihn der Verderber, er verzweifelt, aus der Finsternis zurückzukehren, für das Schwert ist er ausersehen. Er schweift umher nach Brot vergebens, er weiß, daß ihm der finstere Tag be-
vorsteht, es schrecken ihn Angst und Beklemmung, es packt ihn
wie ein König, sturmbereit. Denn gegen Gott hat er die Hand erhoben und groß getan .... Er wird nicht reich, seine Kraft hat
keine Dauer, sein Glück wird sich nicht ausbreiten im Lande, nicht
entgeht er der Finsternis, Feuerglut dorrt seine Sprößlinge und
durch den Wind entfällt ihm seine Blüte. Er traue nicht dem
Eitlen, er wird beschämt, denn Unheil wird sein Eintausch sein.
Noch ist sein Tag nicht, ist sein Stamm dahin, sein Zweig kommt
nicht zu frischem Grün. Er wird abgerissen werden wie des Weinstocks Traube und wirft nieder seine Blüte, wie von dem Ölbaum.
Denn die Gemeinde der Gottlosen wird vereinsamt bleiben, und das
Feuer frißt die Hütte der Bestechung. Sie gehen schwanger mit

---

[1]) „Nun folgt die Lehre der Weisen, welche aus einer von fremdartiger
Denkweise (und wie wir sagen würden, moderner Aufklärerei oder Freigeisterei)
noch unbehelligten venerablen Vorzeit stammt und von Eliphas durch eigene
Erfahrung erprobt ist.“ Delitzsch, Bibl. Komment. II, 159 sq.

Unheil und gebären Frevel, ihr Leib bringt nur Trug und Täuschung zur Reife."[1] —

Nun Hiob in seiner Antwort sie allesamt verächtlich abtut und ihnen jede Weisheit abspricht, da greift Bildad abermals in seine Psalmen, empört darüber, daß Hiob, der in maßlos kühnen Worten ihnen das Heiligste zerstört, es noch wagen dürfe, sie, die wahrhaft Frommen, als minderwertige Gegner zu behandeln, sie dem blöden Vieh gleich achtend, als wären sie Taube, die nicht hören.[2] Und wieder geht es gegen die Gottlosen los: „Das Licht der Gottlosen", so versichert er, „wird verlöschen! Ob auch die Flamme seines Zeltes glänzt, das Licht wird in seinem Zelte dunkel, und seine Lampe über ihm verlischt. Eingeengt werden seine kräftigen Schritte, und sein eigener Plan bringt ihn zu Fall.[3] Denn er steckt seine Füße ins Netz, über eine Falle wandelt er hin, fest hält seine Ferse die Schlinge, Fangstricke schnüren ihn ein. Versteckt in der Erde liegt sein Garn und seine Falle auf dem Fußpfad.[4] Ringsum bestürzen ihn Schrecknisse und verscheuchen ihn auf allen Tritten. Seine Kraft wird ausgehungert und Unheil steht bereit ihm zur Seite. — — Weggerissen wird aus seinem Zelte seine Zuversicht, es reißt ihn hin zum Schreckensgang, Fremde wohnen ihm im Zelte,[5] und gestreut wird auf seine Wohnung Schwefel.[6] Von unten verdorren seine Wurzeln, und oben welkt sein Zweig, sein Andenken ist verschwunden aus dem Lande und sein Name aus der weiten Trift.[7] Man jagt ihn aus dem Licht in die Finsternis und treibt ihn aus der Welt. Er hat nicht

---

[1] Hiob c. 15. — Die Worte 15,35: הרה עמל וילד עון וג׳ sind ganz nach Ps. 7,15: הנה יחבל און יהרה עמל וילד שקר.

[2] Hiob 18,3: מדוע נחשבנו כבהמה נטמינו בעיניכם. — cf. Ps. 38,14. 15: יאני כחרש לא אשמע וכאלם לא יפתח פיו ואהי כאיש אשר לא ישמע ואין בפיו תוכחות. cf. Ps. 39,2. 10.

[3] Hiob 18,7: ותשליכהו עצתו. — cf. Ps. 64,9: ויכשילהו עלימו לשונם. — Ps. 10,2: יתפשו במזמות זו חשבו u. a. St.

[4] Hiob 18,8—11: Lauter Bilder aus den Psalmen. cf. Ps. 10,9: 35,7, 8: 64,6; 69,23; 124,7; 140,6; 141,9; 142,4. — 119,110.

[5] Hiob 18,15: תשכון באהלו מבלי־לו. — cf. Ps. 109,11: ויבזו זרים יגיעו und das. V. 8: פקדתו יקח אחר u. a. St.

[6] Hiob 18,15: יודה על נוהו גפרית. — cf. Ps. 11,6: ימטר על רשעים פחים א׳ש וגפרית וג׳. — cf. Ps. 140,11.

[7] Hiob 18,17: זכרו אבד מני ארץ וג׳. — cf. Ps. 109,13: יהי אחריתו להכרית בדור אחר ימח שמם.

Nachkommen und nicht Nachwuchs in seinem Volke, keinen Über-
rest in seinen Weilern. Ob seines Tages entsetzen sich, die gegen
Abend wohnen, und die gegen Morgen erfaßt Schaudern. — Ja, so
ergeht es den Wohnungen des Frevels und so der Stätte dessen
der Gott nicht kennt."[1])

Wie seine beiden Gesinnungsgenossen, so variiert auch Sophar,
der dritte aus dem Chor der Frommen in den Psalmen, unausgesetzt
die Gedankengänge der letzteren. Auch er empört sich wiederholt
darüber, daß er von Hiob schimpfliche Zurechtweisung hören muß,[2])
und enthüllt nun, was ihm der Geist seiner Einsicht eingibt:
„Weißt du nicht von jeher", hält er ihm entgegen, „seitdem es
Menschen auf der Erde gibt, daß kurz nur des Frevlers Jubel
dauert, der Bösen Freude nur einen Augenblick. Ob auch sein
Stolz bis zum Himmel emporwächst, sein Haupt die Wolken berührt, seinem Kote gleich geht er unter; die ihn sahen, sprechen:
wo ist er hin? Wie ein Traum verfliegt er, und man findet ihn
nicht, weggescheucht wird er wie ein Nachtgesicht.[3]) Das Auge
hat ihn geschaut, und niemals wieder, so sieht ihn seine Stätte
auch nicht mehr.[4]) Seine Kinder müssen begütigen Geringe, seine
Hände herausgeben sein Vermögen,[5]) ob sein Gebein auch von
Jugendkraft strotzte, sie ist mit ihm in den Staub gebettet. Wenn
das Böse süß seinem Munde schmeckt — — — so wird das Brot
in seinem Leibe verwandelt, zu Otterngift in seinen Eingeweiden.
Reichtum hat er verschlungen, und speit ihn aus. — Natterngift
sog er ein, so tötet ihn denn die Otternzunge." —

In dieser Weise geht es durch die ganze Rede fort, die endlich mit dem Psalmworte schließt:

„Siehe, das ist des Frevlers Los von Gott und das sein von
dem Herrn ihm zugesprochenes Erbe."[6])

----

[1]) Hiob 18,21: ‏אך אלה משכנות עול וזה מקום לא ידע אל‎ — Ganz
nach Ps. 109,20: ‏זאת פעלת שטני מאת ה' והדברים רע על נפשי‎.

[2]) Hiob 20,3: ‏מוסר כלמתי אשמע‎. — cf. Hiob 11,3.

[3]) Hiob 20,8: ‏כחלום יעוף ולא ימצאהו וידד כחזיון לילה‎. — cf. Ps. 73,19:
‏כחלום מהקיץ אדני בעיר צלמם תבזה‎.

4) Hiob 20,9: ‏ולא עוד תשורנו מקומו‎. — cf. Ps. 103,16: ‏כי רוח עברה‎
‏בו ואיננו ולא יבירני עוד מקומו‎.

[5]) Hiob 20,10: ‏בניו ירצו דלים‎. — cf. Ps. 109,10: ‏ונוע ינועו בניו ושאלו‎
‏ודרשו מחרבותיהם‎.

[6]) Hiob 20,29: ‏זה חלק אדם רשע מאלה' ונחלת אמרו מאל‎. — cf. Ps.
109,20: ‏זאת פעלת שטני מאת ה' והדברים רע על נפשי‎.

Es ist überflüssig, die beiden Schlußreden auszuziehen, die noch Eliphas und Bildad, bevor sie gänzlich verstummen, an Hiob richten; denn das bisher aus ihren Reden Mitgeteilte genügt völlig, um sie als die Frommen der Psalmen erkennen zu lassen, und das war der Hauptzweck, daß wir sie hier fast über Gebühr zu Worte kommen ließen.

So finden wir denn in den drei Freunden und Bekämpfern Hiobs alte Bekannte wieder: die Frommen in den Psalmen. Und das ist für uns von ungemeiner Wichtigkeit. Denn wir erfahren hier ganz deutlich, wer eigentlich ihre Gegner sind, wo eigentlich die in den Psalmen so unbändig gehaßten und in den Pfuhl der Hölle verwünschten „Gottlosen" zu suchen sind. Es sind die Vertreter jener extremen Richtung, die Hiob, der vormals so tadellos fromme Hiob, nunmehr zu verfechten scheint. Hiob gehörte vordem zu der Partei der „Frommen", hatte mit ihnen denselben Glauben, dieselbe Art der Gottesverehrung, bewegte sich in demselben engen, von den Vorfahren umschriebenen Gedankenkreis; und nun, wie ist er verwandelt! Wie ist alles zwischen ihnen so ganz anders geworden! Wie ist er ihnen entfremdet, daß sie sich gegenseitig nicht mehr verstehen! Ist er doch ganz ins gegnerische, gottverhaßte und gottvergessene Lager übergegangen, ein Gottloser geworden! Mit Schaudern erkennen ihn als einen solchen seine ehemaligen drei Freunde und rufen ihm entsetzt zu: Du hast den andern Geist, der sich schon in deiner kunstvoll gedrechselten Rede verrät![1] „Auch du vernichtest die Gottesfurcht und machst schwinden die Verehrung gegen den Allmächtigen!"[2] — Sie finden, daß Hiob, der es wagt, gegen alle religiöse Überlieferung in so unerhörter Weise aufzutreten, bereits im Lager der Gegner stehe und halten ihm, um ihn eindringlichst zu warnen, das Schicksal vor Augen, das die Gottlosen der grauen Vorzeit erdulden mußten, die zu Gott sprachen: „Weiche von uns — und was könnte uns der Allmächtige tun!"[3]

Wir verstehen jetzt besser die ergreifende Klage, die der Psalmsänger immer wieder erhebt: daß der Volksgenosse, der Freund, der Bruder, mit dem er früher innig verbunden war, dessen Freuden er teilte, dessen Schmerz ihm ins Herz schnitt, nun abge-

---

[1] Hiob 15,5: ‏ותבחר לשון ערומים‎.

[2] Hiob 15,4: ‏אף אתה תפר יראה ותגרע שיחה לפני אל‎.

[3] Hiob 22,17: ‏האמרים לאל סור ממנו ומה יפעל שדי לנו‎. — cf. Hiob 21,14.

fallen, treulos gegen Gott und treulos gegen den eigenen Bruder
geworden, gegen den Bruder, „den der Eifer für Gott verzehrt!"[1])

Der ganze Unterschied zwischen den Frommen in den Psalmen
und unsern drei für Gott und die alte Weise der Gottesverehrung
gegen Hiob kämpfenden Konservativen besteht darin, daß die ersteren die Faust in der Tasche ballen, ihren Zorn nur zu Hause
in Verwünschungen und Gebeten Luft zu machen sich getrauen,
während die letzteren sich kühn in den offenen Kampf wagen, ver-
suchend, sich mit dem gefährlichen Gegner zu messen. Das gesteht ja auch der Fromme in den Psalmen unverholen zu, daß ihm
der Mut fehle, dem so überlegenen Gegner offen Rede zu stehen,
da ihm die Gegenwart desselben die Rede verschlage, so daß er
dastehe „wie ein Tauber, der nicht hört, wie ein Stummer, der
seinen Mund nicht öffnet, wie einer, der keine Beweise im
Munde hat".[2]) — Er bekennt es ja im Gebete vor Gott: „Hüten
will ich mit einem Maulkorb meine Lippen, so lang der Gottlose vor mir steht.[3]) Ich verstummte in Grabesstille, schwieg
von allem, aber mein Schmerz empörte sich. Mein Herz er-
glühte in meiner Brust, in meinem Hinbrüten entzündete sich
Feuer — — —. Mache mich nicht zum Schimpfe der Ruchlosen.
Ich verstumme, öffne meinen Mund nicht."[4])

Diese Frommen sehen wir nun zum erstenmal im Buche Hiob
sich hinaus in eine öffentliche Redeschlacht wagen, sich dem ge-
fürchteten Gegner stellen: drei gegen einen! — Es gewinnt den
Anschein, als ob der Dichter diese Frommen gewaltsam aus ihrer
Zurückgezogenheit und Weltabgeschiedenheit hervorgezerrt hätte,
um sie zum Reden zu zwingen, damit sie ihre Weisheit enthüllen,
und zeigen, daß im grunde nicht viel dahinter stecke, daß sie
wohl Kindern, nicht aber reifen, selbständig denkenden Männern
imponieren könne, und daß der Held des Dialogs mit vollem Rechte
ihnen zurufen durfte: „O, daß ihr doch lieber ganz schwieget, das
gälte euch für Weisheit!"[5])

Gewiß, ein Geistesmächtiger, wie Hiob, konnte nicht anders,
als den drei frommen Gegnern, die ihn mit solch greisenhaften

---

[1]) Ps. 69,9. 10; 35,11—17: 41,10; 55,13, 16; 88,9, 19; 38,12, 13, 20, 21; 50,20.

[2]) Ps. 38,13—16.

[3]) Ps. 39,2: ‫אמרתי · · · · אשמרה לפי מחסום בעד רשע לנגדי‬

[4]) Ps. 39,2—10. — [5]) Hiob 13,5.

Phrasen bekehren zu können vermeinten, die Worte entgegenzuschleudern: Ihr habt einen andern Geist! Ihr gleicht dem Geist, den ihr begreift, nicht mir! Schon nach dem ersten Geplänkel, unwillig geworden über ihre altersschwachen Lehren von der vergeltenden Gerechtigkeit auf Erden, lehnt er ihre Zurechtweisung mit den Worten ab: „Wie, habe ich euch etwa zu Hilfe gerufen, von euch gefordert, daß ihr mich belehrt, daß ihr mir kundtut, worin ich gefehlt? Wie eindringlich sind doch redliche Worte, was aber rügt das Rügen von euch!“ [1]) Und auf ihre ewige Predigt und Berufung auf die Lehren der Alten, daß das Gute auf Erden belohnt, das Böse bestraft werde, daß also Hiob, da er so bitter leide, gesündigt haben müsse, beteuert er unermüdlich seine Unschuld: „Niemals, nie“, so ruft er aus, „werde ich euch recht geben; bis ich verscheide, lasse ich mir den Glauben an meine Unschuld nicht nehmen. An meiner Gerechtigkeit halte ich fest, nicht einen meiner Tage rügt mein Herz. [2]) — Und da wollt ihr noch auf die Unfehlbarkeit eurer Lehren schwören! Blickt her auf mich — den unschuldigen Märtyrer — und schaudert, dann aber legt die Hand auf den Mund!“ [3])

Schon beim ersten Kreuzen der Schwerter, da er sieht, wie stumpf der Gegner Waffen sind, läßt Hiob seine Ironie spielen: „Wahrlich“, so erwidert er verächtlich, „ihr seid das Volk, und mit euch stirbt die Weisheit aus. [4]) — Auch ich habe ein Herz wie ihr, ich stehe nicht hinter euch zurück — und wer wüßte solches nicht!“ [5]) Mit bitteren Worten straft er ihren ebenso hohlen als vordringlichen Weisheitsdünkel: „Lügenanflicker seid ihr, Stümperärzte allesamt. Wollt ihr Gott zuliebe Unrecht reden, ihm zugunsten Täuschung, wollt ihr für ihn einseitig sein, euch als Gottes Sachwalter aufwerfen? Würde es gut sein, wenn er euch durchforschte, oder wagt ihr, wie einen Menschen, ihn zu täuschen? Ja, züchtigen, züchtigen wird er euch, wenn ihr im Geheimen parteiisch

---

[1]) Hiob 6,22—2?. — [2]) Hiob 27,5—7. — cf. Hiob 9,21. 13,15, 18 u. a. St.

[3]) Hiob 21,5: ‏פנו אלי והשמו ושימו יד על פה‎. — Ähnlich hebr. Fragm Sirach 5,12: ‏אם יש אתך ענה ריעיך ואם אין שים ידך על פיך‎.

[4]) „Ihr seid nicht bloß einzelne Leute, sondern das Volk = Menschenvolk, so daß aller menschliche Verstand in euch beschlossen und sonst gar keiner zu finden ist, und wenn ihr einmal sterbt, als ausgestorben zu gelten hat.“ Delitzsch, l. c. 121.

[5]) Hiob 12,2—4.

seid. — Eure Denksprüche sind Sprüche von Staub, eure Wälle —
nur Wälle von Lehm! Schweiget vor mir und ich will reden,
komme über mich, was da wolle!“ ¹) Und ein andermal erwidert
er auf ihre frommen Faseleien: „Dergleichen habe ich schon viel
gehört, lästige Tröster seid ihr alle! Haben eure windigen Worte
endlich ein Ende, oder was stachelt euch an, zu entgegnen?“ ²) —
Und wieder: „Kommt nur alle heran wider mich, ich finde unter
euch nicht einen Weisen.“ ³) Und abermals: „Wie lange wollt ihr
meine Seele quälen und mich mit Worten zermalmen? Schon
zehnmal ist's, daß ihr mich schmäht und schamlos mit mir um-
geht.“ ⁴) — Er spricht ihnen jede Inspiration, auf die sie sich
wiederholt berufen und jede Berechtigung, als Volkslehrer aufzutreten, ab. Dem letzten der drei Gegner ruft er zu: „Was hat dein
Wort der Ohnmacht geholfen, dem kraftlosen Arm genützt? Wie
hast du geraten dem, der ohne Weisheit, und welche Fülle von
Rat enthülltest du? Wem hast du verkündet Worte, und wessen
Eingebung ging von dir aus?“ ⁵)

Man muß aber mit den drei ewig dasselbe Steckenpferd rei-
tenden Frommen nicht allzu streng ins Gericht gehen. Sie verstehen eben den neuen Geist nicht, der aus Hiob spricht; sie sehen
nur, daß er den alten Glauben zerstört, und das bringt die auf
des Meisters Worte Eingeschworenen in Harnisch. Schon die erste
Wahrnehmung, daß Hiob es wage, an den väterlichen Überlieferungen Kritik zu üben, entsetzt sie. Der alte Geist verlangt un-
bedingten Glauben, der neue will alles vorerst prüfen und nur das
gelten lassen, was sich vor dem Forum der reinen Vernunft rechtfertigen läßt. Er will sich auch auf religiösem Gebiet das Recht
der freien Meinungsäußerung nicht vergällen lassen, will voraus-
setzungslos die alten Überlieferungen prüfen, ja sogar Gott selbst
und seine Wege erforschen dürfen. Er ist nicht mehr gesonnen,
gedankenlos die Sprüche der Väter hinzunehmen. „Wie“, so ruft
Hiob seinen Moralpredigern zu, „soll nicht das Ohr die Sprüche
prüfen dürfen, so wie der Gaumen sich die Speise kostet!⁶) Ihr

---

¹) Hiob 13,4—14. — ²) Hiob 16,2—4. — ³) Hiob 17,10. — ⁴) Hiob 19,2—4.
⁵) Hiob 26,2—5.
⁶) Hiob 12,11: הלא אזן מלין תבחן וחך אבל יטעם לו. Dasselbe Bild
bei Sirach 36,21: „Wie der Gaumen das Wildpret am Geschmacke unterscheidet,
so der verständige Sinn die lügenhaften Reden. Im hebr. Fragm.: חיך יטעם
מטעמי זבד.

sagt: „Bei den Greisen ist Weisheit und Einsicht bei der Fülle der Tage“;[1] ich aber sage, nicht dort, wo man weltvergessen und weltfremd dahinbrütet, aus alten Büchern, und wären ihre Verfasser noch so ehrwürdig, das Wissen schöpft, nicht im engen, von der Außenwelt sich abschließenden Daheim; nein draußen im öffentlichen, viel bewegten Leben, da quillt lebendig der ewig frische Strom der Weisheit: bei Vielgereisten, da ist sie zu finden![2] Ich habe die Welt gesehen, ihre Vorgänge beobachtet, was ihr wißt, weiß ich auch, nicht stehe ich hinter euch zurück — nicht mit euch unnützen Ärzten will ich streiten; wohl aber will ich mit Gott sprechen, verlangt es mich, mit dem Allmächtigen zu rechten.[3]

Zwischen Hiob und seinen Bestreitern gibt es sonach keine Verbindungsbrücke, und das weiß er auch, daß hier eine Verständigung nicht möglich: Sie gehören der Vergangenheit an, der Mangel an Einsicht versperrt ihnen die Zukunft, in der Gott andere, tiefer blickende Dolmetscher seines Wesens und seiner Lehre brauche. So betet denn auch Hiob zu Gott: „Sei du Bürge für mich bei dir selber, wer sollte es sonst sein? Denn ihr Herz hast du verschlossen vor der Einsicht und darum wirst du sie auch nicht erhöhen.“[4]

Und wie zerfasert er ihre ewigen Sprüchlein von dem Unheil, das dem Gottlosen aufgespart ist, und das sie sicherlich trifft. — Er läßt mit bitteren Worten die Erfahrung des täglichen Lebens sprechen, die gerade das Gegenteil lehre, daß vielmehr der gewalttätige Gottlose glücklich lebe und großer Auszeichnungen selbst über das Grab hinaus teilhaftig werde. „Wenn ich daran denke“, klagt er, „so erbebe ich und Entsetzen ergreift mein Fleisch. Warum bleiben die Gottlosen am Leben und werden alt, sogar stark an Macht? Ihre Nachkommenschaft steht fest vor ihnen um sie her und ihre Sprößlinge vor ihren Augen. Ihre Häuser in Frieden ohne Furcht, und Gottes Ruthe kommt nicht über sie. Ihr Stier bespringt und befruchtet, ihre Kuh kalbt leicht und verkalbt nicht. Der Herde gleich schicken sie ihre Kinder aus, und froh hüpfen ihre Jungen umher. — Sie jubeln bei Pauke und Harfe und freuen sich beim Laute der Schalmei. Sie bringen ihre Tage im Glücke hin und sinken im Augenblick ins Grab. Und doch sprachen sie

---

[1] Ibd. v. 12. — [2] Hiob 21,29. — [3] Hiob 13,1—5.
[4] Hiob 17,3—5: ‏כי לבם צפנת משכל על כן לא הרימם‎ · · · · · ·

zu Gott: „Weiche von uns, nach der Erkenntnis deiner Wege verlangt es uns nicht; was ist denn der Allmächtige, daß wir ihm dienen
sollen, und was nützt es uns, zu ihm zu beten." Siehe, sie halten
in der Hand ihr Glück! — Doch der Frevler Sinnesart sei fern
von mir. — Wie selten verlischt die Leuchte des Gottlosen und
bricht Mißgeschick über sein Haus herein! Ihr Los sollte er ihnen
zuteilen in seinem Zorn, daß sie werden wie Stroh vor dem Winde
und wie Spreu, die der Sturmwind verweht! Ihr sagt: „Gott spart
den Kindern auf sein Unheil." Ihm selbst vergelte ers, daß er es
fühle. Seine eigenen Augen mögen seinen Sturz erschauen, selbst
sollte er des Allmächtigen Zornglut trinken. Denn was liegt ihm
an seinem Hause nach seinem Tode, wenn ihm die Zahl seiner
Monde zugeteilt ist? Will man Gott, der doch die Himmlischen
richtet, Weisheit lehren? — Der Eine stirbt inmitten seiner Voll-
kraft, noch ganz wohlgemut und sorglos; seine Tröge sind voll von
Milch und das Mark seiner Knochen ist reich getränkt. — Und
der Andere stirbt mit bitterer Seele und hat kein Glück genossen.
Zusammen liegen sie im Staube und Gewürm bedeckt sie beide. —
Seht, ich kenne eure Gedanken und die Kniffe, womit ihr mich
bezwingt, wenn ihr sagt: „Wohin ist doch das Haus des Gewaltigen,
wohin das Prachtgezelt der Gottlosen?" — So fragt doch nur die
Vielgereisten, und ihre Beweise werdet ihr nicht verleugnen: ob
der Böse für den Tag des Verderbens aufgespart ist, ob er dem
Tag des Zorngerichts entgegengeführt wird. Wer rügt ihm ins
Angesicht seinen Wandel, was er getan, wer vergilt es ihm? Ja,
zum Grabe wird er geleitet und über seinem Grabmal hält man
Wache. Sanft liegen auf ihm des Tales Schollen und hinter ihm
zieht alles Volk und vor ihm her die Menge ohne Zahl. — — —
Und da wagt ihr es noch, mich so eitel zu trösten! — Als Trug
erweisen eure Lehren sich!"[1])

Nun erhebt ja dieselben bitteren Klagen auch der Fromme in
den Psalmen. Auch er wird bestürzt und schier irre beim Anblick
der strotzenden Lebensfülle und des ungetrübten Lebensglückes der
Gottlosen. Er beneidet sie um ihre Wohlfahrt, ist nahe daran,
mit seinem Glauben ins Wanken zu kommen und auf dem Wege
der Frömmigkeit zu entgleisen, da er sieht, daß sie keine Qualen
haben, daß ihr Leib gesund und gemästet, daß sie kein Ungemach

---

[1]) Hiob 21,6—22.

erleiden wie andere und gleich den übrigen Menschen nicht heimgesucht werden. Darum übersteige auch ihr Hochmut alles Maß, ja selbst gegen den Himmel gehe ihre Rede und ihr Wort habe Geltung auf der Erde, darum ströme ihnen auch das Volk, wie Wasser, in hellen Haufen zu. Lehrten sie doch: Gott frage nicht darnach, beim Höchsten sei kein Wissen.[1]) Dies empört den Frommen über alle Maßen und er klagt im tiefsten Schmerze: Siehe, so habens die Gottlosen, unangefochten ewig mehren sie Güter; ich aber habe vergeblich mein Herz lauter gehalten und in Unschuld meine Hände gewaschen! Und bin geplagt alle Tage, und meine Strafe ist alle Morgen da! — Und wenn ich sprach: ich will lehren wie sie: siehe, das Geschlecht deiner Kinder verriete ich. Und ich dachte solchem nach, daß ich es begreifen möchte, aber es war zu schwer in meinen Augen. — Bis ich ging in das Heiligtum Gottes und merkte auf ihr Ende. Du setzest sie auf das Schlüpfrige und stürzest sie zu Boden. Wie werden sie plötzlich ein Entsetzen, nehmen ein Ende mit Schrecken! Wie ein Traum beim Erwachen, so machst du, o Herr, ihr Bild verächtlich in der Stadt."[2])

Also auch der Fromme in den Psalmen ist nicht blind gegen die Erfahrungen, die das tägliche Leben bietet, auch er sieht, daß oft die Gottlosen in Jubel leben, während der Fromme schwer leidet, und diese Wahrnehmung „erbittert sein Herz, und der Schmerz darüber schneidet ihm die Nieren";[3]) aber er trägt seinen verzweiflungsvollen Gram in Gottes Heiligtum, und dort erfährt er, daß dieses Jubelleben der Gottlosen bald ein jähes Ende mit Schrecken nehmen werde.

Das ist der Geist der alten, ehrfurchtsvoll gehüteten Überlieferung, mit welchem auch die drei Freunde des Hiob diesen immer wieder beglücken wollen, den er aber als trügerisch energisch abweist: „Das ist eitler Trost", sagt er, „trugvolle Lehre!"[4]) — Nein, man darf nicht Gottes Größe mit Menschenmaß messen, menschliches Gebreste und menschliches Unglück nicht als Strafe des zürnenden Gottes ansehen, die er über den schwachen Wurm, Mensch genannt, verhänge. Wolle man etwa Gott, der die Himmlischen richte, belehren?[5]) Er, der in den Himmelshöhen über den

---

[1]) cf. Hiob 22,13—15. — Ps. 10,4—8 u. a. St. — [2]) Ps. 73,2—22. — [3]) Ps. 73,21.
[4]) Hiob 21,31: ‏ואיך תנחמוני הבל ותשבותיכם נשאר מעל‎.
[5]) Hiob 21,22.

Sternen thront, den uns die Himmelswolken entziehen, der auf des
Himmels Bogen wandelt; er sollte sich um den Menschen kümmern,
ihn durch Nebelmassen richten?[1]

Hiobs Vorstellung von Gott und seinem Verhältnis zur Welt
und zu den Menschen ist eine so hohe, daß man glauben möchte,
einen Philosophen aus der Schule Platos aus ihm sprechen zu
hören. Und eben weil er weiß, daß Glück und Unglück, die den
Menschen treffen, nicht als Lohn und Strafe von oben kommen, ist
sein Schmerz so verzweiflungsvoll.[2] — Doch obgleich er durch

---

[1] Hiob 22,12—15. cf. K. 9 u. 10,4—8. — Gegen die Anschauung, daß
Gott zu erhaben, als daß er sich um die Menschenkinder kümmern sollte,
polemisieren die Psalmendichter. cf. Ps. 113,3—9 u. a. St. Ebenso Sirach 16,15
und 17,32.

[2] So ungefähr polemisiert im zweiten christlichen Jahrh. der platonische
Philosoph Celsus, den Origenes durchaus zu einem Epikuräer machen möchte,
gegen die Anschauungen der Juden und Christen von der Gottheit. Er sagt:
„Eine geringe Meinung von Gott müssen sie da haben, wenn sie ihm eine so
große Freude an vergänglicher Herrlichkeit zuschreiben“. Orig. c. Cels. IV,
c. 6. Ein andermal: „Für den, welcher keine philosophischen Studien gemacht
hat, ist es nicht leicht, den Ursprung der Übel zu erkennen, wenn man sagt,
daß die Übel nicht aus Gott stammen, daß sie vielmehr der Materie anhaften
und den sterblichen Wesen innewohnen, daß der Kreislauf des Sterblichen
von Anfang bis zu Ende gleich bleibe und daß entsprechend der festgesetzten
Ordnung der Kreisumdrehungen die Dinge fortwährend die nämlichen bleiben
in der Vergangenheit, in der Gegenwart und in der Zukunft“, ib. IV, c. 65. —
Und ib. c. 69: „Auch das Sichtbare ist dem Menschen nicht (von Gott) gegeben, sondern jegliches entsteht und vergeht dém Heile des ganzen zu liebe.“
— Ferner ib. c. 75: „Wenn du sagst, daß alle diese Dinge, nämlich die Ge-
wächse, Bäume, Gräser und Disteln für die Menschen wachsen, warum willst
du denn behaupten, daß sie für die Menschen eher wachsen als für die
wildesten der unvernünftigen Tiere?“ cf. ib. c. 85: „Gesetzt also, daß Einer
vom Himmel auf die Erde herabschaute, was würde er wohl für einen Unterschied finden zwischen dem, was wir tun und was die Ameisen und Bienen
treiben?“ — Und ib. c. 99: „Also nicht für den Menschen ist alles gemacht
wie auch nicht für den Löwen oder Adler oder Delphin, sondern auf daß diese
Welt als Werk Gottes vollendet und vollkommen sei in allen Stücken. Aus
diesem Grunde sind alle Dinge so geordnet nicht mit Rücksicht aufeinander,
so daß zwischen ihnen ein gegenseitiges Verhältnis besteht — höchstens, daß
dies nebenbei und in zweiter Linie der Fall ist —, wohl aber mit Rücksicht
auf das Ganze. Gott sorgt für das ganze Universum, und seine Vorsehung
verläßt dieses niemals; auch wird es niemals schlechter, noch nimmt es Gott
nach Ablauf eines gewissen Zeitraums in sich selbst zurück. Er zürnt auch
wegen der Menschen ebensowenig als wegen der Affen und Mücken; auch

vieles Nachdenken zur Überzeugung gelangt ist, daß Gott sich um
das Schicksal des einzelnen Menschen nicht kümmere, gehört er
dennoch nicht zu der großen Schar der Freigeister, die darum sich
von Gott abwenden, sprechend: „was ist der Allmächtige, daß wir ihm
dienen, und was nützt es uns, zu ihm zu beten!“ Dagegen verwahrt er sich entschieden: „Fern sei von mir“ — unterbricht er
einmal seine Schilderung des Wohllebens dieser Freigeister —
„fern sei von mir die Sinnesart dieser Gottlosen!“ [1] Es kommt
ihm nicht in den Sinn, solcher Denkweise das Wort zu reden, mit
der er vielmehr alle Gemeinschaft ablehnt. [2]

Aus dem Buche Hiob tritt uns noch eine andere, ganz neue
Erscheinung in Israel entgegen: man beginnt zu reisen, zu reisen,
um die Welt kennen zu lernen, die Erfahrungen zu bereichern, den
engen heimatlichen Gesichtskreis zu erweitern, kurz: um zu lernen.
Man fängt an, mehr Gewicht beizumessen den Erfahrungen, die
draußen in der weiten Welt gesammelt werden, als jenen, die die
Alten daheim predigen. [3] — Der Verfasser des Buches Hiob ist
selbst ein vielgereister Mann, der Land und Leute kennen gelernt
und mit fremdem Wissen sich bereichert hat. Das wird denn auch
von allen Auslegern hervorgehoben. [4]

Schon um die Mitte des vierten Jahrhunderts finden wir
— laut Bericht des Peripatetikers Klearch — in Gesellschaft des
Aristoteles in Kleinasien einen gelehrten Juden, der in der Welt

---

sprach er gegen diese Wesen, von denen ein jedes den Platz bewahrt, den er
ihm anwies, keine Drohungen aus.“

[1] Hiob 21,16. — [2] cf. Delitzsch, l. c. 247. — [3] Hiob 21,29.

[4] cf. Renan, l. c. XXVI: Une foule de traits dénotent une connaissance
parfaite de l'Egypte, ou l'auteur semble avoir voyagé. — cf. Dillmann, l. c.
XXVIII: „Namentlich bemerkt man, daß er (Hiob) viele ausländische Dinge
berührt, auch Mythen weiterer Volkskreise, sowie auf die Sternkunde Bezüg-
liches — Dinge, die in andern biblischen Schriften abseits liegen bleiben, oder
nur selten berührt werden, und gern stellt man sich vor, daß er nicht bloß in
seinen heimatlichen Umgebungen sinnig beobachtet, sondern auch von welt-
kundigen gereisten Männern viel gehört, ja wohl auch selbst fremde Länder
bereist hat“. Und Nöldeke, Alttest. Lit. 190: „Mit ziemlicher Sicherheit läßt
sich auch annehmen, daß er (Hiob) in Ägypten gewesen war; allerlei Hin-
deutungen auf ägyptische Verhältnisse, namentlich aber die lebendige Schilderung des Nilpferdes und des Krokodils, welche ganz so aussicht, als beruhe
sie auf eigener Anschauung, sprechen dafür. Eine solche Annahme hat auch
gar nichts Auffallendes an sich“. cf. Delitzsch, l. c. 325. Riehm, Einl. II, 267 u. a.

umherreiste, um mit den Weisen zu verkehren und ihre Weisheit
zu prüfen,[1]) einen durch und durch griechisch gebildeten Mann,
„der nicht bloß der Sprache, sondern auch dem Geiste nach Grieche
war".[2]) Und diesem Juden wird von Aristoteles das Zeugnis
ausgestellt, daß er „infolge seines intimen Verkehrs mit vielen durch
Wissen ausgezeichneten Männern, ihm und seiner Umgebung mehr
als er von ihnen empfangen, überliefert habe".[3]) Und wir können
uns ganz gut vorstellen, daß dieser griechisch gebildete Jude, wenn
er ähnliche geistige Qualitäten besessen, wie etwa der um ein
halbes Jahrhundert später lebende Verfasser des Buches Hiob,
ein ungewöhnliches Interesse in den Kreisen eines Aristoteles erregen mußte.

Ein vielgereister Mann war auch der Verfasser des Buches
Koheleth, der von Anbeginn seinen Sinn darauf gerichtet: „alles
gründlich zu durchforschen, was unter dem Himmel geschieht",
und der auch tatsächlich gesehen „alles, was sich unter der Sonne
ereignet".[4])

Ein vielgereister Mann, der überall gelernt und Erfahrung gesammelt, war auch Jesus Sirach. „Ich habe", sagt er einmal
„viel auf meinen Irrfahrten gesehen und meine Einsicht überragt
meine Worte."[5]) Und ein andermal: „Als ich noch jung war und
bevor ich auf Reisen umherirrte, bat ich offen um Weisheit in
meinem Gebete."[6]) Und an anderer Stelle, wo er die Vorzüge
des Forschens über das göttliche Gesetz rühmt und der Vorteile
gedenkt, die das Reisen biete, sagt er: „Wer seinen Sinn richtet
und über das Gesetz des Höchsten nachdenkt, der forscht nach der
Weisheit der Alten und beschäftigt sich mit Weissagungen. Auf
die Erzählungen berühmter Männer achtet er und sucht in den
dunkeln Sinn der Weisheitssprüche einzudringen. Nach dem Verborgenen der Gleichnisse forscht er, und mit den Rätseln der

---

[1]) cf. Jos. c. Ap. I, 22: πειρώμενος αὐτῶν τῆς σοφίας.

[2]) Ibid.: Ἑλληνικὸς ἦν, οὐ τῇ διαλέκτῳ μόνον, ἀλλὰ καὶ τῇ ψυχῇ.

[3]) Ibid.: ὡς δὲ πολλοῖς τῶν ἐν παιδείᾳ συνῳκείωτο, παρεδίδου τι μᾶλλον
ὧν εἶχεν.

[4]) Kohel. 1,13, 14.

[5]) Sirach 31,11: πολλὰ ἑώρακα ἐν τῇ ἀποπλανήσει μου καὶ πλείονα τῶν λόγων
μου σύνεσις μου. cf. Fritzsche, Exeg. Hdb. 193 u. 310.

[6]) Sir. 51,13: ἔτι ὢν νεώτερος πρινὴ πλανηθῆναί με ἐζήτησα σοφίαν προφανῶς
ἐν προσευχῇ μου.

Sprüche beschäftigt er sich. Er kann in der Mitte der Großen Dienste leisten und vor den Fürsten kann er erscheinen. Im Lande fremder Völker reist er umher, denn er hat das Gute und das Böse unter den Menschen durch Erfahrung kennen gelernt."[1]

Und diese viel und weit gereisten, in der großen Welt Erfahrung und Belehrung suchenden und sammelnden Männer, sie waren die tonangebenden Geister, die Pfadfinder, die Weisen und Lehrer in Israel, die alle fremde Weisheit in Beziehung zu ihrer Religion brachten und sie in ihrem Volke verbreiteten, sie als heiliges Vermächtnis den spätesten Enkeln zurücklassend.[2]

Diese Erscheinungen aber sind seit den Zeiten des großen Makedoniers, wo Israel der Welt und die Welt Israel erschlossen wurde, sicherlich keine vereinzelte im Judentum geblieben; dies zu glauben, verbietet schon die große Bekanntschaft, welche die hagiographischen Schriften, und insbesondere die Weisheitsliteratur mit der Weltweisheit so augenfällig verraten. —

Die drei Wortführer der alten Tradition in Hiob sind endlich zum Verstummen gebracht, niedergeschmettert mit den Waffen des neuen Geistes, der nunmehr auf der ganzen Linie Sieger geblieben. Die alten Sprüchlein haben sich als „Worte von Staub", die alten „Wälle als Wälle von Lehm" erwiesen. Der Weg für den neuen Geist ist nun frei, und er kann ihn betreten. Und jetzt erhebt sich der siegreiche Dichter zu einer Höhe der Erkenntnis, wie nie zuvor. Wie die Weltweisheit, räumt auch er der menschlichen Weisheit ein weites Forschungsgebiet ein, gesteht auch er dem Menschengeiste große, ja ungeahnte Fähigkeiten zu; aber er zieht ihm Grenzen. Da wo die Philosophie atheistisch zu werden anfängt, trennt er sich von ihr, da erwacht sein starker Wille zur Religion, nicht zur hergebrachten Religion, die er so überlegen niedergerungen, sondern zu der Religion, die aus der reinen Gotteserkenntnis entspringt, die ein freies Denken gestattet, das sich jedoch da, wo unlösbare Rätsel ihm in den Weg treten, bescheiden fügt und sich nicht vermißt, die göttliche, dem Sterblichen ewig unzugängliche Weisheit erforschen zu wollen. Darin unterscheidet sich der Ver-

---

[1] Sir. 39,1–5: . . . . . . ἐν γῇ ἀλλοτρίων ἐθνῶν διελεύσεται, ἀγαθὰ γὰρ καὶ κακὰ ἐν ἀνθρώποις ἐπείρασε.

[2] cf. Sir. 24,28 sqq.

fasser des BuchesHiob von den Weltphilosophen, mit denen er sonst
eine ganz rechtschaffene Strecke gegangen ist. —

Im 28. Kapitel erreicht der Dialog den Höhepunkt. Das Wichtigste, was der Dichter noch zu sagen hatte, da es ja einen weit
überlegeneren Gegner, als die früheren es waren, niederzuringen gilt,
es wird hier gesagt: es ist eine feierliche und wahrhaft erhebende
Absage an jene Philosophie, die über Gott hinweg ihre verwegenen
Gedanken schweifen läßt.

Dieses höchst merkwürdige Kapitel lautet:

„Für Silber gibt es einen Fundort und eine Stätte für das
Gold, das man zum Läutern schmilzt, das Eisen wird aus dem
Staub hervorgeholt, und Gestein gießt man zu Kupfer. Der Finsternis hat man ein Ende gemacht und nach allen Endpunkten erforscht man das Gestein des Dunkels und der Todesnacht. Schachte
bricht man aus dem Boden, vergessen von jeglichem Fuß hangen
sie fern von Sterblichen — schweben. Die Erde, der das Brot
entsprießt, wird unten umgekehrt, wie vom Feuer. Ihre Steine
sind des Saphirs Stätte und Goldstaub enthält sie. Den Pfad dahin kennt kein Aar, und es erspäht ihn nicht des Geiers Auge,
nicht betreten ihn die stolzen Tiere, kein Löwe ist hingeschritten
über ihn. An den Kiesel hat man Hand gelegt und wühlt die
Berge von der Wurzel um. Man spaltet Stollen in die Felsen,
und alle Kostbarkeiten erschaut das Auge, man dämmt Wasseradern ein, daß sie nicht träufeln, und das Verborgene wird ans
Licht gebracht.“ —

Soweit schildert der Dichter die bewunderungswürdige Kraft
des menschlichen Geistes, um dann plötzlich auf ein ganz neues,
der damaligen Welt allerdings nicht ungeläufiges Problem überzugehen: auf das Problem der göttlichen Weisheit! So tief
auch der Mensch in die verborgenen Dinge einzudringen vermag,
die göttliche Weisheit ist und bleibt ihm verschlossen: das Forschen
nach ihr ist ein vergeblich Mühen.

„Die Weisheit aber“, so fährt er fort, „wo wird sie gefunden,
und wo ist die Stätte der Einsicht? Niemand kennt den Pfad zu
ihr, im Lande der Lebenden wird sie nicht gefunden. Die Tiefe
spricht: in mir ist sie nicht, und das Meer spricht: sie ist nicht
bei mir; nicht läßt sich geben gediegenes Gold für sie, nicht Silber
als ihr Kaufgeld. Nicht wird sie aufgewogen mit Gold von Ophir,
mit kostbarem Onyx und Saphir. Nicht kommt ihr gleich Gold

und Krystall, nicht tauscht man sie um goldene Geräte ein, Korallen und Glas kommen nicht in Betracht, über Perlen geht ihr Preis. Nicht kommt ihr gleich Äthiopiens Topas, um reines Gold wird sie nicht aufgewogen. — Die Weisheit aber, woher kommt sie und wo ist die Stätte der Einsicht? Verborgen ist sie vor den Augen aller Lebenden, verborgen vor den Vögeln des Himmels. Der Abgrund und der Tod sprechen: „Nur mit den Ohren haben wir von ihr gehört; Gott allein kennt ihren Weg, nur er kennt ihre Stätte. Denn er schaut bis an die Enden der Erde, was unter dem ganzen Himmel ist, sieht er: Als er dem Winde sein Gewicht bestimmte, das Wasser nach dem Maße wog, als er dem Regen sein Gesetz wies und die Bahn dem Donnerstrahl; da schaute er sie und offenbarte sie, erkannte und durchforschte sie." — — Zum Menschen aber sprach er: Siehe, Gottesfurcht, das ist Weisheit, vom Bösen weichen, ist Einsicht!"

Da hätten wir denn wieder die „göttliche Sophia", das Problem der Zeit, vor uns, aufgefaßt wie in den Sprüchen Salomos, nur mit dem Unterschied, daß sie hier noch philosophischer dargestellt erscheint: als die Weltidee Gottes, oder, richtiger ausgedrückt, als der Logos, der aber noch in keiner wie immer gearteten Beziehung zum Menschen gedacht ist, sondern als in unnahbarer Höhe bei Gott als sein Werkmeister thronend; ganz so wie später bei Philo.[1]) —

---

[1]) Quis rer. div. haer. I, 490 sq.: Φιλέρημος μὲν γὰρ ἡ θεία σοφία, διὰ τὸν μόνον θεὸν, οὗ κτῆμα ἐστι, τὴν μόνωσιν ἀγαπῶσα. Dasselbe sagt er, wie wir bereits wissen, von dem Logos ib. p. 506: Ὁ γὰρ θεοῦ λόγος φιλέρημος καὶ μονωτικός, ἐν ὄχλῳ τῶν γενομένων καὶ φθαρησομένων οὐχὶ φυρόμενος, ἀλλ᾽ ἄνω φοιτᾶν εἰθισμένος ἀεὶ καὶ ἑνὶ ὀπαδὸς εἶναι μεμελτηκώς. cf. de congress. I, 506 u. a. St. Interessant ist Delitzsch' Erklärung von Hiob 28,26—28: „Als er (Gott) so die Welt schuf" — so heißt es l. c. 341 — „und das Geschaffene gesetzlich regelte, da hat er sie, die Weisheit, ersehen, nämlich als das Ideal aller Dinge, da hat er sie kundgetan enarravit, nämlich eben indem er die Welt schuf, welche die Entfaltung und die Vergeschichtlichung ihres Inhalts ist; da hat er sie hingestellt — um nach ihrem Muster die Welt zu schaffen und die Ordnung des Weltganzen ihrer Obhut und Leitung zu untergeben; da hat er sie auch ausgeforscht oder erprobt, nämlich ihre demiurgischen Potenzen, indem er diese in Bewegung zur Selbstverwirklichung setzte. Vergleicht man hiermit Spr. 8,22—31, so wird man sagen dürfen: die Chokma ist die göttliche Idealwelt, die göttliche Imagination aller Dinge vor ihrer Schöpfung, der einheitliche Komplex aller der Ideen, welche die Wahrheit der Kreaturen

Daß dies Kapitel, in welchem der Dichter alles erschöpft hat, was er seiner infolge fremder geistiger Einflüsse religiös mächtig bewegten Zeit zu sagen hatte, die Krone des ganzen Buches ist, wird vielfach von den Auslegern erkannt. „Ungemein große Gedanken“, ruft hier Ewald aus, „in den engsten Worten hingeworfen; eine Glanzstelle des ganzen Buches und der würdigste Schluß dieses Hauptteils, sowie des ganzen menschlichen Streites.“[1] — Und ein andermal: „Die scharfen Gegensätze zwischen göttlicher und menschlicher Weisheit, zwischen dem falschen und dem wahren menschlichen Wege, die Weisheit zu finden, müssen hervorgehoben werden, und das Verkehrte wird zuvor in weiter Ausführung beschrieben, um das einfache Wahre endlich desto kürzer und erschütternder auszusprechen: auf die wenigen Kraftworte Vs. 28 zielt die ganze lange Rede von vorn an hin. — Der Mensch hat zwar eine wunderbare Kraft, die verborgensten greifbaren Dinge aus ihren tiefsten Abgründen zu holen und sieht seine darauf gewandten Sorgen und Mühen endlich durch reichen Gewinn belohnt; aber die Weisheit, kein greifbares und sichtbares, auf einen Ort beschränktes Ding, kann so mit aller Mühe nicht gefunden, auch mit allen äußern Schätzen nicht erworben werden, weil Gott sie besitzt, der dem Menschen als seine Weisheit die Gottesfurcht bestimmt hat: aber der letzte von diesen Teilen, wo sich die höchsten Wahrheiten zusammendrängen, wird der nachdrücklich kürzeste, still und abgebrochen feierlichste, weil der Gedanke fast keine entsprechende Worte findet, in maßloser Höhe verschwimmend, aber für das weitere Nachdenken ein unendliches Feld eröffnend.“[2] — Ähnlich Delitzsch: „Dieses Loblied auf die Weisheit“, sagt er, „ist Iobs Darlegung seines obersten Grundsatzes, und als solche wie ein Triumphgesang, mit dem er ohne Selbstüberhebung in der würdigsten Weise das Wechselgespräch abschließt.“[3] — Unser Kapitel sei nur eine Amplifikation

und das Ziel ihrer Entwicklung sind. — — Sie ist nicht geradezu eins mit dem Logos, aber der Logos ist der Demiurg, durch welchen Gott nach jenem innergöttlichen Urbilde die Welt ins Dasein gesetzt hat. Die Weisheit ist das unpersönliche Modell, der Logos der persönliche Werkmeister nach jenem Modell. Indes sind die Begriffe weder hier noch Spr. 8,22—31 schon so geschieden, wie es erst die neutest. Gottesoffenbarung ermöglicht hat“. — Warum aber bei Hiob die Weisheit „nicht geradezu eins mit Logos“ gedacht sein soll, ist nicht recht einzusehen, umsoweniger, als sie ja Philo, der doch überall nur Überliefertes wiedergibt, mit dem Logos identifiziert.

[1] Ewald, Iob 259. — [2] Ib. 255. — [3] Delitzsch, l. c. II, 343.

des einen Schlußgedankens, auf den alles hinstrebe, daß nämlich Furcht Gottes die rechte Weisheit des Menschen sei.[1])

Gewiß, alles in unserem Buche, dessen Verfasser das Judentum eines Esra, wenn er überhaupt ein solches gekannt, völlig überwunden hatte, und dem das Alpha und Omega der Religion die Erkenntnis Gottes und die Unterwerfung unter seine Weisheit ist, strebt darauf hin, mit den alten einer philosophisch geläuterten Zeit nicht mehr würdigen religiösen Anschauungen gründlich aufzuräumen und an deren Stelle den aus freiem Denken hervorgegangenen, aus dem ethischen Bewußtsein einer neuen, religiös höher gestimmten Zeit geborenen Glauben treten zu lassen. — Es wurde aber von den Auslegern übersehen, daß es dem Dichter weit mehr darum geht, die mit dem Rüstzeug der Philosophie ausgestatteten, bis an den Himmelsthron sich wagenden und ungestüm an ihm rüttelnden extremen Neuerer mit ihren eigenen Waffen zu schlagen, ihnen das Absurde ihres Beginnens vor Augen zu führen; als die „Lehmwälle" des alten Glaubens niederzureißen, was er ja spielend zustande bringen konnte. Jenen Himmelstürmern, die da mit einem Protagoras lehren, der menschliche Geist sei das Maß aller Dinge, und behaupten einen gottgleichen Geist zu besitzen und sich über den Weltschöpfer hinwegzusetzen wagen;[2]) hält er entgegen, daß der menschlichen Weisheit, wie weite Erforschungsgebiete ihr auch offen stehen mögen, die göttliche Weisheit ewig verschlossen bleibe, vor ihrem Thron heiße es: die Waffen strecken!

Schon die Waffen, die der Verfasser des B. Hiob führt, sie mit großer Virtuosität führt, verraten griechische Provenienz. Die Auffassung der „göttlichen Weisheit" ist, wie schon oft gezeigt, ganz zweifellos die griechische. So verteidigt drei Jahrhunderte später Philo die göttliche Weisheit gegen die Anmaßung griechischer Sophisten, welche ihr die menschliche als ebenbürtig zur Seite stellen wollten.

Diesen griechischen Geist hat O. Holtzmann mit richtigem Blick in dem Buche Hiob erkannt. „Endlich", sagt er, „haben wir es bei dieser Schrift mit einem religionsphilosophischen Werke zu tun; soweit wir sehen, verspürten die Israeliten durchaus keine Neigung zur Philosophie, ehe sie mit dem Griechentum in Berührung kamen. Endlich heben wir nochmals hervor, daß die dem Buche

------

[1]) Ib. 324. — [2]) cf. Philo, de post. I, 233 u. a. St.

Hiob zugrunde liegende Form der Roman ist, wie er allenthalben
im Hellenismus blühte, als eines der deutlichsten Zeichen der damals herrschenden wesentlich individualistischen Zeitrichtung. So
betrachtet, wird das B. Hiob sofort als das gedankentiefste Denkmal
jener Epoche der abendländischen Literatur erscheinen.[1] — Aber
auch die ihm eigentümliche dialogische Form tritt so in ein neues
Licht. Wir haben es hier ohne Zweifel mit einer hebräischen Nach-
bildung des philosophischen Dialogs bei Plato zu tun. Nun erinnere
man sich, wie auch Plato über die Ursachen des menschlichen
Leidens nachgedacht hat, und wie auch ihm die Größe und Schönheit der Welt vor Augen stand.“[2]

Merx, der die Abfassung des B. Hiob um das Jahr 700 erfolgt
sein läßt, findet bei unserm Dichter bereits „eine versteckte Polemik gegen die Lehre über die Weisheit, welche die Sprüche Salomos enthalten“. Dasjenige, was Hiob von der Weisheit sage, stehe
nämlich in striktem Gegensatze zu dem, was in den Proverbien, zumal
K. 8, 22—33, gerühmt werde, und da sich andererseits selbst die Ausdrücke berührten, wie denn auch sonst zwischen Hiob und den
Sprüchen vielfach sprachliche Berührungspunkte nachgewiesen seien,
so sei der Schluß nachweisbar, daß Hiob schweigend gegen die
Weisheitslehre polemisiere. Die Gegensätze in beiden Schriften sind
nach Merx hauptsächlich: „Hiob erklärt, Gold und Schätze lassen
sich finden, die Weisheit läßt sich nicht finden, sie ist verborgen
vor den Augen aller Lebendigen; wir haben nur ein Gerücht über
sie gehört, doch Jahve allein kennt ihren Weg und weiß ihre Stätte.
„Ist nicht hier“, so folgert Merx, „ein großer Unterschied zwischen
der Weisheit, die Hiob sich gestaltet und zwischen der der Sprüche,
welche auf den Straßen und Gassen redet, und die Heilung für
den Leib und Erquickung für die Gebeine verheißt? . . . . .“[3]

Aber das ist ja ganz unrichtig geurteilt, und der Irrtum rührt
daher, daß Merx die göttliche und menschliche Weisheit in den
Sprüchen zusammenwirft. Die Weisheit, die bei Hiob den Augen
der Menschen verborgen ist, ist es auch bei Salomo 8, 22—33:
sie wohnt bei Gott und dient ihm als Werkmeisterin, sie ist die
reine göttliche Dynamis, und ihre Beziehung zum Menschen besteht
lediglich darin, daß sie ihr Ergötzen an ihren Geschöpfen hat; und

---

[1] Nämlich der Ptolomäischen. — [2] Holtzmann, l. c. 351.
[3] Merx, Hiob XLIV.

sowie bei Hiob die menschliche Weisheit nur als ein Schatten der himmlischen, die ihre Festigkeit nur aus der Gottesfurcht schöpfen könne, wird sie auch in den Proverbien als ein solcher dargestellt. Die menschliche Weisheit, nicht die göttliche, ist es in den Proverbien, die auf allen Straßen predigt, sich allen anbietet, die alle auf dem rechten Weg zu erhalten verspricht. Sie ist es, die dem Menschen zugänglich, nach Hiob wie nach Salomo, nicht aber die göttliche, in den Himmelshöhen thronende Weisheit, die Gott allein besitzt![1])

In dem Kap. 28 hat der Dialog, wie gesagt, den Höhepunkt erreicht; es ist nun so ziemlich alles, was der Dichter seiner Zeit und ihren führenden Männern nach rechts und nach links zu sagen hatte, gesagt, und was noch folgt, ist lediglich Wiederholung, freilich im Superlativ. Ja, Gott selbst vom Himmel herab verkündet nichts Neues mehr. Denn so erschütternd und niederschmetternd auch seine Reden von seiner unbegrenzten Macht, Erhabenheit und der in der ganzen weiten Schöpfung sich offenbarenden göttlichen Weisheit wirken; Hiob selbst hat alles das schon früher kundgetan, und die göttlichen Reden haben nur mehr den Zweck, die himmelstürmenden Neuerer völlig zu ernüchtern und sie in ihrem verwegenen Lauf einzuschüchtern. — Und doch bringt der von Hiob so „mächtig angezogene" Herr Himmels und der Erde neue, ja überraschend neue Kunde. Im Epilog erst wird sie uns enthüllt. Hier fällt Gott das Urteil über Hiob und seine Gegner, entscheidend, auf welcher Seite die Wahrheit zu finden: Die drei altfrommen

---

[1]) cf. Prov. 8,22 mit Hiob 28,23. 27. — Irrtümlich nach anderer Richtung urteilt Dillmann über die Darstellung der göttlichen Weisheit in Hiob: „Die meisten Erklärer", sagt er (Hiob, p. 254), „seit Schultens — nehmen ohne weiteres an, daß die Weisheit, um die es sich hier handelt, die göttliche Weisheit, als das die sittliche und natürliche Weltordnung erhaltende Prinzip sei. Aber daß die göttliche Weisheit nur bei Gott, nicht bei einem Geschöpf, zu finden sei, ist etwas so Selbstverständliches, und die Erhabenheit der göttlichen Weisheit über alles menschliche Begreifen war ein so allgemein anerkannter, auch von den beiden Streitenden unseres Buches behaupteter und zugestandener Satz, daß man nicht einsieht, wie Ijob hier soviel Aufhebens davon machen kann". — Nun so ganz selbstverständlich ist die Auffassung der göttl. Weisheit als einer weltschöpferischen δύναμις θεοῦ denn doch nicht. Sie ist vielmehr auf jüdischem Boden eine ganz neue, früher nicht gekannte; daher das Aufheben, das mit ihr in den Proverbien sowohl, als auch in dem B. Hiob gemacht wird.

Gottesstreiter, sie werden mitsamt ihrem Traditionsglauben in Bausch
und Bogen verurteilt; Hiob jedoch höchlich belobt, seine Anschauungen als die richtigen befunden, die auch in Zukunft die
herrschenden werden sollen. „Und es geschah“, so beginnt
der Epilog, „nachdem Gott diese Worte zu Hiob geredet hatte, da
sprach er zu Eliphas dem Themaniten: „Entbrannt ist mein Zorn
wider dich und deine beiden Freunde, weil ihr nicht Richtiges
vor mir geredet habt wie mein Knecht Hiob. So nehmt
euch denn sieben Stiere und sieben Widder und geht zu meinem
Knecht Hiob und bringt Opfer für euch dar, und Hiob mein
Knecht soll für euch beten, denn nur auf ihn werde ich Rücksicht nehmen, daß ich nicht schmählich mit euch verfahre, denn
ihr habt nicht Richtiges vor mir geredet, wie mein Knecht
Hiob“.¹)

Hiernach hat Gott beide Richtungen verurteilt: die hyperfromme,
alle Überlieferung blind auf Treu und Glauben hinnehmende Rechte,
wie die von intellektualistischem Hochmut erfüllte und alles negierende Linke. — Nur von diesem Gesichtspunkte aus ist das
ganze Gedicht und insbesondere der frappierende Schluß verständlich. Der tief denkende, über Gott und Welt frei mit dem Zeitgeist philosophierende, sich aber gleichwohl von Gott nicht abwendende Hiob bleibt Sieger und soll in alle Zukunft Lehrer der
Menschheit sein. „Der himmlische Zeuge läßt sich auf Erden vernehmen und nennt Job mit dem süßen Namen: Mein Knecht. Und
der Knecht Jehovas wird nicht allein selbst begnadigt, er wird auch
Werkzeug der Gnade für die Sünder. Wie er da, wo sein Glaube
aufleuchtete Prophet der Zukunft seiner selbst und der Freunde
geworden ist, so wird er jetzt zwischen den Freunden und Gott
priesterlicher Mittler.“²) —

Weit mehr noch als in den Proverbien offenbart sich in Hiob
ein über die engen nationalen Grenzen weit hinausschauender Universalismus, wie er — wir wagen diese Behauptung — im nachexilischen Judentum unter der suggestiven Einwirkung des griechischen Geistes herrschend zu werden anfing und herrschend blieb
bis in die makkabäische Zeit, wo eine feile und maßlos selbstsüchtige Priesterschaft die in ihrer Nation immer mächtiger an-

---

¹) Hiob 42,7—8.
²) Delitzsch, l. c. 503.

schwellende hellenistische Flut dazu benützen wollte, um ihre eigene Herrschaft mit Hilfe einer fremden und tief gehaßten Macht zu befestigen, ob auch dabei das Judentum völlig im Griechentum aufginge. Die Reaktion gegen ein solch frevles Beginnen konnte nicht ausbleiben. Sie ging vorerst, von jenem kleinen Häuflein der „Frommen" aus, die wir in den Psalmen kennen gelernt, und als dieses die unmittelbar drohende Gefahr erfolgreich abgewehrt und die Hasmonäer auf den Thron gelangten, da begann auch wieder die alte, solange zurück gedrängt und auf einen kleinen Kreis beschränkt gewesene partikularistische Richtung aufzuleben und kam mit der neu sich bildenden politischen Partei der Pharisäer ans Ruder, die den freien universalistischen Geist des Judentums vormakkabäischer Zeit durch künstliche Schranken, die sie immer enger und enger um das Gesetz zog, erstickte. Im nachexilischen Judentum wirkte noch bis in die makkabäische Periode der Geist der großen Propheten nach, der durch seine Vermählung mit dem reinen Hellenismus die herrlichsten Früchte, wie sie uns die Weisheitsliteratur bietet, zeitigte; der Pharisäismus, ungemein gefördert durch die nach Johannes Hyrkan immer trostloser sich gestaltenden innern politischen Verhältnisse, zerstörte diesen Geist und brachte im palästinensischen Judentum jede schöpferische Kraft zum Verlöschen. —

Es wird allgemein, und mit Recht, als eine auffallende Erscheinung hervorgehoben, daß der Geist des Buches Hiob nicht ein dogmatischer, daß da „jede Einmischung ausschließlich israelitischer Dinge, Sitten, und Anschauungen sorgsam vermieden."[1]) Wo sich in unserm Buche die Streitenden auf geschichtliche Beispiele geradezu beriefen, da seien die Beispiele aus der Urzeit, was sie von Gott und göttlichen Dingen sagten, sei anscheinend nur aus der guten alten Überlieferung, aus der Natur und der allgemeinen Menschengeschichte geschöpft, auch der Gottesname Jahve werde nicht gebraucht.[2]) — „Der treffliche Takt des Dichters", sagt Nöldeke, „zeigt sich besonders auch darin, daß er zum Helden seines Gedichtes keinen Israeliten wählt, welcher dem mosaischen Gesetz unterworfen ist, sondern einen Mann der grauen Vorzeit, der den Gott Israels nicht nach levitischem Ritus, aber nicht weniger fromm

---

[1]) Dillmann XXII. cf. Hitzig XXV und XL.
[2]) cf. Dillmann, das.

verehrt, ganz wie Abraham und die andern Patriarchen."¹) — „Die
Erwählung eines nichtisraelitischen Schauplatzes", urteilt Baudissin,
„und eines Helden, der nicht zu Israel gehört, zeigen aufs deut-
lichste, daß der Dichter, mit Bewußtsein und Absicht von allem
Israelitischen absehend, etwas darstellen will, was allen Menschen,
jedem einzelnen Menschen gilt. Eben deshalb wird in dem Buche
fast nur da, wo der Dichter selbst spricht, Gott mit seinem spezifisch israelitischen Beinamen Jahve genannt. Die in der Dichtung
Redenden nennen ihn, von verschwindenden Ausnahmen abgesehen,
mit den allgemeinen Namen El oder Eloah, Elohim oder auch mit
dem für altertümlich geltenden Schaddaj."²) — „Es ist nirgends in
Hiob", meint Cornill, „von dem Mosaismus und der israelitischen
Jahveoffenbarung die Rede und die ganze Handlung spielt nicht
einmal auf israelitischem Boden. Aber dies entspricht durchaus
der Tendenz der Weisheitsliteratur, das spezifisch Israelitische gegen
das gemeinsam Menschliche zurücktreten zu lassen, und ist hier
ganz besonders begründet, da Hiob unter einem Konflikt leidet und
den Ausweg aus einem Dilemma sucht, von welchem kein Mensch
verschont bleibt: es handelt sich im Buche Hiob nicht um irgend
eine geoffenbarte Religion, sondern um das dem Menschen ange-
borene Gottesbewußtsein."³) —

Es ist ganz richtig, daß im Buch Iliob nichts spezifisch Jüdisches
zu finden, nirgends von Gesetz und Mosaismus darin die Rede ist;

---

¹) Nöldeke, l. c. 188. cf. Hitzig XL. — Welte, Das B. Iob, p. VIII sq.,
meint, „daß aber Iob außerhalb der alttestamentl. Theokratie stand und obgleich dem Monotheismus noch ergeben, doch dem auserwählten Volke nicht
angehörte, erhellt schon aus der Angabe, daß er im Lande Uz seinen Wohnsitz gehabt habe. — — Dazu kommt, daß weder Iob noch seine Freunde der
theokratischen Gesetzgebung und Institution gedenken und der Verf. des
Buches, obwohl seine Bekanntschaft damit zuweilen wie unvermerkt durch-
blicken lassend, jene doch als solche reden läßt, die nichts davon wissen, sowie dann infolge dessen auch in den Reden Jehovas keine Hinweisungen auf
den Mosaismus vorkommen. — — Darum darf aber Iob noch keineswegs
geradezu als Heide im üblichen Sinne des Wortes bezeichnet und sogar noch
von einem heidnischen Ursprung des Buches geredet werden. Denn Iob war
von Abraham abstammend — der patriarchalischen Offenbarung getreu, mono-
theistisch in demselben wahren und wichtigsten Sinne des Wortes wie das
ganze Alte Testament."
²) Baudissin, Einl. 756, 760.
³) Cornill, Einl.² 235.

aber das ist ja in der ganzen Weisheitsliteratur der Fall, und wir bestreiten es, daß hier Absicht und Tendenz im Spiele. Solches zu behaupten, haben wir kein Recht. Nach dieser Auffassung müßten sich die Verfasser der Proverbien, des Hiob, des Koheleth und des hohen Lieds miteinander verschworen haben, alles Jüdische in sich bis zur Selbstvernichtung zu unterdrücken, es der Außenwelt gegenüber vollständig und mit unerreichbarer Kunst abzutun, um ihr nur so ganz unjüdisch zu erscheinen. Und zu welchem Zweck? Cui bono?

Wenn man dem jüdischen Hellenismus den Vorwurf nicht ersparen kann, daß er alles Nationale und Zeremoniale aus seiner Religionsphilosophie ausgeschieden, aus Tendenz ausgeschieden habe, so hat dieser Vorwurf, obgleich ja der hellenistische Jude tatsächlich nicht national und zeremonialgläubig war, dennoch eine gewisse Berechtigung: Denn das hellenistische Judentum trieb Apologetik nach außen, es ging auf Heidenbekehrung aus und schied deshalb aus seiner Religion alles aus, was dieser seiner Mission hinderlich im Wege sein konnte. Es mußte seine Religion als die erhabenste, von Gott selbst ihren Ausgang nehmende, die ganze Menschheit beglückende Philosophie den Heiden darstellen, zu denen es auch in ihrer Sprache redete. Die Schöpfer der jüdischen Weisheitsliteratur aber redeten in einem den Heiden ganz fremden und unverständlichen Idiom, konnten also die Bekehrung derselben nicht beabsichtigen wollen; und ihren eigenen Volksgenossen gegenüber hätten sie als ganz unjüdisch erscheinen wollen! Und warum? Sie sprachen und dichteten für ihre Konnationalen, wurden ihre Volkslehrer und Volksdichter, und da konnten sie ja nur dann wirken, wenn sie sich als Vollblutsjuden gaben. Und da sie dies nicht taten, sondern den Menschen und nicht den Juden hervorkehrten und den reinen religiösen Individualismus predigten, mit dieser Lehre aber so tief in das Volksbewußtsein sich hineinlebten, daß selbst der in der hasmonäischen Zeit zur Herrschaft gelangte Obskurantismus sie nicht mehr daraus zu verdrängen vermochte; das, sollten wir meinen, beweist hinlänglich, daß sie die religiöse Richtung, die Esra und Nehemia inaugurieren wollten, vollständig überwunden hatten. Und weiteres: daß sie zu Volkslehrern und Volksdichtern geworden und daß ihre Werke sich in dem heiligen, von Gott inspirierten Schrifttum ihres Volkes einen ehrenvollen Platz errungen und ihn auch gegen das spätere Anstürmen zelotischer

Eiferer behauptet haben, das lehrt zur Genüge, daß das Volk damals verständnisvoll solchen Unterweisungen lauschte und für dieselben reif geworden war. — Also nicht takt- und kunstvoll verbargen diese Volkslehrer ihr gesetzestreues Judentum; sie waren vielmehr so, wie sie sich gaben, darum wirkten sie auch so nachhaltig: ihre Worte kamen aus dem Herzen und drangen auch zu den Herzen!

Man täuscht sich eben gar sehr, wenn man glaubt, wie dies allgemein geschieht, daß Esra und Nehemia durch Begründung der Gesetzesherrschaft und durch den Versuch, das jüdische Volk von seiner fremden Umgebung völlig zu isolieren, den damals noch lebendigen prophetischen Geist zurückgedrängt, und daß ihnen die Schriftgelehrsamkeit, wie sie erst dreihundert Jahre später mit den Pharisäern aufgekommen, auf dem Fuße gefolgt sei, vernichtend den letzten Rest des freien schöpferischen Gedankens. Die Arbeiten Esras und Nehemias, die schon zu ihrer Zeit auf großen Widerstand stießen, hatten vorerst im großen und ganzen nur einen vorübergehenden Erfolg, und tatsächlich ist die Gestalt, die das vormakkabäische Judentum darbietet, eine ganz andere als jene das nachmakkabäischen. Ja selbst die Hochfrommen der Psalmen verraten noch nicht die geringste Ähnlichkeit mit ihren gesetzesbeladenen Nachfahren pharisäischer Provenienz.

Fragen wir schließlich, ob denn das Buch Hiob selbst keinerlei Andeutungen über Zeitverhältnisse enthalte, vermittelst deren sich seine Abfassungszeit auch nur annähernd bestimmen ließe, so müssen wir antworten, daß es solche Anzeichen tatsächlich enthalte und daß diese allgemein erkannt aber mißdeutet wurden. Bestimmtere derartige Zeichen seien, meint Dillmann, daß deutlich auf Zeiten hingewiesen werde, wo die Ordnung des Staates sich auflöste, die öffentlichen Verhältnisse verworrener geworden; es schildere sogar die Vernichtung von Staaten und Reichen, die Verbannung von ganzen Völkern und ihrer Häupter, zwar ohne Nennung von Namen, aber mit den lebendigsten Farben.[1] Das alles aber lasse auf die Zeit des Jojakim oder Zedekia, höchstens auf jene des Anfangs des babylonischen Exils schließen. — Ähnlich Bleck. „Wenn es", so urteilt er, „in einer Rede Hiobs heißt, daß Gott Räte und Priester gefangen fortführe, Könige in Fesseln lege, Edle und Gewalttätige

---

[1] Dillmann, Ijob XXVI, sq.

ohnmächtig mache, so läßt sich mit großer Wahrscheinlichkeit annehmen, daß der Verfasser solche Beweise der göttlichen Macht
bereits in seinem Volke gesehen."[1]) Ebenso Baudissin: „Wenn in
einer Rede Hiobs", so folgert er, „davon gehandelt wird, daß Gott
Räte und Priester gefangen fortführe, Könige in Fesseln lege, Edle
und Gewaltige der Verachtung und Ohnmacht preisgebe, so macht
dies den Eindruck, als ob der Dichter derartiges erlebt habe.
Da die Ansetzung des Buches bald nach dem Untergang des Reiches
Ephraim[2]) sich mit seiner Anschauungsweise nicht verträgt, so
bleibt nur übrig an die Zeit nach der Einnahme Jerusalems durch
Nebukadnezar zu denken".[3])

Aber passen diese Schilderungen im Buch Hiob nicht buch-
stäblich auf die durch Alexander den Großen geschaffene Weltlage?
Der Verfasser unseres Gedichtes war zweifelsohne lebender Zeuge der
unter dem großen Makedonier sich vollziehenden welterschütternden
Umwälzungen, deren Erinnerungen noch in der Danielapokalypse so
kräftig vibrieren. Er konnte es mit eigenen Augen sehen, wie mit
Sturmesungestüm gewaltige Reiche zertrümmert, Räte und Priester
gefangen weggeführt, Könige in Fesseln gelegt, Edle und Gewaltige
ohnmächtig gemacht wurden.[4]) Und wenn noch überdies der Geist
des ganzes Buches nur aus der griechischen Zeit begriffen werden
kann, sollte man da noch die Abfassung desselben in die vorexilische Periode hinaufrücken müssen?

So spricht denn alles in unserem Buche für seine Entstehung
zu Beginn des dritten Jahrhunderts, wo der griechische Geist be-

---

[1]) Bleek, Einl.[6] 502 sq.

[2]) „Ewald (Anfang des 7. Jahrh.), Nöldeke, Reuß, Schrader (erste Hälfte
des 7. Jahrh.), Riehm (Anfang des 7. Jahrh.)."

[3]) Baudissin, l. c. 768.

[4]) Man lese nur die wenigen Worte 1. Macc. 1,1—5, welche Alexanders
Welttaten schildern: „Und es geschah, als Alexander von Macedonien, Sohn
des Philippus — Darius den König der Perser und Meder geschlagen hatte,
regierte er an seiner Stelle, vorher aber über Griechenland. Er führte viele
Kriege, eroberte viele Festungen, und tötete die Könige der Erde. Er kam
bis an die Grenzen der Erde und nahm Beute von einer Menge von Völkern —
die Erde war ruhig vor ihm. — — Er sammelte ein sehr gewaltiges Heer und
herrschte über Länder und Völker und Fürsten und sie wurden ihm zinsbar."
— Diese welterschütternden Ereignisse hat, wie schon oben gezeigt, zweifellos
Ps. 46 vor Augen.

reits in Palästina eingedrungen war und daselbst die Denkweise
mächtig zu beeinflussen begonnen hatte. Gegen diese Überwuche-
rung der fremden Kultur nahmen, wie wir gesehen haben, die Altfrommen in den Psalmen Stellung, kämpften aber nur aus der
Ferne und im engen Kreise gegen deren Übermacht. Diesen selben
Kampf aber fanden wir im Buche Hiob offen ausgefochten, was
wiederum die Richtigkeit unserer Auffassung erhärtet: daß der
Kampf der Frommen in den Psalmen gegen die Gottlosen der neuen,
durch das Eindringen des griechischen Geistes in Palästina daselbst
hervorgerufenen religiösen Richtung gegolten.

IV.

KOHELETH.

Daß die von Hiob so energisch aufgeworfenen, mit so viel Tiefe und Kunst behandelten religiösen Fragen seither völlig verstummt und erst mit dem Buche Koheleth, dessen Abfassung wir in das letzte Jahrzehnt des dritten Jahrhunderts setzen, wieder in Fluß gekommen sein sollten, ist ganz und gar unwahrscheinlich. Liegt es doch in der Natur der Sache, daß eine Dichtung, wie das Buch Hiob sie darbietet, die das Gemüt so mächtig erregt, nicht spurlos im Sand verrinnen konnte, ohne zur Nachahmung angeregt zu haben. Dagegen spricht schon die eindringliche Warnung des Koheleth vor der vielen Büchermacherei, die zu seiner Zeit im Schwange war und gegen welche er sich gedrungen sah, sein Buch abzufassen.

In welcher Richtung aber diese Schriftstellerei sich bewegte, erfahren wir deutlich genug aus eben dieser Warnung: sie huldigte jedenfalls dem krassen, die Köpfe arg verwirrenden und zum Abfall von Gott führenden Epikureismus. Wenn schon der Verfasser des Buches Koheleth, selbst der größte Zweifler und Zweifelerreger, vor dieser Bücherflut warnt, und, wie Ewald richtig bemerkt, sein Buch schrieb, den verwirrenden Ansichten vieler Bücher seiner Zeit entgegenzuwirken; [1] in welche Entartung mußte die von ihm bekämpfte Literatur geraten sein, die er als eine „Qual für den Leib" stigmatisierte!

Und darin liegt denn auch der Grund, daß sie nicht auf uns gekommen ist, und dies erklärt auch die „höchst befremdliche Tatsache: das ist die schon von Herder als Problem empfundene völlige Einflußlosigkeit von Hiob auf die hebräische Literatur, wir würden,

---

[1] Ewald, l. c. 270. cf. ib. 273: „Waren nun solche Schriften vorangegangen, so verstehen wir noch besser, wie unser Dichter sich zu diesem Dichtwerke angetrieben fühlen mußte".

da es eine Sammlung so unvergleichlicher Bilder und Gedichte ist,
viel mehrere Spuren der Nachahmung in den hebräischen Dichtern
entdecken, als jetzt merkbar werden." Man braucht keineswegs mit
Cornill[1]) sich erst aus der späten Abfassung „diese Latenz eines
Werkes wie Hiob" zu erklären. Denn daß Hiob überreiche Nachahmung gefunden, lehrt zur Genüge jene Warnung des Koheleth.
Und wenn schon die Belassung des Buches Koheleth in dem Kanon
so viele Anfechtungen vonseiten der nachmakkabäischen pharisäischen
Schriftgelehrten zu erdulden hatte, um wie viel eher mußte von
ihnen diese ganze, selbst von einem Koheleth geächtete Literatur,
die sich noch überdies nicht unter den Schutz eines ehrwürdigen
Namens der Vorzeit begeben konnte, in den verborgenen Winkel
der Vergessenheit geschleudert worden sein.

Welche Verheerung diese in der Zeit zwischen Hiob und
Koheleth aufgekommene und so üppig wuchernde Büchermacherei
in den Geistern angerichtet, welche Verwüstung der Hellenismus,
der bei seinem ersten Auftauchen auf palästinensischem Boden die
herrlichsten Früchte, wie wir sie in den Proverbien und in Hiob
bewundern, gezeitigt hatte, in der Folge, wo er in die „weltläufige,
faule und frivole Art" umschlug, gestiftet: das lesen wir nur allzu deutlich aus dem Buche Koheleth heraus, welches die Weisheitsliteratur abschließt und noch Aufnahme in den Kanon gefunden hat.

Wüßten wir auch nicht aus der Geschichte, was weiter gefolgt
war, wir müßten uns von selbst sagen, daß eine Richtung, wie sie
die Hellenisierung des palästinensischen Judentums in der zweiten
Hälfte des dritten Jahrhunderts genommen, notwendig entweder
zur Auflösung desselben oder zu einer mächtigen Reaktion führen
müsse. Die letztere trat ein in der Makkabäerepoche, also nicht
lange nach der Abfassung des Buches Koheleth.

Spiegeln die Proverbien und Hiob das frische und fröhliche
Aufblühen des Hellenismus in Palästina wider, so zeigt uns
Koheleth denselben in seiner entarteten, die weitesten Schichten
des jüdischen Volkes depravierenden Gestalt. Dort Ernst, Tiefe und
Frische, hier Flachheit, Breite und Blasiertheit; dort ein vornehmes
und erfolgreiches Ringen des heimischen mit dem übermächtigen
fremden Geiste, hier ein völliges Unterliegen des ersteren und
Untergehen in den Schlammwellen eines ganz versumpften und ver-

------

[1]) l. c. 236 sq.

kommenen Hellenismus. Nicht mehr die griechische Weisheit ist
es, die die Gemüter beherrscht und neue Werte schafft; Schlagworte,
von seichten Volksverderbern kolportierte, philosophisch klingende
Gemeinplätze behaupten jetzt das Feld, bilden den Inhalt einer
Tagesliteratur, die massenhaft produziert und die ein halbgebildetes
Publikum gierig verschlingt, und wir verstehen gar wohl die bittere
Klage des Koheleth: „Des vielen Büchermachens ist kein Ende und
zu viel Lesen ist eine Qual für den Leib!"

Wir wissen aber auch ganz genau, welcher Art die die Massen
benebelnden Schlagworte dieser perversen Tagesliteratur war. Schon
im Buch Hiob haben wir sie beleuchtet gefunden, weit eingehender
und ausführlicher wird sie behandelt im Koheleth und in der mit
diesem gleichzeitig oder noch früher auf dem Boden Alexandrias ent-
standenen Sapientia Salomonis. In dieser letzteren wird der Inhalt
dieser Literatur haarscharf gekennzeichnet. Nachdem der Verfasser
dieses Buches im vorhergehenden Kapitel seine Gegner vonseiten
ihrer irreligiösen Denkart gegen Gott als gotteslästerliche Menschen
geschildert hat, läßt er sie nun in eigener Rede ihre frivolen Ansichten vom Menschenleben und dessen höchstem Zweck, sowie ihre
feindselige Gesinnung gegen die ihrer väterlichen Religion treu
gebliebenen Israeliten ausprechen:[1] „Denn sie sprechen", sagt er,
„in verkehrtem Sinne: kurz und traurig ist unser Leben, es gibt
kein Heilmittel gegen den Tod des Menschen und nicht ist bekannt
worden, der uns aus der Unterwelt zurückbringt. Durch Zufall
sind wir entstanden und werden dann wieder sein als nie gewesen;
denn Rauch ist der Odem in unserer Nase, das Denken ein Funke,
der sich in unserm Herzen regt. Erlischt dieser, dann zerfällt der
Leib in Asche und der Geist verfliegt wie dünne Luft; unser Leben
geht vorüber wie die hinziehende Wolke, es schwindet dahin, wie
ein Nebel löst es sich auf, der von den Sonnenstrahlen fort-
getrieben und von ihrer Hitze niedergedrückt wird. Denn ein vor-
übergehender Schatten ist unser Leben, und keine Rückkehr gibt
es nach unserm Ende, denn sie ist verschlossen und keiner kehrt
wieder. — Kommt also und laßt uns genießen die Güter der Gegenwart und fleißig gebrauchen das Erworbene in unserer Jugend.
Mit köstlichem Weine und mit Myrrhen wollen wir uns anfüllen
und nicht darf uns entgehen die Blume des Frühlings. Wir wollen

---

[1] cf. W. Grimm, Kurzgef. exeg. Handb. z. d. Apokr. p. 66.

uns bekränzen mit Rosenknospen, ehe sie welken. Keiner von uns sei ohne Teil an dem üppigen Leben; überall wollen wir Zeichen unserer Fröhlichkeit zurücklassen; denn das ist unser Teil und unser Los."[1]

Diese Lebensanschauungen, denen ja schon im Buche Hiob nachgegangen wird, die aber in den Zeiten des Pseudosalomo und Koheleth auf allen Gassen und Straßen in allen Tonarten gepredigt wurden, reproduziert Koheleth: die einen teilend, die andern widerlegend und ihre Nichtigkeit aufweisend. Seine einschlägigen Sentenzen lauten: Alle Tage des Menschen sind schmerzvoll, und kummervoll sein Geschäft.[2] — Alle seine Tage ißt er in finsterem Sinn und vielem Unmut, und Leiden hat er und Verdruß.[3] Keine Entlastung gibt es im Kampfe, niemand befreit von der Unterwelt.[4] Zeit und Zufall treffen alle. Wer ist's, der ausgenommen wird? Die Toten wissen nichts und kein Vorteil ist ihnen mehr, ihnen ist in Ewigkeit kein Teil mehr an allem, was geschieht unter der Sonne.[5] Alles wird aus dem Staube und kehrt in den Staub zurück.[6] — Der Staub kehrt zurück zur Erde, wie er gewesen.[7] — Nicht gedenkt man der Früheren und auch der Späteren wird man nicht gedenken bei denen, die nachher sein werden.[8] Nicht gedenkt man der Weisen wie der Toren für immer, weil in den kommenden Zeiten schon alles vergessen ist.[9] — Vergessen wird ihr Gedächtnis.[10] Der Mensch bringt eine kleine Anzahl Lebenstage zu wie ein Schatten.[11] Alles was kommt ist nichtig und keine Tätigkeit giebt es mehr nach dem Tode.[12] — Das Grab ist eine ewige Behausung des Menschen, denn wer bringt ihn dahin, daß er sehe, was sein wird nach ihm?[13] — Nichts ist besser, als fröhlich zu sein und sich gutes zu tun im Leben.[14] Besser ist, was man vor Augen sieht als Trachten nach Gier.[15] — Sei fröhlich, Jüngling, in deiner Jugend und laß dein Herz guter Dinge sein in deinen Jünglingstagen, wandle in den Wegen deines Herzens und in der Weide deiner Augen: doch wisse, daß über dieses alles Gott

---

[1] Pseudosal. 2,1—10. — [2] Kohel. 2,23.
[3] ib. 5,16. — [4] ib. 2,3. 5,7, 16, 12.
[5] ib. 3,2. 9,2—7. cf. 3,18—21. — [6] ib. 3,20.
[7] ib. 12,7. — [8] ib. 1,11.
[9] ib. 2,16. — [10] ib. 9,5. cf. 4,16.
[11] ib. 6,12. — [12] ib. 11,8. 9,10.
[13] ib. 12,5. 3,22. — [14] ib. 3,12. — [15] ib. 6,9.

dich ins Gericht führen wird![1]) Allezeit seien deine Kleider glänzend und Salböl mangle nie auf deinem Haupte.[2])

Also schon die Art und Weise, wie Koheleth auf die Schriftstellerei seiner Zeit reagiert, läßt uns die Beschaffenheit derselben genau erkennen.

Während Pseudosalomo, der vom Geiste Platos erfüllte Diasporajude, den in seiner Zeit grassierenden religiösen Nihilismus durch den Unsterblichkeitsglauben und die Lehre von der Vergeltung nach dem Tode zu bekämpfen sucht, wird diese Lehre in Palästina, selbst noch von dem Verfasser des Buches Koheleth, stark angezweifelt und er weist sie ebenso ab wie die von ihm bekämpften Gegner. Wie diesen, so gilt auch ihm mit dem Leben auf Erden alles abgeschlossen, darum predigt auch er einen weitgehenden Eudämonismus. Was ihn jedoch von seinen Gegnern unterscheidet, ist einzig und allein: der Glaube an die Existenz Gottes und die Überzeugung, daß dieser die Sünden und Laster der Menschen nicht ungestraft läßt. Bei aller Berechtigung, die er dem Lebensgenusse einräumt, empfiehlt er doch stets maßzuhalten, denn wisse, mahnt er, daß Gott für alles Rechenschaft von dir verlangen wird.

Man sieht, wie weit das Übel in den Zeiten und in der Heimat des Koheleth gediehen war. Da wo die Juden in der griechischen Diaspora, wie dies schon aus Pseudosalomo hervorleuchtet, von dem Geiste der herrschend gewordenen platonischen Philosophie sich durchdringen, ihren Mosaismus von ihm befruchten und verjüngen zu lassen anfangen, hat in Palästina dieser selbe griechische Geist, nachdem er hier den nach den Zeiten Esras und Nehemias dahinwelkenden Lebensbaum des jüdischen Volkes zur Hervorbringung neuer kräftiger Blüten befruchtet hatte, eine Verwilderung der Sitten herbeigeführt, wie sie uns gegen Ende des dritten Jahrhunderts in den Zeiten des Koheleth und in noch grauenerregenderer Gestalt in jenen des Antiochus Epiphanes entgegentritt. Eine verderbte, von der Fäulnis der griechischen Kultur angefressene Priesterschaft,

---

[1]) ib. 11,9. cf. 3,22. 5,17. 9,7—9. 11,8.

[2]) ib. 9,8. cf. Knobl, Komment. über das B. Kohel. 95 sqq., wo diese Parallelen zusammengestellt sind, aus denen jedoch keineswegs, wie manche Ausleger behaupten möchten, hervorgeht, daß Pseudosalomo gegen Kohel. polemisiere. Beide Schriftsteller sind vielmehr Kinder derselben Zeit, welcher diese Gedankengänge geläufig sind, und jeder von beiden reagiert in seiner Weise gegen dieselben.

deren Führung das jüdische Volk ausgeliefert war, hatte mit Hülfe
einer grundschlechten und in die Massen dringenden Tagesliteratur
diese verotteten Zustände herbeigeführt und die Nation, die ein
Jahrhundert vorher einen so vielverheißenden geistigen Aufschwung
genommen, an den Rand des Abgrunds gebracht. „Es war ein
tragisches Schicksal," bemerkt O. Holtzmann sehr richtig, „daß gerade
die edlen Bestandteile des jüdischen Volkes zum ersten Male unter
diesen Mißgeburten zu leiden hatten. Denn daß Antiochus IV. eine
Änderung der Religion der Juden durchsetzen wollte, war eine nicht
dem weitherzigen Hellenentum entstammte Maßregel. Wir sahen,
wie Antiochus dazu kam, einen Hohepriester abzusetzen, später
sogar einen nichtlevitischen Hohepriester einzusetzen; wir sahen,
wer ihm zuerst die Schätze des Jerusalemer Tempels flüssig machte,
wer ihm die jüdische Gesetzlichkeit als Lust zur Empörung dar-
stellte: so können wir uns nicht wundern, wenn Antiochus endlich
dem Drängen dieser mächtigen und angesehenen Juden nachgab
und auf ihr Anstiften gegen ihre Volksgenossen etwas unternahm,
was in der römisch-griechischen Welt bis dahin unerhört war, eine
Religionsverfolgung." [1]

Also gegen Ende des dritten Jahrhunderts hatte der religiöse
Nihilismus unter den jüdischen Massen derart um sich gegriffen,
daß selbst der Verfasser des Buches Koheleth — ein Frommer
jener Zeit — die herrschend gewordenen Lebensanschauungen teilte,
nur daß er sich den Glauben an Gott und an eine vergeltende Gerechtigkeit unerschütterlich bewahrt hatte. Und nichts weiter als
diesen Glauben forderte er von der durch falsche Lehrer und eine
vergiftende Lektüre irregeführten Jugend. Er gestattet ihr, wie gesagt, den Genuß, den das Leben darbietet, aber er ermahnt sie,
Maß zu halten in allen Dingen und niemals zu vergessen, daß Gott
über den Menschen wache und ihn über all sein Tun und Lassen
zur Rechenschaft ziehen werde. Alles, was seine Zeit lehre und
empfehle und was er selbst erprobt und durchlebt habe, es sei eitel
und nichtig. Den einzigen Anker auf dem wogenden Meere des
Erdenlebens biete der Glaube an Gott und die Beobachtung seiner
Gebote: dies der ruhende Pol in der Erscheinungen Flucht. In der
Tat war Koheleth, der von sich sagen konnte, er habe alle Weisheit
des Lebens durchforscht, alles, was es bietet, durchkostet und alles

---

[1] O. Holtzmann, l. c. 321.

bis auf den Glauben an Gott als eitel und nichtig befunden, der geeignetste Lehrer für seine Zeit. —

Daß unser Buch in einer verhältnismäßig sehr späten Zeit geschrieben, in einer Zeit, wo der althebräische Glaube in Mißkredit geraten, alte religiöse Werte schon vielfach durch neue ersetzt waren, das gestehen selbst die konservativsten Ausleger zu; nur schwanken die Ansichten darüber, ob die Abfassung in die letzte Zeit der persischen oder in den Anfang der makedonischen Periode zu setzen sei. — „Das Buch,“ sagt De Wette, „versetzt uns sichtlich in eine Zeit, da die althebräische Vergeltungslehre, überhaupt der alte Glaube bereits der Gegenstand einer Reihe der stärksten Zweifel geworden war, und da man der Verzweiflung an allem Höhern nahe, im irdischen Genuß die gesuchte Befriedigung und die vermißte innere Harmonie zu finden glauben konnte. Ein Bild des Seelenkampfes eines Frommen dieser Zeit entrollt uns das Buch Koheleth. Dasselbe versetzt uns mitten hinein in den wogenden Streit der sich einander bekämpfenden Gedanken. Der alte Glaube erscheint mit dem modernen Zweifel im Ringen um die Obmacht. Schließlich aber sehen wir den ersteren über den letzteren den Sieg davontragen, indem der Verfasser als Summe der Rede den Satz aufstellt: „Gott zu fürchten und seine Gebote zu lieben“.[1] — „Im Koheleth“, urteilt Elster, „ist ein neues Entwicklungsstadium der alttestamentlichen Religion, welches erst da eintreten konnte, wo eine prophetische Offenbarung nicht mehr möglich war, weil das theokratische Leben des Volkes zu sehr stagnierte, als daß dasselbe empfänglich gewesen wäre für eine solche Fortentwicklung der göttlichen Offenbarung, wie sie im Prophetismus stattfand.“[2] — „Daß das Buch verhältnismäßig jung sei,“ meint Hitzig, „anzunehmen, rät die darin kundgegebene Reife und Unbefangenheit des Urteils über Gottes Weltordnung; und auf ein sehr spätes Zeitalter führt die Tatsache selbst, daß der Verfasser gleich dem des Buches Daniel unter dem Namen eines berühmten Weisen der Vorzeit seine

---

[1] De Wette—Schrader, Einl.[8] 541. Nach ihm ist (ib. 542) die Abfassung des B. Kohel. in die letzte Zeit der persischen oder in den Anfang der mazedonischen Periode zu setzen, „wo ohnehin dergleichen literarische Fiktionen üblich waren“.

[2] Elster, Komment. über das B. Kohel. 7. Er setzt die Abf. d. Buches etwa in die Mitte des 4. Jahrh., in die letzte Zeit der pers. Herrschaft.

Schrift ausgehen läßt."[1] — Und Nöldeke: „Der alte Glaube, daß
Tugend und Belohnung, Laster und Strafe in richtigem Verhältnis
zueinander ständen, eine der Grundlagen der mosaischen Religion,
mußte mit dem Fortschritte des Nachdenkens und dem Wachsen
des nationalen Unglücks Anfechtungen erleiden. Schon das Buch
Hiob behandelt diese Probleme, schließt aber mit einer glänzenden
Theodicee. Ganz anders mußte man den Zwiespalt der Lehre und
der Wirklichkeit lange nach dem Exil fühlen, als die religiöse Begeisterung und die fromme Naivität vertschwunden, kein Prophet
mehr vorhanden, nichts von den großen Hoffnungen erfüllt war."[2]

Ungemein tiefes Verständnis für unser Buch und die Zeitverhältnisse, denen es sein Dasein verdankt, zeigt Ewald, dessen Kommentar uns so viel Anregung bot. — Und merkwürdig, während
seine Darlegung der Tendenz und Entstehungsursachen dieses Buches
in jedem Unbefangenen die Überzeugung erwecken muß, daß eine
Schrift wie Koheleth in keiner andern als in der griechischen Periode
geschrieben sein konnte, will Ewald selbst von einer so späten Abfassung nichts wissen[3] und setzt sie gleichfalls in das letzte Jahrhundert der persischen Herrschaft. „Alles," sagt er zutreffend,
„bewegt sich in Koheleth um einen festen, geschlossenen Kreis von
Gedanken und Wahrheiten: diese aber sind keine gewöhnliche,
veraltete oder leicht zu begreifende, sondern mitten in den
schwersten Fragen und Rätseln des Lebens soll hier eine neue
höhere Wahrheit als festes Ziel errungen werden; die Rätsel
endlich, deren Lösung in einer neuen Ansicht und Wahrheit des
Lebens gesucht wird, hat der Verfasser nicht sich müssig erdacht
oder willkürlich aufgestellt, sondern sie lagen in den Verhältnissen seiner Zeit als gegeben vor und reizten den Verfasser
zum Versuche, sie zu lösen. Darum ist Entstehung, Sinn und Gestalt dieses Buches nicht zu verstehen, wenn man nicht zuvor die
Umstände der Zeit kennt, die es hervorriefen."[4]

Und alle Vorbedingungen für die Entstehung eines Buches wie
Koheleth, in welchem wir „die Keime und Triebe einer neuen
israelitischen Philosophie vor uns haben, ohne welche später die
griechische nicht so leicht hätte eindringen und sich mit Altisra-
elitischem vermischen können,"[5] sollen in dem letzten Jahrhundert

---

[1] Hitzig, Der Pred. Sal. 120. cf. Riehm, Einl. in d. A. T. II, 287.
[2] Nöldeke, l. c. 170.
[3] Ewald, l. c. 268, Anm. 2. — [4] ib. 267 sq. — [5] ib. 271.

der persischen Herrschaft gegeben gewesen sein! In einer Zeit, wo im Judentum alles geistige Leben stagnierte und aus welcher, wie Ewald selbst sagt, „es uns allerdings an jeder äußeren Nachricht fehlt!" — — „Während aber," so fährt er fort, „die prophetische Tätigkeit aufhörte, fing die eigentliche Gelehrsamkeit und Schulweisheit so wie noch nie früher zu blühen an, teils weil die hochgeschätzten älteren Bücher zu erhalten und zu verstehen waren, teils weil man auf die Zeitgenossen nicht mehr anders als schriftlich wirken konnte. Die deutlichsten Spuren dieser großen Veränderung der Zeit gibt dies Buch, welches schon auf eine ganz neue, früher unerhörte Weise über zu vieles Büchermachen und Lesen (d. i. Studieren) klagt, ja welches, wie bald weiter erhellen wird, sogar eigens dazu geschrieben ist, den verwirrenden Ansichten vieler Bücher jener Zeit entgegenzuwirken. Auch blieb es keineswegs blos bei vielem Lesen und Schreiben: mit dieser Veränderung des geistigen Lebens war zugleich der Anfang einer ganz neuen Art von Selbstdenken, Zweifeln und Forschen oder von Philosophie gegeben, welche mit eigener Kraft die mannigfaltigsten Wege zur Erfassung der Wahrheit einzuschlagen versuchte. Hier gerade trifft man aber auf eine geschichtlich äußerst denkwürdige Erscheinung, denn man fühlt stark genug, wie unser Lehrdichter sich eine ganz neuphilosophische Sprache bildet, und man sieht noch, wie er mit der hebräischen Sprache ringt, sie sich zu einem gefügigen Werkzeuge für den Ausdruck neuer Begriffe zu machen."[1])

Es ist in der Tat eine starke Zumutung zu glauben, daß in der letzten Periode der Perserherrschaft, aus welcher nicht die mindeste Kunde von einer so hochgehenden geistigen Bewegung im Judentum, wie sie in der Weisheitsliteratur ebbet und flutet, zu uns dringt, literarische Produkte von der Qualilität eines Koheleth entstanden sein sollen. In den nachexilischen Zeiten gab es nur eine literarisch mächtig angeregte Epoche: das war jene, in welcher mit Alexander dem Großen die griechische Kultur ihren Einzug in Judäa hielt, die hier ein ganz neues, scheinbar an das Alte sich anschmiegendes Schrifttum schuf, zumal für eine ungestörte Entfaltung eines solchen die Zeit äußerst günstig war, wie nie zuvor und niemals mehr nachher. Denn während der nahezu hundert

---

[1]) Ewald 270. cf. Nöldeke 174.

Jahre, wo die Juden unter der Herrschaft der Diadochen standen,
genossen sie zumeist des ungetrübten Friedens und großer Begün-
stigungen seitens der staatsklugen Ptolomäer, die ihre geistige Entfaltung unter einer sich zwanglos vollziehenden Hellenesierung ungemein förderten.¹) Denn daß das dritte Jahrhundert im Vergleiche zu den früheren für Israel ein sehr glückliches gewesen,
leuchtet schon aus dem Umstand hervor, daß wir aus dieser Zeit
keinerlei Klagen über äußere Bedrückung oder über Unterdrückung
seiner religiösen Freiheit vernehmen. Kaum, daß eine solche zu
Beginn des zweiten Jahrhunders eintreten sollte, als sie auch schon
Schriftsteller erweckte, die davon in allen Tönen und Farben Kunde
geben, und als auch schon ein Kampf auf Leben und Tod gegen
diese Unterdrücker entbrannte. Auch hören wir in dieser ganzen
Periode keinen Ruf nach dem Messias ertönen, ein Ruf, der immer
wieder erschallte, so oft Israel in Not gekommen war. Zum
Überfluß geht aus dem Buche Koheleth selbst hervor, wie Baudissin
richtig bemerkt, „daß denen, welchen es predigt, mannigfache Entfaltung des Lebens in Genuß und Freude offen stehe. An eine
Zeit der Verfolgung israelitischen Volkstums sei also nicht zu

¹) cf. Reuß, Die Gesch. der heil. Schriften A. T. 527: „Die beiden größten
Regentenhäuser, welche aus den Trümmern von Alexanders Weltreich sich
einen Thron aufbauten, hatten in gleicher Weise Palästina nötig zur Sicherung
ihrer Grenzen, und suchten daher um die Wette, die Juden zu verpflichten.
Sie begünstigten dieselben in ihren materiellen Interessen und lenkten so
vollends die geistige Tätigkeit der Mehrzahl des Volkes auf weltliche Dinge".
— cf. Th. K. Cheyne, The orig. and rel. cont. of the Psalter, p. 9. Er spricht
hier von dem vierten und fünften Buch der Psalmen und ihrer Entstehungszeit
und sagt: We have therefore to study the long space of time between the Return
from the Exile and the Septuagint translation of the Psalms (say between 537
and the second half of the second century B. C.) does history suggest a period
in which the stationary civilization of Iudaea received such an impulse from
without that the old music became intolerable to cultivated ears? — — Listen
to the jubilant, sometimes even martial notes, of the psalmists, and observe
how completely the old doubts of Gods righteousness have died away. Now
can we find the period? That of the Persian domination is out of the
question; the severity of the Persian governors, the excessive
taxation, and the passage through Palestine of army after army on its way
to Egypt, so depressed the national spirit that any great impulse
to civilization from the side of Persia is inconceivable. But who
does not know the growing and persistent influence exerted
upon the Jews by the Hellenic type of culture?

denken."[1]) — Nur in einer solchen Zeit und unter solchen Verhältnissen konnte die jüdische, vom griechischen Geiste getränkte Weisheitsliteratur entstehen, nicht aber, wie Ewald meint: im letzten Jahrhundert der persischen Herrschaft, wo schon der innere Zustand des Volkes zu einer lange dauernden und während dieser zu einer neuen Gestaltung der Dinge gekommen sei.[2]) — Wir aber suchen vergeblich unter der persischen Herrschaft jene lange dauernde Ruhe in Palästina, die eine unerläßliche Vorbedingung für die Erzeugung eines Schrifttums, wie die von einem ganz neuen Geiste getragene, vielfach bis in die Einzelheiten mit vollendeter Kunst aufgebaute Weisheitsliteratur es darbietet.[3]) — In Drangsalszeiten aber singt man kein „Hoheslied", das ganz zweifellos ebenfalls erst in der griechischen Periode entstand, und in Israel überhaupt — das lehrt das ganze biblische und selbst nachbiblische Schrifttum — sang man nur, wenn man erleichtert vom Drucke aufatmete.

In Bedrängnis oder im Exil sang Israel nicht, da hing es, wie der Psalmist wehmütig klagt, „an die Weiden im Lande seine Zithern auf", und als da der Bedränger Zionslieder und Jubelsang von ihm zu hören begehrte, da lautete die Antwort: „Wie könnten wir auf fremdem Boden Gotteslieder singen!"[4])

Schon der Umstand, daß unser Buch die Unsterblichkeitslehre kennt, ihr aber noch 'einen entschiedenen Zweifel entgegenbringt, hätte davor warnen müssen, es in die vorgriechische Zeit hinaufzurücken, welcher der Unsterblichkeitsgedanke noch völlig fremd war, der aber schon in den Zeiten, als Koheleth schrieb, den Juden

---

[1]) Baudissin, l. c. 788. — [2]) Ewald, l. c. 269.

[3]) Wie übrigens die Zeit aussah, in welcher Ewald das B. Koheleth abgefaßt sein läßt, schildert er selbst: „Wir haben", sagt er, „über diese spätere Zeiten der persischen Herrschaft und ihren Einfluß auf Palästina allerdings nur spärliche Nachrichten: was noch am meisten von gleichzeitigen Schriften verglichen werden könnte, wäre zunächst das nur wenig frühere Buch Malachis, welches unter allen biblischen Büchern die größte und vielfachste Ähnlichkeit mit Koheleth offenbart. — — Doch kann auch der geschichtliche Grund im Buch Elster, wie gering er übrigens sein mag, hieher bezogen werden, indem daraus wenigstens hervorgeht, daß die persische Herrschaft zuletzt äußerst drückend und verhaßt wurde, wie man denn auch weiß, wie gern die Morgenröte der griechischen Herrschaft von den Überbleibseln des alten Volkes aufgenommen wurde." — ib. 272.

[4]) Ps. 137,2—4.

in der griechischen Diaspora, wie dies Pseudosalomo so eklatant
bezeugt, als feststehendes Dogma galt.[1]) — Wir sehen auch hierin,
woher der Wind kam, der in der palästinensischen Weisheitslehre
so kräftig weht und ihr neue Säfte zuführt. Die Lehre von der
Unsterblichkeit, die den griechischen Juden schon lange geläufig,
war in den Zeiten des Koheleth auch in Palästina bereits eingedrungen, wurde daselbst eifrig erörtert, allein sie ist hier noch
lange Gegenstand des Zweifels und faßt erst in der nachmakkabäischen Zeit, freilich in gröberer Form als in der griechischen
Welt, Boden. — Hiermit ist auch das Urteil Smends über die
Stellung unseres Buches zur Religion berichtigt. Er sagt nämlich:
„Merkwürdig ist bei alledem die Stellung, die Koheleth zur Religion einnimmt. In der griechischen Zeit erlitt der jüdische Glaube
schwere Anfechtung, aber zugleich gewann er noch an Kraft.
Manche gaben die messianische Hoffnung auf, bei den Frommen
wurde sie umso größer und lebendiger. Jeden Augenblick meinten
sie den Eintritt der messianischen Zukunft erwarten zu sollen, wie
die zahlreichen apokalyptischen Schriften jener Zeit beweisen.
Gleichzeitig regte sich die Hoffnung auf ein Leben nach dem Tode.
Koheleth lehnt diese Hoffnung ab, er hält fest daran, daß der
Mensch nach dem Tode keinen Teil mehr am Leben hat. Ja, auch
die messianische Hoffnung fällt für ihn dahin. Denn darauf kommt
es hinaus, wenn er sagt, daß es niemals etwas neues unter der
Sonne geben werde. Damit sagt Koheleth sich vom jüdischen Glauben in seinem wesentlichsten Punkte los.
Alle religiösen Interessen der Juden liefen in dieser Hoffnung zusammen, namentlich hatte sie aber den Sinn, daß Gott einmal
richten müsse. Darum dreht sich auch der Prinzipienkampf zwischen
den Frommen und den Gottlosen. Will Koheleth von einem zukünftigen Leben nichts wissen, läßt er sogar die messianische Hoffnung
fahren, so scheint er auf die Seite der Gottlosen treten zu müssen.“[2])
      Smend sieht eben hier, wie dies auch sonst allgemein ge-
schieht, in dem Judentum des Zeitalters der Weisheitsliteratur schon

------

[1]) cf. Grimm, l. c. 61: „Die Erwartung, daß die Seelen unmittelbar nach
dem Tode des Leibes, und ohne Wiederherstellung des letztern in den jen-
seitigen Vergeltungszustand eintreten, gehört zu den wesentlichen Grund-
gedanken des alexandrinischen Judentums und ist jedenfalls aus der Einwirkung des Platonismus herzuleiten.“
[2]) Smend, Lehrb. der alttest. Religionsgesch. 530 sq.

jenes Judentum, wie es sich erst in der makkabäischen und nachmakkabäischen Zeit unter dem schweren Drucke der Religionsver-
folgungen und des Sieges einer finsteren Reaktion herausgebildet
und in der apokalyptischen Literatur jener späteren Zeit zum Ausdruck gelangt. In dem Zeitalter des Koheleth aber war weder die
messianische Hoffnung im jüdischen Volke lebendig, da ja die gün-
stige Lage desselben eine Erlösung nicht erheischte, noch bildete
die Hoffnung auf ein Leben nach dem Tode, die ja erst vor nicht
gar zu langer Zeit aus der Fremde importiert wurde, einen Glau-
bensartikel des palästinensischen Judentums. Wenn nun Koheleth
von beiden nichts wissen will, so sagte er sich mitnichten damit
vom jüdischen Glauben in seinen wesentlichsten Punkten los.

Es weist somit alles im Buche Koheleth auf die griechische
Zeit hin, und so neigen denn auch die meisten neueren Forscher
der Ansicht zu, daß es in dieser Periode entstanden sei. Die Abfassung unseres Buches, meint Nöldeke, könne schon der Sprache
nach nur eine sehr späte sein; doch seien leider mehrere Anspielungen auf bestimmte Ereignisse uns aus Mangel an Kunde der
ptolomäisch-seleucidischen Zeit nicht näher verständlich. Daß das
Buch aber nur aus dieser Epoche sein könne, scheine ihm deutlich. Dem Verfasser und seinen Lesern fehle es nicht an Gelegenheit, mit dem König in Berührung zu kommen, daher er für diese
Fälle Verhaltungsregeln gebe, das passe zu dieser Epoche.[1] „Das
ganze Buch Koheleth“, so lesen wir bei Holtzmann, „erinnert in
wesentlichen Punkten an das Buch Hiob, mit dem es die ganze
Stimmung, viele Einzelfragen und die allgemeine Weltanschauung
gemein hat. Auch hier haben wir es ausdrücklich mit Philosophie
zu tun: „Ich lenkte mein Herz darauf zu erforschen, zu ergründen
durch Weisheit alles, was geschieht unter dem Himmel.“ — Weist
uns schon diese ganze Beschäftigung deutlich genug darauf hin,
daß hier griechische Einflüsse wirksam sind, so erkennt man das
noch deutlicher daran, daß der Mensch, und zwar im Ganzen ohne
wesentliche Beziehung auf Gott im Mittelpunkte der Weltbetrach-
tung steht.“[2] Ähnlich Cornill: „Deutlich“, sagt er, „ist der
Hellenismus dasjenige Ferment, welches die alttestamentliche
Frömmigkeit zum Gären gebracht hat. Die Frage, ob Koheleth
unmittelbare Bekanntschaft mit und direkte Abhängigkeit von der

---

[1] Nöldeke, l. c. 175. — [2] O. Holtzmann, l. c. 358.

griechischen Philosophie zeige, ist eine offene: aber so viel scheint festzustehen, daß nur ein vom Hellenismus befruchteter oder doch wenigstens beeinflußter jüdischer Geist ein solches Werk hervorbringen konnte, und deshalb glaube ich auch die persische Zeit ausschließen und bei der hellenistischen stehen bleiben zu müssen. Koheleth entstand im Laufe des dritten Jahrhunderts in Palästina und zeigt, wie auch dort der Hellenismus in den Geistern an Boden gewonnen hatte, so daß ein Unternehmen wie das des Antiochus Epiphanes nicht aussichtslos erscheinen konnte."[1])

[1]) Cornill, l. c. 252. — cf. Smend 526: „Imponierend trat auch die griechische Kultur den gebildeten Juden entgegen, sie wirkte zersetzend auf den Glauben und das Leben der Gemeinde. Der Gegensatz von Gottlosen und Frommen, der schon in der persischen Zeit hin und wieder eine große Schärfe annahm, steigerte sich jetzt aufs äußerste, Glaube und Unglaube rangen miteinander auf Leben und Tod. — — Es könnte nun scheinen, als ob dieser Gegensatz in der griechischen Zeit alle Glieder des jüdischen Volkes unter sich hätte begreifen müssen. Aber Koheleth zeigt uns, daß das doch nicht ausnahmslos der Fall war. Wir lernen hier vielmehr einen Individualismus kennen, der weder zu den Gottlosen noch zu den Frommen hält. Gewiß war es nur ein kleiner Kreis, in dem die Denkweise des Buches herrschte, aber umso merkwürdiger ist es, denn Koheleth unterscheidet sich ebensosehr von dem Unglauben der Gottlosen, wie von dem Glauben der Frommen." — Und jüngsthin Siegfried in Nowaks Handkomment. z. A. T. II. Abt. III. Bd. 2. T. p. 9: „Es scheint daher", sagt er, „von vornherein beinahe unmöglich, anzunehmen, daß Koheleth, der nach fast allgemeinem Urteil der griechischen Periode angehört, nicht sollte griechische Einflüsse zeigen. Auch Kleinert, der es als seine eigenste Aufgabe betrachtet, das Buch Koheleth „als ein Produkt innerhebräischer Geistesentwicklung zu begreifen", erkennt doch an, „daß die geistige Gesamtatmosphäre, welcher die großen Spätlingssysteme der griechischen Philosophie ihre Entstehung verdanken, sich auch in unserm Buche widerspiegelt. Es fehlt kaum einer von den charakteristischen Grundzügen derselben, wie sie Zeller in der schönen Einleitung zum dritten Bande seiner Geschichte der griech. Philosophie zusammenstellt. „Hier wie dort die Ablösung des Denkens von der nationalen Grundlage." „Der kosmopolitische Charakter nicht bloß in der Stellung, sondern auch in der Behandlung der Probleme (S. 763). Ebenso hier wie dort das praktische Interesse der Spekulation." Ja, „es müssen spezifische Einflüsse griechischen Wesens auf den hebräischen Geist in unserm Buche anerkannt werden" (S. 764). Und Siegfried das. S. 13: „Die sprachlichen Indizien führen tiefer in die griechische Periode hinein." Und S. 8: „Die Vermutung, daß die dem sonstigen A. T. durchaus fremdartigen Anschauungen gewisser Partien des Buches Koheleth aus griechischen Einflüssen herzuleiten seien, lag zu nahe, als daß sie nicht hätte ausgesprochen werden sollen."

Aber finden sich in unserem Buche nicht da und dort Anspielungen anf Zeitverhältnisse und Zeitereignisse, welche einigermaßen darüber orientieren könnten, wann ungefähr dasselbe entstanden? Gewiß finden sich solche; allein sie sind mit Absicht allgemein gehalten. Natürlich: man kann doch dem Verfasser nicht zumuten, daß er mutwillig die so konsequent durchgeführte Fiktion, daß sein Buch von Salomo herrühre, zerstören sollte. Und eben weil diese Anspielungen allgemein gehalten sind, konnten sie leicht beliebig interpretiert und in die spätere Zeit der persischen Herrschaft, von der wir wenig oder nichts wissen, hineingedeutet werden.

Da ist vor allem die eindringliche Warnung des Koheleth vor der endlosen Büchermacherei und dem so viel Weh bereitenden Bücherlesen,[1] die uns stutzig macht, schon deshalb, weil sie uns ganz neu und modern klingt. Man muß sich doch billig fragen, wann jemals in der vorgriechischen Periode eine solche literarische Überproduktion sich in Israel bemerkbar gemacht hätte? Eine solche war vielmehr dem Judentum vor seiner Berührung mit dem Hellenismus völlig fremd. Wohl aber nahm sie ihren Anfang erst mit der Weisheitsliteratur und schwoll progressiv gegen Ende des dritten Jahrhunderts, in der Zeit des Koheleth, an, wo sie zu einer wahren Landplage zu werden drohte. Der sicherste Beweis dafür, daß diese Massenschriftstellerei erst in dieser Epoche aufkam und von da ab fortwucherte, ohne selbst von der einige Jahrzehnte später gegen sie mit elementarer Gewalt ausbrechenden makkabäischen Bewegung unterdrückt werden zu können, liegt unseres Erachtens in dem Wehruf, welchen die Frommen in der Henochapokalypse gegen sie und ihre Urheber ertönen lassen: „Haltet fest meine Worte", mahnt Henoch, „in den Gedanken eures Herzens und laßt sie nicht aus eurem Herzen getilgt werden. Denn ich weiß, daß die Sünder die Menschen verführen werden, die Weisheit zu verschlechtern, keine Stätte wird für sie gefunden werden und Versuchungen aller Art werden nicht aufhören."[2] — „Wehe euch, die ihr die Worte des Gerechten zu nichte macht, denn ihr werdet keine Hoffnung auf ewiges Leben haben. Wehe euch, die ihr Lügenrede und Frevelworte niederschreibt,

---

[1] Kohel. 12,12: ויתר מהמה בני הזהר עשות ספרים הרבה אין קץ ולהג הרבה יגעת בשר.

[2] Henoch 94,5.

denn sie schreiben ihre Lüge auf, daß sie (die Leute) die
Torheit hören und nicht vergessen. Sie werden keinen Frieden haben, sondern eines plötzlichen Todes sterben."[1] — Wehe
denen, die gottlose Werke tun, Lügenworte loben und hochschätzen;
ihr werdet umkommen und kein gutes Leben (zu erwarten) haben.
Wehe denen, die die Worte der Wahrheit fälschen, das ewige Gesetz übertreten und sich selbst zu dem machen, was sie nicht
waren, nämlich zu Sündern: sie sollen auf Erden zertreten werden."[2] — „Seid nicht gottlos in eurem Herzen, lügt nicht, än-
dert nicht die Worte der Wahrheit und gebt die Worte
des großen Heiligen nicht für Lüge aus. — — Ich weiß
aber auch dies Geheimnis, daß viele Sünder die Worte der
Wahrheit ändern und verdrehen, schlechte Reden führen
und lügen, große Betrügereien ersinnen und Bücher über
ihre Reden verfassen werden."[3]

Wir hoffen, daß jeder Einsichtsvolle den Zusammenhang
zwischen der von Koheleth so arg verpönten und der hier von
Henoch mit dem Anathem belegten Schriftstellerei leicht erkennen
und uns zugeben wird, daß sie erst im dritten Jahrhundert entstanden, ins Leben gerufen durch den mächtigen Einfluß, den das
Herbeiströmen griechischer Kultur und Bildung auf die Juden in
Palästina ausgeübt. —

Auch die desolaten politischen Zustände, wie sie in Koheleth
geschildert sind, sprechen deutlich für unsere Behauptung, daß
unser Buch in der griechischen Zeit und zwar gegen Ende des
dritten Jahrhunderts geschrieben wurde, wo Palästina, in der Mitte
zwischen den Kämpfen Antiochus des Großen mit Ptolomäus IV.
Philopator liegend, viel zu leiden hatte.[4] Diese Zustände schildert
Josephus folgendermaßen: „Als Antiochus der Große in Kleinasien
regierte, hatten die Juden sowohl in Palästina, das ganz ver-

---

[1]) Henoch 98,14.15. — [2]) Ib. 99,1. — [3]) Ib. 104,8.

[4]) cf. Bleek, l. c. 643: „Aus verschiedenen Stellen (im B. Koheleth) ergibt
sich, daß das jüd. Volk damals unter Königen stand, die zu mancher Klage
Veranlassung gaben und denen es nur ungern gehorchte, und zwar nicht unter
erblichen Königen aus seinem Volke, sondern unter fremden." cf. Baudissin,
l. c. 789: „Wohl aber scheinen die geschilderten Verhältnisse für die Entstehung in der griechischen Periode am besten zu passen; denn sie sprechen
für das Bestehen einer kleinen Monarchie, wo es erreichbar war, dem Herrscher
näher zu treten, wie es für die Zeit der Seleucidenherrschaft anzunehmen ist."

wüstet wurde, als in Cölesyrien viel Ungemach zu erdulden. In dem Kriege nämlich, den jener gegen Ptolomäus Philopator und dessen Sohn Ptolomäus Epiphanes führte, erlitten sie, mochte er siegen oder unterliegen, dasselbe Unheil, so daß sie einem Schiffe im Sturme vergleichbar waren, das auf beiden Seiten von den Wogen bedrängt wird. Sie lagen nämlich in der Mitte zwischen dem Glück und Unglück des Antiochus."[1]

In diese Zeit, mit der die Verdüsterung des Horizonts des palästiniensischen Judentums beginnt, und von welcher aus der Rückblick auf eine noch nicht lange der Vergangenheit angehörende blühende Epoche mit tiefer Schwermut das Herz eines fühlenden Mannes, wie es Koheleth war, der „jene frühere besseren Tage" noch gesehen, erfüllen mußte — in diese Zeit allein paßt ein Buch wie Koheleth. „Die allgemeine Schilderung der Verhältnisse" — urteilt Cornill zutreffend über die Abfassungszeit unseres Buches — „läßt auf eine Periode völligster Anarchie schließen, wo von irgend welchem geordneten staatlichen Leben nicht die Rede ist. Nichtswürdige Emporkömmlinge, die Macht besitzen und das Land aussaugen und man es als politische Weisheit ansieht, in stumpfer Gleichgiltigkeit sich dem Despotismus und der Tyrannei zu fügen. Damit sind nun, wenn Koheleth nachexilisch ist, zwei Epochen zur Wahl gestellt, entweder das letzte Jahrhundert der Perserherrschaft, in welchem das Riesenreich des Cyrus allmählich zerbröckelte in innerer Fäulnis und Anarchie, oder die Zeit der späteren Ptolomäer und Seleuciden, unter denen der Hellenismus sich von seiner nichtswürdigsten und verkommensten Seite zeigte, in namenlosem sittlichen Verfall und grauenhafter Verlotterung."[2] — Aus solchen Verhältnissen heraus predigte Koheleth: „Wenn du Bedrückung der Armen und Entziehung von Recht und Gerechtigkeit im Lande siehst, so staune nicht darüber, denn ein Höherer lauert

---

[1] Antt. XII, 3,3: Τοὺς γὰρ Ἰουδαίους, ἐπ᾽ Ἀντιόχου τοῦ Μεγάλου βασιλεύοντος τῆς Ἀσίας, ἔτυχεν αὐτούς τε πολλὰ ταλαιπωρῆσαι, τῆς γῆς αὐτῶν κακουμένης, καὶ τοὺς τὴν Κοίλην Συρίαν νεμομένους. πολεμοῦντος γὰρ αὐτοῦ πρὸς τὸν Εὐπάτορα Πτολεμαῖον, καὶ πρὸς τὸν υἱὸν αὐτοῦ. Πτολεμαῖον τὸν κληθέντα Ἐπιφανῆ, κακοπαθεῖν συνέβαινεν αὐτοῖς καὶ νικῶντος, καὶ πταίοντος ταὐτὰ πάσχειν. ὥστ᾽ οὐδὲν ἀπέλειπον χειμαζομένης νεὼς, καὶ πονουμένης ἑκατέρωθεν ὑπὸ τοῦ κλύδωνος, μεταξὺ τῆς εὐπραγίας τῆς Ἀντιόχου καὶ τῆς ἐπὶ θάτερον αὐτοῦ τροπῆς τῶν πραγμάτων κείμενοι.

[2] Cornill, l. c. 251.

über den Hohen und noch Höhere über beiden."[1]) Hierzu Bickell:[2])
„Ironische Erklärung der Mißregierung aus den Zuständen im des-
potischen Staate, wo die hohen Raubvögel nicht nur für sich selbst
zu sorgen, sondern auch die Nachsicht der höheren und aller-
höchsten zu erkämpfen haben, wobei dann freilich Land und Volk
herhalten müssen."

Solche Zustände hat Koheleth noch erlebt. Man lese nur bei
Josephus, wie sich dieselben im letzten Drittel des dritten Jahrhunderts gestalteten, wo die königlichen Steuerpächter die Bevölkerung von Cölesyrien, Phönicien, Judäa und Samarien aussogen,
deren Härte womöglich noch von dem Tobiaden Joseph, der sie
sämtlich durch Überbietung des Pachtschillings aus dem Felde geschlagen hatte, überboten wurde. „Joseph", so berichtet Josephus,
„erhielt vom Könige Ptolomäus zweitausend Fußsoldaten zur Verfügung; er hatte sich nämlich Hilfe ausgebeten, um die Wider-
spenstigen in den einzelnen Städten bezwingen zu können. — Als
er nach Askalon kam und von den Bewohnern die Abgaben forderte, diese aber keine leisten wollten, ihn vielmehr verhöhnten,
ließ er gegen zwanzig Aufwiegler hinrichten. Das Vermögen derselben, etwa tausend Talente, sandte er an den König und berich-
tete ihm, was vorgefallen. Über diese Rechtlichkeit geriet der
König in Verwunderung, billigte sein Verfahren und gab ihm in
allen Städten unbegrenzte Vollmacht zu handeln. Bei dieser Nachricht gerieten die Syrer in Schrecken, und da der Tod der zwanzig
Askaloniten ein abschreckendes Beispiel bot, öffneten sie die Tore,
empfingen Joseph entgegenkommend und entrichteten ihre Abgaben.
Nur die Bewohner von Scythopolis wagten es, ihn zu verhöhnen,
und wollten ihm die Steuern, die sie sonst ohne Widerrede be-
zahlten, nicht entrichten. Da ließ er auch hier die Hauptaufwiegler
hinrichten und übermittelte ihr Vermögen dem Könige. So brachte
er eine große Summe zusammen, und nach Entrichtung der Kauf-

---

[1]) Kohel. 5,7.

[2]) Der Prediger über den Wert des Daseins 98 sq. cf. Knobel, Komment.
über d. B. Kohel. 85: „Berücksichtigt man bloß die Aussprüche des Buches,
wie es notwendig ist, so muß man sich Koheleth in folgender Lage denken.
Er lebt in einer Unglückszeit, wo Despoten nach Willkür herrschen, wo die
Beamten derselben Erpressungen, Bedrückungen und Ungerechtigkeiten ver-
üben und wo dem Elenden sein Recht nicht wird. Jene treiben ihr Unwesen,
ohne gestraft zu werden, diese leiden, ohne erlöst zu werden."

summe blieb ihm noch ein beträchtlicher Gewinn, den er zur Be-
festigung seines Ansehens verwendete. Er hielt es nämlich kluger-
weise für das Beste, sich mit seinem Reichtum die Ursache und
die Grundlage seines Glückes zu sichern. Demnach sandte er dem
Könige und der Kleopatra sowie ihren Freunden und den Großen
am Hofe reiche Geschenke und sicherte sich dadurch die Gunst
derselben. Dieses Glück genoß Joseph zweiundzwanzig Jahre
lang." [1] —

Schon dieser mit großem Wohlwollen für den mit so unbe-
schränkter Machtvollkommenheit ausgestatteten Generalsteuerpächter
Joseph gehaltene Bericht gewährt uns einen tiefen Einblick in die Zustände, wie sie sich in Palästina unter dem Tobiassohn, einem markanten Typus der im weiten Umkreis des Verfassers des Buches
Koheleth um sich greifenden jüdisch-hellenistischen Verlotterung,
herauszubilden anfingen. Dieser Tobiade, der nach unten hin durch
„Bedrückung der Armen und Entziehung von Recht und Gerechtigkeit" die Länder weithin tyrannisierte, nach oben hin sich die
Gunst der „Höheren und Höchsten" durch Bestechung und reiche
Geschenke erwarb und sicherte, wurde dermaßen berüchtigt, daß
man an dem frivolen Hofe von Alexandria sich über sein Er-
pressungssystem belustigte, indem man bei Hofgelagen witzelte:
„er habe ganz Syrien geschunden." [2] — Das ist derselbe verlüder-
lichte Königshof, dem Koheleth ein baldiges Ende prophezeit:
„Denn durch Faulheit bricht zusammen das Gebälk und durch
Schlaffheit der Hände regnet es ins Haus"; [3] derselbe Königshof
über dessen wüstes Treiben Koheleth klagt: „Sie halten lustige Ge-
lage, der Wein erfreut das Leben, und das Geld muß ihnen
alles gewähren." [4]

Einen weiteren, nicht mißzuverstehenden Wink zur Orientierung
über die Abfassungszeit unseres Buches gibt uns Koheleth in den
Worten: „Sage nicht, was ists, daß die früheren Tage besser
waren als diese?" [5] — Unser Verfasser hat eben noch jene früheren
besseren Tage gesehen. — Hitzig, der mit scharfem Blick erkannt
hat, daß unser Buch nur am Ende des dritten Jahrhunderts ver-

---

[1] Antt. XII, 4,5.
[2] Antt. XII, 4,9: ὅτι . . . . . . τὴν Συρίαν ἅπασαν περιέδυσεν.
[3] Kohel. 10,18. — [4] Kohel. 10,19.
[5] Kohel. 7,10.

faßt sein kann, hat mit vollstem Rechte diese Worte auf die Zeiten der früheren Ptolomäer gedeutet.[1]

Wir kommen nun zu der wichtigsten Anspielung, die unser Buch auf die Zeitereignisse enthält, und da muß vor allem bemerkt werden, daß die Glorifizierung der menschlichen Weisheit im allgemeinen und die Hochschätzung des geistigen Aristokratismus im besonderen, wie sie in der Weisheitsliteratur in so eklatanter Weise zu Tage treten, dem Judentum, selbst noch dem prophetischen, völlig fremd waren. Wenn wir in den Proverbien lesen: „ein weiser Mann ist stark und ein Mann von Wissen ist kraftvoll"[2] und diese Sentenz durch ein Ereignis illustriert finden, daß „ein Weiser eine Stadt der Helden bestieg und ihre sichere Feste stürzte";[3] oder im Buche Koheleth: „Die Weisheit gibt dem Weisen mehr Kraft, als zehn Gewaltige, welche in der Stadt sind":[4] so erinnert das schon auf den ersten Blick an die Anschauungen, welche damals in der griechischen Welt herrschend waren, wo man gierig jede sich darbietende Gelegenheit ergriff, um darzutun, daß die Triebfedern des historischen Geschehens eigentlich in den Händen großer Individuen ruhen, daß die Männer der Weisheit und des Wissens hoch über jenen der starken Arme stehen, daß Geistesgröße weit mehr als physische Kraft auszurichten vermöge. Wenn Polybios beispielsweise erzählt, welche Heldentat der Spartaner Xantippos im ersten punischen Kriege ausgeführt, wo er die arg geschwächten und tief gedemütigten Karthager gegen die übermütigen und übermächtigen Römer in die Schlacht führte und diese vollständig besiegte, so

---

[1] „Die früheren bessern Tage", sagt er (Kurzgef. exeg. Handb. z. A. T. 122), „deuten sich sehr annehmlich auf die Regierung des Philadelphus; aber auch Ptol. Lagi war den Juden gnädig, und vom Euergetes weiß man nichts anderes. Jene Klage c. 7,10 bliebe wahr, in der Tat aber wird sie es erst unter dem vierten Ptolomäer, Philopator, in dessen Konflikte mit Antiochus, dem Großen, die Juden schwer litten; und auch jener Ausbruch des Unmutes c. 10,16 ff. ist zuerst in seinem Rechte unter Philopator, auf welchen sich alles zu vereinigen scheint. Er war segnis in administrando (Iustin. 29,1), der Wollust ergeben und der Völlerei (Polyb. 5,34. cf. 3. Macc. 2,25. 5,3. 16,36). Seinem Beispiele aber war sein ganzer Hof gefolgt, so daß die Freunde und Großbeamten des Königs auswärtige Angelegenheiten vollends verwahrlosten und otio ac desidia corrupti marcebant (Iustin. 30,1. Polyb. 5,35)."

[2] Prov. 24,5: ‏גבר חכם בעוז ואיש דעת מאמץ כח‎.

[3] Prov. 21,22: ‏עיר גברים עלה חכם וירד עז מבטחה‎.

[4] Kohel. 7,20: ‏החכמה תעז לחכם מעשרה שליטים אשר היו בעיר‎.

knüpft er sofort die Bemerkung daran: hier zeige es sich klar, was ein einziger Mann und ein einziger Gedanke zu leisten vermöge, und so erhalte denn durch die Tat selber die Bestätigung, was vor zeiten bei Euripides so schön gesagt sei, daß nämlich ein weiser Rat eine große Zahl von Händen besiege."[1]

Wir kommen bald auf eine ähnliche klassische Hinweisung bei Polybios zu sprechen.

Nach dieser Vorbemerkung gehen wir sofort auf die von uns als die wichtigste erklärte, im Buche Koheleth enthaltene Anspielung auf Zeitereignisse über, deren Bedeutung von den Auslegern auch erkannt, die aber zugleich als unerklärbar bezeichnet wird. — „Koheleth redet von einem Ereignis seiner Zeit, das ihm sehr merkwürdig vorkam. Gegen eine kleine Stadt mit wenigen Menschen darin zog ein mächtiger König und schloß sie ein und baute gegen sie hohe Wälle. Er fand aber in der Stadt einen armen und weisen Mann, der rettete die Stadt durch seine Weisheit. Da dachte Koheleth: Weisheit ist besser als Kriegsmacht, aber die Weisheit des Armen wird verachtet."[2]

Das ist ein starker Wink, und Hitzig war nahe daran, ihn richtig zu deuten, er hat sich aber in der Wahl des Ortes, wo dieses Ereignis sich abspielte, vergriffen. „Es kann kaum", sagt er, „einem Zweifel unterliegen, daß die kleine volkarme Stadt, welche von einem großen Könige belagert, siegreich widerstand, die kleine Seestadt Dora ist, welche im Jahre 218 von Antiochus dem Großen belagert wurde, aber alle Angriffe abschlug."[3] — Dagegen hat Ewald ganz richtig eingewendet, daß bei dieser Belagerung gerade das, was Koheleth als so ungemein denkwürdig bei ihr hervorhebt, bei ihr nicht eintraf.[4] Und in der Tat gestattet das Wenige, was

---

_[1] Polyb. I, 35. Das Zitat bei Euripides (Antiope) lautet: σοφὸν γὰρ ἓν βούλευμα τὰς πολλὰς χέρας νικᾷ σὺν ὄχλῳ δ'ἀμαθία πλεῖστον κακόν.

[2] Smend 528. — [3] Hitzig, l. c. 123.

[4] Ewald 268, Anm. 2: „Daß es (das B. Kohel.) erst in die griechische Zeit falle, wie einige Neuere meinten, dafür fehlt jeder genügende Beweis. Man hat z. B. gemeint, die 9,13—15 angedeutete Stadt sei das im J. 218 v. Chr. von Antiochus d. Gr. vergeblich belagerte phönikische Dóra: allein wie Polybios 5,66 diese Belagerung beschreibt, traf gerade das, was Koheleth so ungemein denkwürdig bei ihr hervorhebt, bei ihr nicht ein. Es wird uns in der Tat vielleicht nie möglich zu erraten, welche Stadt Koheleth dort meine: der Fall, daß ein weiser Mann, der seine belagerte Vaterstadt rettet, nachher

Polybios, auf den sich Hitzig beruft, über diese Belagerung berichtet,
keineswegs den Schluß, daß diese Stadt durch die Weisheit eines einzigen Mannes, der dann mit Undank belohnt wurde — und darauf
legt ja Koheleth das ganze Gewicht — gerettet wurde. Auch ist es
mehr als zweifelhaft, daß dieses lokale Ereignis soviel von sich reden
machte, daß es unsern Verfasser zu seiner Reflexion so stark hätte anregen können. So fehl aber auch immer Hitzig hier gegriffen hat, sachlich hat er doch, wie dies auch Cornill findet,[1]) das Richtige getroffen.

Uns aber ist es ganz unverständlich, daß Hitzig, der aus dem
Geiste und den Andeutungen des Buches Koheleth so klar erkannte,
das Buch könne nur in der Zeit verfaßt worden sein, in der in
Palästina unter den Kämpfen zwischen Antiochus dem Großen mit
Ptolomäus Philopator die desolatesten Zustände eintraten, die in
Rede stehende Anspielung auf die so wenig bekannte Belagerung
von Dora deutete und nicht an jenes denkwürdige Ereignis dachte,
das sich um dieselbe Zeit vor Syrakus abspielte, wo tatsächlich
durch die Weisheit eines einzigen Mannes, der noch dazu, ohne erkannt zu werden, schließlich von einem gemeinen Soldaten nieder-
gemetzelt wurde, die Stadt drei Jahre lang sich gegen die Übermacht der Römer behauptete.

---

mit Undank belohnt wird, ist nicht ganz selten; war es aber nur ein entferntes
Gerücht, wovon Koheleth gehört hatte, so könnte man etwa an Themistokles
und Athen denken.“

[1]) l. c. 251: „Einen bestimmten Anhaltspunkt“, sagt er, „könnte uns
4,13—15 und 9,3—16 geben, wo unser Verf. auf bekannte Ereignisse anspielt,
wenn dieselben nur deutlicher wären. So sind wir rein auf Kombination angewiesen. Hitzig hat das Jahr 204, wo der fünfjährige Ptolomäus V. Epiph.
den Thron der Lagiden bestieg, als Entstehungsjahr zu erweisen gesucht, und
wenn seine Beweise auch alle unrichtig und geradezu irrig wären — sachlich
hat er doch wohl das Richtige getroffen.“ — Rätselhaft klingt, was Graetz,
Kohel. p. 114 sq. Anm. zu der Stelle Kohel. 9,13—18 anmerkt: „V. 14—15“, sagt
er, „sprechen unleugbar von einem bestimmten historischen Faktum,
das zur Zeit des Verf. vorgefallen sein muß, wie kritische Exegeten angenommen haben . . . . . . Der denkwürdige Vorfall von der Rettung einer
kleinen Stadt durch einen klugen Ratgeber hat gewiß in den Annalen der
Kriegsgeschichte keinen Platz gefunden. Nur soviel muß man zugeben, daß
das Faktum dem Publikum, für welches Koheleth schrieb, bekannt gewesen
sein, also in dem Gesichtskreise von Jerusalem stattgefunden haben
müsse.“ Dieses „also“ ist nicht so selbstverständlich, ebensowenig wie die
Behauptung, daß dieses Faktum in den Annalen der Kriegsgeschichte keinen
Platz gefunden.

Uns wenigstens galt es von jeher als sicher, daß Koheleth hier auf jenes Ereignis, das so ungewöhnliches und so nachhaltiges Aufsehen in der weiten Welt erregte, anspiele. Man braucht nur die betreffende Stelle in Koheleth mit der Schilderung der Belagerung von Syrakus durch die Römer bei Polybios und den von diesem Geschichtschreiber an dieses Ereignis geknüpften Reflexionen zu vergleichen, um die Gewißheit zu erlangen, daß Koheleth, der doch beweisen will, daß die Weisheit, wenn sie auch andern zustatten komme, dem Besitzer selbst keinen Dank bringe, ein besseres Beispiel dafür nicht vorführen konnte, als das ihm und seinen Lesern noch in frischer Erinnerung lebende des Archimedes. — Koheleth erzählt: „Auch diese Weisheit habe ich gesehen unter der Sonne, und sie schien mir groß: eine kleine Stadt und wenig Menschen darin, und kam ein großer König und baute wider sie große Bollwerke; findet aber darin einen armen weisen Mann und der rettet die Stadt durch seine Weisheit; doch niemand dachte jenes armen Mannes. Da sprach ich: Weisheit ist ja besser denn Stärke, doch ist des Armen Weisheit verachtet und seine Worte werden nicht gehört. — — Besser ist Weisheit als Kriegswaffen; aber ein einziger Bube verdirbt viel Gutes.“[1] —

Nun vergleiche man damit die Bemerkungen, die Polybios bei der Schilderung der Belagerung von Syrakus durch die Römer einflicht. Sie lauten:

„Die Römer hatten dabei aber die Kraft des Archimedes nicht mit in Anschlag gebracht und nicht geahnt, daß ein Geist in gewissen Zeiten mehr als alle Menge von Menschenhänden auszurichten vermag. Wie wahr dies sei, lernten sie damals durch die Erfahrung kennen.“[2]

Und wiederum:

„So zeigt sich, wie ein Mann und ein Geist, welcher zu einer gewissen Wirksamkeit auf die rechte Weise verwendet wird, großes und außerordentliches leisten kann.“[3]

Die Schilderung dieser Belagerung bei Polybios ist für unsere Zwecke zu wichtig, als daß wir sie nicht zum mindesten im Auszuge hier wiedergeben sollten: „Die Römer,“ so beginnt sie, „betrieben die Belagerung von Syrakus mit allem Eifer; ihr Anführer

---

[1] Kohel. 9,13—18. — [2] Polyb. L. VIII, c. 5. — [3] ib. c. 9.

war Appius. Mit dem Landheer umschlossen sie die Stadt in der
Gegend der sogenannten skythischen Halle eng ein, wo die Mauer
längs des Meeres bloß auf ihren Fundamenten ruht, setzten Schirm-
dächer, Wurfgeschosse und was sonst zu einer Belagerung gehört
in Bereitschaft und hofften so bei der großen Zahl ihrer Hände
binnen fünf Tagen mit ihren Zurüstungen dem Feinde zuvorzu-
kommen. Sie hatten dabei aber die Kraft des Archimedes nicht
mit in Anschlag gebracht und nicht geahnt, daß ein Geist in gewissen Zeiten mehr als alle Menge von Menschenhänden auszurichten
vermag. Wie wahr dies sei, lernten sie damals durch die Erfahrung
kennen. Da nämlich die Festigkeit der Stadt darauf ruhte, daß
die Mauer rings auf Anhöhen und vorspringenden Felsrändern lag,
an die man selbst, wenn niemand es verhinderte, nicht leicht herankommen konnte, außer an gewissen bestimmten Stellen, so traf der
eben erwähnte Mann derartige Vorkehrungen innerhalb der Stadt,
ebenso auch gegen die, welche zur See herankamen, daß die Ver-
teidiger bei ihrer Tätigkeit durchaus nicht von dem Augenblick ab-
hingen, sondern auf alles, was von dem Gegner geschah, völlig vorbereitet waren. — Appius suchte mit seinen Schutzdächern und
Leitern der östlich an das Hexapylon stoßenden Mauer nahezukom-
men .... Auf diese Weise nun zum Kampf gerüstet, gedachten
diese sich den Mauern zu nähern. Dagegen hatte Archimedes
Wurfmaschinen für jede Entfernung innerhalb der Schußweite in
Bereitschaft gesetzt. So lange sie nun aus der Ferne heransegelten,
beschoß er sie aus den größern Geschützen von stärkerer Spannung
mit Steinen und schweren Geschossen und versetzte sie dadurch in
Not und Verlegenheit; wenn sie aber so nahe heran waren, daß
diese wegflogen, so brauchte er gegen sie, je nach der Entfernung,
die verhältnismäßig kleinern und setzte sie dadurch so in Schrecken,
daß er dadurch überhaupt ihr Vorhaben und die Annäherung
hinderte, bis Markus durch diese üble Lage genötigt wurde, heim-
lich noch bei Nacht die Annäherung auszuführen. Als sie sich aber
diesseits der Schußweite in der Nähe des Landes befanden, hielt
er schon wieder eine andere Vorrichtung gegen die von den Fahr-
zeugen herab Kämpfenden bereit." —

Polybios schildert nun des ausführlicheren die Maschinen usw.,
die Archimedes in Anwendung brachte, und fährt dann fort:

„Markus geriet durch diese Gegenanstalten des Archimedes in
eine üble Lage und sah, wie die Belagerten mit Schaden und Spott

seine Angriffe abschlugen; dennoch sagte er, über sein eigenes Unglück scherzend, Archimedes gebe seinen Schiffen Seewasser zu trinken, seine Sambyken aber seien wie von einem Trunkgelage unter Schimpf und Schande mit Ohrfeigen hinausgeworfen worden." —

Alle Anstrengungen der Römer scheiterten an den Apparaten und Maschinen, die „ein Architekt und Werkmeiser wie Archimedes erfunden und ausgeführt hatte . . . ." „Schließlich kehrte Appius in das Lager zurück, wo er mit den Tribunen sich gemeinschaftlich beriet und alle einmütig beschlossen, jedes andere Mittel zu versuchen, nur nicht jenes, Syrakus durch Eroberung einzunehmen, wie sie denn auch endlich taten. Denn indem sie acht Monate vor der Stadt lagen, ließen sie von den übrigen Kriegslisten und Anschlägen keine unversucht, einen Angriff auf die Mauer wagten sie nicht mehr zu unternehmen. So zeigt sich, wie ein Mann und ein Geist, welcher zu einer gewissen Wirksamkeit auf die rechte Weise verwendet wird, Großes und Außerordentliches leisten kann. Jene wenigstens durften, da sie im Besitz großer Streitkräfte zu Wasser und zu Lande waren, hoffen, daß sie, wenn man einen einzigen alten Mann aus der Zahl der Sirakuser wegnähme, sich augenscheinlich der Stadt bemächtigen würden, da aber dieser dabei war, so wagten sie auch nicht einmal einen Versuch, wenigstens nicht auf dem Wege, auf welchem Archimedes ihnen zu begegnen imstande war."[1])

---

[1]) ib. L. VIII, c. 5—10. — Eine weitere Illustration dieser Begebenheit bietet der einschlägige Bericht des Livius XXIV c. 33 sq.: Die Römer, so lautet er, zweifelten nicht, Syrakus im ersten Angriff und im Sturm nehmen zu können, „und so setzten sie alle zum Sturm auf Städte erforderlichen Werkzeuge in Bewegung. Und dieses mit so großem Eifer begonnene Unternehmen würde nicht ohne Erfolg geblieben sein, wenn nicht damals in Syrakus ein einziger Mann gelebt hätte. Dieser war Archimedes, ein vorzüglicher Beobachter des Himmels und der Gestirne, noch bewunderungswürdiger als Erfinder und Angeber solcher Kriegsgeschosse und Werkzeuge, wodurch er alles, was die Feinde durch ungeheure Veranstaltungen bewirken wollten, von seiner Seite durch einen geringen Aufwand von Kraft vereiteln konnte. Die über ungleiche Hügel fortlaufende Mauer — meistens hatte sie eine hohe Lage von schwierigem Zugang, an andern Stellen stand sie in der Tiefe und so, daß man ihr aus den Talebenen beikommen konnte — besetzte er, je nachdem es ihm an jeder Stelle geeignet schien, mit allen möglichen Arten von Wurfgeschossen. Marcellus bestürmte die Mauer von Achradina, die, wie ich

Man wende uns jedoch nicht ein, daß die „kleine Stadt und
wenig Menschen darin, über welche ein König kam und sie um-

vorhin bemerkte, vom Meere bespült wird, mit Fünfruderern. Von den übrigen
Schiffen aus ließen die Pfeilschützen und Schleuderer und die leichten Wurf-
schützen, deren Geschoß von Leuten, welche damit unbekannter sind, nicht
zum Rückwurfe gebraucht werden kann, kaum jemand ohne Wunde auf der
Mauer stehen. Sie hielten ihre Schiffe, weil sie für ihre Geschosse Raum nötig
hatten, in einiger Entfernung von der Mauer. Auf andern Fünfruderern, es
waren etwa acht, die man paarweise so verbunden hatte, daß man ihnen auf
den innern Seiten die Ruder nahm, sodaß Wand an Wand schloß, während
sie durch die äußern Ruderreihen wie ein einzelnes Schiff regiert wurden,
standen Türme mit Stockwerken und andere zur Einstoßung der Mauern dien-
liche Werkzeuge. Gegen diese Anstalten von der Seeseite verteilte Archimedes
auf den Mauern seine Wurfgeschütze von verschiedener Größe. Auf die Schiffe
in der Ferne warf er Steine von ungeheurem Gewichte; die nähern beschoß
er mit leichteren, um so zahlreicheren Geschossen; ja zuletzt brach er, damit
die Seinigen den Feind beschießen könnten, ohne selbst verwundet zu
werden, durch die Mauer von unten bis oben eine Menge Schießscharten
nach innen von Ellenweite, nach außen etwa einer Hand breit, so daß sie unbemerkt teils mit Pfeilen, teils mit mäßigen Skorpionen auf den Feind schießen
konnten. Wagten sich einige Schiffe näher an die Mauer, um so viel eher dem
Wurfgeschütze unter den Schuß zu kommen, so stellte er, indem er sie vermittelst einer über die Mauer hinausgehenden Wippe mit einer eisernen an
starken Ketten befestigten Zange am Vorderteile faßte, sowie das schwere Bleigewicht auf den Boden zurückschnellte, mit schwebendem Vorderteile auf das
Hinterteil; dann ließ die plötzlich loslassende Zange das Schiff, als ob es von
der Mauer herabfiele, mit den gewaltsam durcheinander fliegenden Seeleuten
so heftig auf das Wasser zurückprallen, daß es selbst dann, wenn es gerade
niederfiel, eine Menge Wasser einnahm. So wurde der Angriff auf der Seeseite vereitelt und der ganze Sturm bekam nun die Richtung, mit allen Kräften
zu Lande anzudringen. Aber auch diese Seite war auf Kosten und Betrieb
des Hiero seit vielen Jahren von Archimedes mit seltener Kunst durch Auf-
stellung von Geschützen aller Art in ebenso guten Stand gesetzt . . . .
Daher beschlossen die Römer in einem Kriegsrate, weil alle ihre Versuche vereitelt wurden, von der Bestürmung abzusehen und dem Feinde bloß durch
Einschließung zu Wasser und zu Lande die Zufuhr abzuschneiden.“ — Und
L. XXV, c. 31, wo er von der Eroberung und Plünderung der Stadt Syrakus
spricht, berichtet er: „Unter den vielfachen Greueln, welche aus Rache und
Raubsucht begangen wurden, ist doch der Zufall der Nachwelt aufbewahrt, daß
Archimedes, der unter einem Getümmel, so groß es nur in einer eroberten
Stadt bei dem Umherstreifen der plündernden Soldaten möglich war, sich ganz
in seine in den Sand gezeichneten Figuren vertieft hatte, von einem Soldaten,
der ihn nicht kannte, getötet wurde.“ — Man weiß, daß sich auch die Sage
dieses berühmten Weisen bemächtigte und ihm andichtete, er habe durch einen
Brennspiegel die römische Flotte in Brand gesteckt.

zingelte", von welcher Koheleth spreche, sich nicht auf die Belagerung von Syrakus beziehen könne, da ja diese Stadt keine kleine und der sie Belagernde kein König gewesen. Denn abgesehen davon, daß ja Koheleth den Vorgang nicht historisch treu schildern und nur eine kräftige Illustration für seinen Satz, daß Weisheit wohl mehr Wert als Stärke habe, daß sie aber gleichwohl die verdiente Würdigung nicht finde, bieten wollte und dazu ein Ereignis wählte, dessen ähnliches er und seine Leser staunend miterlebt hatten; durfte das Beispiel doch nicht so deutlich gehalten sein, daß es die so sorgfältig gewahrte Illusion: seine Schrift stamme aus der Feder des Königs Salomo, gründlich zerstören mußte.

Spielt aber Koheleth hier auf die Vorgänge an, wie sie sich bei der so denkwürdigen Belagerung von Syrakus abgespielt, dann wissen wir auch, daß unser Buch kurz nach der Eroberung dieser Stadt, welche um das Jahr 212 erfolgte, geschrieben worden ist, was genau zu unserer auf viele andere untrügliche Indizien gestützte Ansetzung stimmt.[1])

Seine enge Verwandtschaft mit den Verfassern der Proverbien und des Buches Hiob dokumentiert Koheleth auch durch den all-

---

[1]) Gründlich verfehlt und darum auch vereinzelt geblieben ist der Versuch, das Buch Koheleth der nachmakkabäischen Zeit zuweisen zu wollen. Denn wo will man in dieser Zeit auf palästinensischem Boden Raum für Ideen finden, wie sie in unserm Buche entwickelt werden? Und ferner: ein Buch, das die Auferstehungs- und Vergeltungslehre stracks verwirft, ist in einer Zeit, wo diese Lehre zum Dogma geworden und wo man demjenigen den Anteil an dem zukünftigen Leben abspricht, der auch nur behauptet, daß diese Lehre nicht aus der Thora geflossen (cf. Sanhedrin 90a: ואלו שאין להם חלק לעולם הבא: האומר אין תחיית המתים מן התורה), eine Unmöglichkeit. Und wäre es auch erst damals in Palästina entstanden, es hätte nimmer in den Kanon Aufnahme gefunden, was ja schon klar der Sturmlauf beweist, der von hochmögenden pharisäischen Schriftgelehrten gegen das Buch Koheleth unternommen wurde; allerdings vergeblich: weil sie es aus früheren Zeiten und unter dem Namen Salomos überliefert überkommen hatten, und last not least, weil es sich einen festen Platz in der religiösen Volksliteratur erobert hatte, von welchem es selbst die reaktionärste Strömung nicht mehr verdrängen konnte. — Zum Überfluß wird Koheleth laut alten und zuverlässigen talmudischen Traditionen schon von Hillel und noch früher, am Ende des zweiten vorchristlichen Jahrhunderts, von Alexander Jannai und Simeon ben Schetach als kanonisches Buch zitiert. cf. Tosefta Berachoth ed. Zuckermandel p. 5; jer. Berachoth VII, 2; jer. Nasir V, 3; Genes. rabb. c. 91; Kohel. rabb. z. c. 7,12 u. v. a. St. Über Kohelethzitate in der talmudischen Literatur überhaupt cf. Schiffer, Das Buch Koheleth in Talmud und Midrasch.

gemein menschlichen über Volk und Konfession weit hinausgehenden
Standpunkt, den er vertritt. Für einen Partikularismus, ähnlich
demjenigen, wie er sich im spätern Judentum unter ganz andern
Verhältnissen herausgebildet, ist auch in unserer Schrift nicht der geringste Raum. „Das Volk Israel spielt hier überhaupt keine Rolle, wird
nicht einmal genannt. Koheleth redet, obgleich er deutlich genug
jüdische Verhältnisse voraussetzt und zu der Judenschaft gehört,
nur von Gott in seinem Verhältnis zum Menschen. Dieser Universalismus der Gottesidee ist hier bedeutungsvoller als im Buch Hiob,
weil Koheleth unverhohlen als Jude auftritt, der Verfasser des
Buches Hiob aber künstlich eine außerisraelitische Situation schafft,
mit deren Deutung er dennoch speziell für Israel eine Belehrung zu
geben beabsichtigen kann." [1] In der gesamten Weisheitsliteratur
gelangt immer und überall der reinste Universalismus zum beredten,
weil aus innerer Überzeugung kommenden Ausdruck, ein Universalismus, der sich nicht bloß natürlich gibt, sondern es auch in
Wirklichkeit ist. Es hätten ja sonst die Schöpfer dieser Weisheitsliteratur, die doch die geistigen Führer ihres Volkes waren — was
schon daraus hervorgeht, daß ihre Schriften Gemeingut der Nation
wurden und einen sichern Platz in der religiösen Volksliteratur
erhielten und auch behaupteten — auf ihre weite Umgebung nicht
wirken können, vielmehr den härtesten Widerstand und die schwersten Anfeindungen von dieser Seite zu erleiden gehabt, hätte nicht
das Volk in seiner überwiegenden Mehrheit den Anschauungen dieser
seiner Lehrer volles Verständnis entgegengebracht. Die Religion
dieser Weisheitslehrer war noch himmelweit entfernt von jener
spätern der pharisäischen Schriftgelehrten. Noch mehr — und das
kann nicht genug betont werden —: selbst die Religion der die Ver-
treter der neuen Richtung tödlich hassenden und sie als gottlos verdammenden Frommen in den Psalmen verrät noch keine Spur einer
Bekanntschaft mit der pharisäischen Gesetzeslehre. [2] Es ist dem-

<hr>

[1]) Baudissin 787.

[2]) Diese Schrift lag bereits für den Druck vorbereitet, als uns Gunkels
eben erschienene Ausgewählte Psalmen zur Hand kamen. Aus diesem Buche
erfahren wir mit Befriedigung, daß sich in protestantischen Kreisen eine
richtigere Auffassung des nachexilischen vormakkabäischen Judentums Bahn
zu brechen beginnt. Gunkel gibt nämlich S. 26 sq. zu Ps. 19,8—15 folgende
sehr beachtenswerte Erklärung: „Der Dichter lebte in der Zeit, da das
Gesetz Mosis die Religion beherrschte, da es als Offenbarung Gottes galt.

nach sicherlich falsch geurteilt, wenn Smend behauptet, Koheleth verrate wohl hin und wieder Anhänglichkeit an sein Volk und in seinem Tun und Lassen werde er sich wohl von einem gewöhnlichen Juden wenig unterschieden haben, aber in seinem innersten Herzen sei er kein Jude mehr, sondern ein Abtrünniger. Sein Blick gehe auf die gesamte Menschheit.[1] — Koheleth war vielmehr nicht anders, als er sich gab und gab sich, wie er war. Er hatte es auch nicht nötig, anders zu sein und anders zu scheinen, da ja seine religiösen Anschauungen von jener großen Mittelpartei geteilt wurden, deren Existenz ja auch Smend zugibt — wenn er auch vermutet, sie habe nur einen kleinen Kreis gebildet — die einem Individualismus huldigte, der weder zu den Gottlosen noch zu den Frommen halte und merkwürdigerweise unterscheide sich Koheleth ebensosehr von dem Unglauben der Gottlosen wie von dem Glauben der Frommen.[2] — Es tritt aber bei der Beurteilung des Judentums jener Zeit, in welcher die Weisheitsliteratur blühte, der Schatten des nachmakkabäischen Judentums störend dazwischen, so

---

Darum hat er zum Gegenstand seines Liedes das Gesetz erwählt und ihm zum Preise gedichtet. Wir evangelischen Christen machen uns von diesem Leben unter dem Gesetz gar leicht eine falsche Vorstellung; wir denken gewöhnlich, den bekannten Schilderungen des Paulus folgend, daß es als eine schwere Bürde auf den Menschen jener Zeit lag, worunter sie seufzten, und woraus sie sich nach Erlösung sehnten. Dieser Psalm aber kann uns lehren, daß diese Ausführungen des Apostels sich erst auf eine spätere Epoche des Judentums beziehen, wo das Gesetz durch mancherlei Hinzufügungen der Schriftgelehrten wirklich zu einer schweren Last angeschwollen, und wo zugleich in einer tiefempfindenden Generation ein stärkeres Sündenbewußtsein erwachsen war, während ein älteres Zeitalter im Judentum das Gesetz ganz anders auffaßte. Der Dichter unseres Psalms hat seine herzliche Freude an der herrlichen Gottesoffenbarung, er bewundert die Weisheit der Gesetze, sein Gewissen stimmt ihnen innerlich zu —; kein Makel ist am Gesetze! Es ist ‚ein vollkommenes Werk Gottes, an dem nichts auszusetzen ist‘. — Gott bezeugt darin, was man tun und lassen muß, um zum Lebensglück zu kommen. — Darum, ist irgendwo ein Tor, der die wahre Weisheit noch nicht kennt? Er lese das Gesetz! Das macht den Toren weise. Ist wo ein Blinder, dem die Augen dunkel sind, der den Weg des Lebens nicht zu finden weiß? Das Gesetz macht die Augen hell! Ja, wer es liest, dem wird die Seele erquickt und das Herz erfreut. Es ist besser, das Gesetz zu kennen, als aller Besitz von Gold; süßer ist es, darüber nachzusinnen, als dem Gaumen Honig und Wabenseim. Und diese vollkommene Offenbarung kann niemals ein Ende haben: sie besteht in alle Ewigkeit!"

[1] Smend 536. — [2] ib. 526.

daß wir nicht mehr klar zu sehen vermögen. Man vergißt immer
wieder, daß jenes Judentum, welches noch vom Geiste der großen
Propheten angehaucht war, als es schon von dem Strahl des griechischen Geistes getroffen und zu neuem Leben erweckt wurde, welches
ferner noch keine heimatliche Könige, noch keine mit diesen ver-
bündete Schöpfer immer neuer, das Volk in die engsten nationalen
Schranken eindämmender Gesetzesbürden hatte; daß jenes Judentum ein ganz anderes als das der hasmonäisch-pharisäischen
Periode war.

Aber, wie gesagt, schon eine einfache unvoreingenommene
Untersuchung des Inhalts selbst des Glaubens der Frommen in den
Psalmen muß klar zeigen, wie himmelweit selbst dieser von dem
späteren pharisäischen verschieden ist. Aber freilich, um das Judentum, welches die Weisheitsliteratur schuf, liegt ein dichtes Gewölk
in Gestalt des Pharisäismus gelagert, das wir nur schwer zu durchbrechen, und darum auch nur schwer sein wahres Wesen zu erkennen vermögen.

Der Verfasser des Buches Koheleth stand ebenso in der Mitte
zwischen den extremen Parteien seiner Zeit, wie vormals die Verfasser der Proverbien und des Buches Hiob vermittelnd zwischen
der alten und neuen Richtung standen, nur daß inzwischen eine
starke Verschiebung nach links eingetreten war: zur Zeit, als
Koheleth schrieb, stand bereits die weitaus überwiegende Mehrheit
des Volkes im Lager der vom Gotte Israels sich abwendenden und
der fremden Kultur sich völlig hingebenden Radikalen; daher er
denn auch nach rechts nur Seitenblicke warf,[1]) während er sein ganzes
Geschoß nach links richtete, die Gegner mit ihren eigenen, dem
Verfasser so vertrauten und von ihm mit so großer Virtuosität
geführten Waffen bekämpfend. Er ist mit ihrer Weisheit aufs innigste
vertraut, er hat sie gründlich durchstudiert und konnte, im Besitze
aller erforderlichen Mittel, ihre Theorien nicht bloß sich aneignen,
sondern auch praktisch erproben. Und so ist er denn in der Lage,
zumal er auch an Weisheit ihnen weit überlegen, ihren intellektualistischen Hochmut zu dämpfen, ihren Gelehrtendünkel zu demütigen
und ihre Illusion von der unbeschränkten Fähigkeit des menschlichen
Geistes grausam zu zerstören. Ich weiß, sagt er, von allen euren
Weisheitslehren Bescheid; es steckt nicht viel dahinter; sie führen

---

[1]) So beispielsweise Kohel. 7,16: ‏אל תהי צדיק הרבה וג׳‎.

zu nichts anderem als zu einem nutzlosen Abmühen: „Ich sprach
in meinem Herzen, siehe, ich bin groß geworden und habe mehr
Weisheit angehäuft als alle, die vor mir in Jerusalem waren, und
mein Herz sah viel Weisheit und Wissen. Doch da ich mein Herz
lenkte, Weisheit und Torheit und Wissen zu erkennen, da erkannte
ich, daß auch dies ein Jagen nach Wind sei: denn wo viel Weisheit, ist viel Grämens, und wer Wissen häuft, häuft Schmerz.“[1]

Er hat das Leben, wie es seine Gegner predigen, durchgelebt,
es völlig ausgekostet und kam zur Überzeugung, daß es ein eitles
sei. Was er empfehlen könne, das sei: Maßhalten in allen Lebens-
freuden, die ja Gott selbst den Menschen zugeteilt,[2] stets aber ein-
gedenk zu sein, daß der Mensch für all sein Tun und Lassen von
Gott zur Rechenschaft gezogen werden würde.[3]

Was aber die Fähigkeit des menschlichen Geistes betreffe, so
reiche sie, wie schön und nützlich sie auch immer sein möge, nicht
allzu weit, da ihr feste Grenzen gesetzt seien: die göttliche Weisheit
vermöge sie nicht zu ergründen. „Als ich“, sagt er, „mein Herz
dahin richtete zu wissen Weisheit und zu sehen die Qual, die auf
Erden geschieht, wie man auch Tag und Nacht keinen Schlaf mit
seinen Augen sieht: da sah ich alle Werke Gottes und fand, daß
der Mensch das Werk, das unter der Sonne geschieht, nicht finden
kann und daß er, wie sehr er sich auch abmühen möge, es zu erforschen, es doch nicht findet. Und wenn auch der Weise glaubt,
es zu erkennen, kann er es doch nicht finden.[4]

---

[1] Kohel. 1,16—18.

[2] ib. 5,18. 9,7. Ebenso empfiehlt der Siracide den Lebensgenuß, jeder
Genuß sei gestattet, der nicht das Gewissen belaste. Sirach 14,14.

[3] ib. 11,9. cf. Grimm, Das B. der Weish. 29: „Koheleth empfiehlt keineswegs das Streben nach Lebensgenuß, sondern bloß dankbares Annehmen,
zufriedene und heitere Benutzung der irdischen Güter und Freuden da, wo
sie die göttliche Huld von selbst gewähre; er ist dabei weit entfernt, unter
dem von ihm empfohlenen Lebensgenusse rauschende Vergnügungen und
üppiges Sinnenleben zu verstehen, die er vielmehr entschieden verwirft. Hat
er doch aus eigener Erfahrung die Nichtigkeit aller nur möglichen irdischen
Güter und Freuden erkannt. Und in dem schweren Seelenkampf, den er kämpft,
erringt sich zuletzt das bessere Selbst in der Art das Übergewicht, daß er es
für das Beste und Sicherste erklärt, Gott zu fürchten und seine Gebote zu
halten, da derselbe alles Tun, es sei gut oder böse, vor Gericht bringen werde.“

[4] ib. 8,16. 17. cf. Hitzig, l. c. 186: „Das Tun der Menschen ist als menschliches schon zu begreifen, aber nicht so der Gedanke Gottes, welcher dieses
Tun in der Hand hat.“

So sehen wir denn auch hier, ganz so wie im Buche Hiob, der menschlichen Weisheit gegenüber der göttlichen, welche letztere niemals erforscht und ergründet werden könne, den Bankerott erklärt, und damit auch die radikalen Himmelstürmer ein für allemal zum Schweigen gebracht. Der Rest ist: Resignation! Und so wie im Buche Hiob auf die erhabene Darstellung der dem Menschen ewig unnahbaren göttlichen Weisheit die Mahnung folgt, der Mensch habe sich unter ihr zu demütigen: denn Gottesfurcht, das sei seine Weisheit;[1] so schließt auch Koheleth seine philosophischen Erörterungen mit dem aus demselben sich ergebenden Resultate:

> „Alles in allem, fürchte Gott und bewahre seine Gebote,
> denn das ist der ganze Mensch!"[2]

Man sieht, aus Koheleth spricht derselbe Geist, der aus den Proverbien und aus dem Buche Hiob zu uns spricht. Sein Glaube ist derselbe, sein universalistischer Standpunkt derselbe, seine Anschauung von der göttlichen Weltordnung dieselbe wie im Buche Hiob, die Quelle, aus der er seine Weisheit schöpft, dieselbe, nur daß sie in den Zeiten, wo die früheren Weisheitslehrer, deren Epigone er ist, blühten, in jugendlicher Kraft und Frische aufsprudelte, während sie in der Zeit des Koheleth schon im vollständigen Versiegen auf dem Boden Palästinas begriffen war. Was hinter ihm, wo die Volksmassen auf diesem Boden bereits einem entarteten Hellenismus verfallen waren, noch folgen kann, das ist: entweder Auflösung oder Reaktion. Die Vorsehung wollte die letztere.

------

[1] Hiob 28,28: הן יראת אדני היא חכמה וסור מרע בינה.

[2] Kohel. 12,13: סוף דבר הכל נשמע את האלהים ירא ואת מצותיו שמור כי זה כל האדם. Und diesen Schlußsatz, auf den alles in dem Buche hinstrebt, wollte man als eine spätere Einschiebsel erklären, ebenso den Epilog zu dem B. Hiob, in welchem doch wie in Kohel. 12,13 der Schlüssel zum Verständnis des Ganzen gelegen ist! Man könnte mit gleichem Rechte die Schlußverse im B. Jona, in denen Gott dem engherzigen Propheten erklärt, daß seine Liebe keine Grenzen und keinen Unterschied der Nation kenne, und ebenso die Schlußworte im B. Ruth 4,17—22, welche die Tendenz des Buches verraten, von späterer Hand hinzugefügt sein lassen.

V.

SIRACH.

Noch einmal leuchtet die Spruchweisheit kurz nach Koheleth im Buche Sirach auf, um alsbald wieder ganz zu verlöschen, da hinter ihm die Makkabäererhebung folgt und mit ihr die Nacht der Reaktion hereinbricht.

Mit dem Buche Sirach gewinnen wir festen Boden unter den Füßen. Wir wissen, wer der Verfasser und wann er gelebt und ersehen aus ihm, daß noch zu Beginn des zweiten Jahrhunderts, wo unser Buch geschrieben wurde, die schöpferische Kraft im palästinensischen Judentum nicht ganz versiegt, die Abfassung religiöser Volksschriften, deren manche in dem zur Zeit des Sira-ciden noch flüssigen Bibelkanon später Aufnahme gefunden, noch im Schwange war.

Der Kanon hatte ja erst, wie bereits gezeigt, seinen Abschluß gefunden, als alle für ein selbständiges geistiges Schaffen erforderliche Kraft auf dem Boden Palästinas erschöpft war und man dem Volke nichts neues mehr zu bringen hatte. Nicht das Machtwort eines Gelehrtenforums — ein solches wurde erst in der hasmonäischen Zeit mit dem Aufkommen und Erstarken der pharisäischen Schulweisheit etabliert — nicht eine Magna Ecclesia gebot einer weiteren Entfaltung des biblischen Schrifttums Halt; sondern jene Macht, die alles verschlingt, alles bändigt: der Tod! Der Tod des geistigen Schaffens.

Das Judentum des dritten Jahrhunderts, das unter den günstigsten Verhältnissen auf heimatlichem Boden lebte, keine selbständige Nation war, von inneren politischen Wirren nicht absorbiert und aufgerieben wurde, wie in den darauffolgenden Jahrhunderten, das ganz seinen Idealen leben und sich ungestört seiner Mission, den monotheistischen Gedanken und den ethischen Gehalt seiner Lehre zeitgemäß auszugestalten, hingeben konnte; es hatte nun der Welt gesagt, was es ihr zu sagen hatte. —

Aber obgleich zu Beginn des zweiten Jahrhunderts daheim die von den Propheten angebahnte und von den Weisheitslehrern so herrlich ausgebaute universalistische Richtung verschlungen wurde von einer durch verworfene Priester und Volksverführer hervorgerufenen Gegenströmung, einer zwar seit je her, aber nur in einem kleinen Häuflein von Frommen lebendigen, jetzt aber von diesem zur hellen Flamme angefachten nationalen Bewegung, die mit den ersten von ihnen erzielten Erfolgen die Massen fanatisierte und in ihren Bannkreis zog; war die erhabene Arbeit der Weisheitslehrer doch keine vergebliche gewesen. Denn der von ihnen auf mosaischem Boden hochaufgerichtete Bau einer alle Menschen umfassenden Weltkirche hatte sich als unzerstörbar erwiesen. Die Religion, die sie predigten, war inzwischen in die „Diaspora der Hellenen“ hinausgewandert. Dort wurde sie als ein heiliges Vermächtnis von griechischen, auf der Höhe der Zeit stehenden Juden mit inniger Liebe und Begeisterung gehegt und gepflegt, mit den herrlichsten Blüten, die sie auf den Fluren der griechischen Philosophie fanden, geschmückt und zum Gemeingut einer ganzen Welt gemacht.

Was in Palästina selbst, nach Sirach, an religiösen Schriften in hebräischer Sprache noch produziert wurde, ist: die im Sturm der Makkabäererhebung verfaßte Danielapokalypse und eine Anzahl von Psalmen aus dieser und der nächstfolgenden Zeit. Von da ab versiegte alles selbständige Schaffen unter den inneren politischen Kämpfen, die die Gemüter erhitzten und das Aufkommen eines engen Nationalismus und Ritualismus begünstigten. Das waren die aus dem Zusammenbruch einer frevlen und volkvergiftenden Priesterherrschaft geretteten Ideale, die eine neuartige, eben erst aufgekommene Schulweisheit hegte; auf diese verschwendete sie alle Geisteskraft und Geistesarbeit. Um diese Heiligtümer zog sie „Schranken um Schranken“,[1]) zu deren Aufführung die Buchstaben des Gesetzes als Bausteine verwendet wurden und so zu hohem Werte gelangten.

Die Schatten, die diese Reaktion vorauswarf, spiegeln sich schon in dem Buche Sirach ab, das bereits einen Stich ins Nationale aufweist. Selbst die Darstellung der göttlichen Weisheit, des Problems der Zeit, das auch den Siraciden, wie seine Vorgänger, die Verfasser

---

[1]) Aboth 1,1 wird schon den ersten Begründern dieser Schulweisheit die Mahnung in den Mund gelegt: ‏ועשו סיג לתורה‎.

der Proverbien und des Buches Hiob, intensiv beschäftigte, steht schon unter dem Zeichen des Nationalismus, der seinen Vorgängern noch völlig fremd ist. Wie Hiob, lehrt auch er: „Alle Weisheit stammt vom Herrn und bei ihm ist sie in Ewigkeit. Der Sand der Meere und die Tropfen des Regens und die Tage der Ewigkeit, wer kann sie zählen? Die Höhe des Himmels und die Breite der Erde und den Ozean und die Weisheit — wer kann sie ergründen? Früher als alle Dinge ward die Weisheit geschaffen, und die verständige Einsicht seit Ewigkeit. Die Wurzel der Weisheit — wem ward sie offenbart? und ihre klugen Pläne — wer erkannte sie? — — Der Herr selbst hat sie geschaffen, er sah sie und zählte sie her, und er goß sie aus über alle seine Werke."[1]

Wie die Proverbien stellt auch Sirach die göttliche Weisheit als vorweltlich und weltschöpferisch dar und läßt sie von sich rühmen: „Ich ging hervor aus dem Munde des Höchsten und bedeckte dem Nebel gleich die Erde. Ich nahm meinen Wohnsitz in der Höhe und mein Thron war eine Wolkensäule. Ich allein durchzog den Himmelskreis und durchschritt die Tiefe des Abgrundes."[2] Aber während die göttliche Weisheit bei Hiob noch unnahbar in den Höhen thront, während sie in den Proverbien nur insofern mit dem Menschen in Beziehung gebracht wird, daß sie „ihre Freude an den Menschenkindern hat"; läßt Sirach sie schon denjenigen gespendet werden, die Verlangen nach ihr tragen; noch mehr: sie wird geradezu Eigentum des jüdischen Volkes, in welchem sie Aufnahme und bleibenden Wohnsitz gefunden, nachdem sie vergeblich von Volk zu Volk gewandert und sich jedem angeboten hatte. „Die Wogen des Meeres", so fährt sie bei Sirach fort, „die ganze Erde, jedes Volk und alle Nationen waren in meinem Machtbereich. Bei ihnen allen suchte ich einen Ruheort und in wessen Eigentum ich bleiben sollte. Da gebot mir der Schöpfer aller Dinge, der auch mich geschaffen, wies mir eine Wohnung an und sprach: In Jakob schlage dein Zelt auf und in Israel soll dein Erbteil sein. Von Ewigkeit her, von Anfang an schuf er mich, und bis in Ewigkeit werde ich nicht aufhören."[3]

Also die göttliche Sophia, die die Welt geschaffen, die die gesamte Menschheit beglücken sollte, sie ist nun jüdisch-national geworden und hat sich seit der Volkswerdung Israels ausschließlich

---

[1] Sirach 1,1—10.
[2] Sirach 24,3—6. — [3] Sir. 24,6—10.

diesem, das ihr verständnisvoll entgegenkam, gewidmet. „Im heiligen Zelte", so läßt Sirach die Weisheit weiter sprechen, „diente ich vor Gott und erhielt meinen Sitz in Zion. In seiner geliebten Stadt wies er mir eine Ruhestätte an, und in Jerusalem ist meine Herrschaft. Und ich wurzelte in dem verherrlichten Volke, in dem Anteile des Herrn, den er sich zum Erbe erkoren. Ich wuchs empor wie eine Zeder auf dem Libanon, wie eine Zypresse auf dem Gebirge Hermon. Wie eine Palme am Ufer wuchs ich empor, wie Rosensträucher zu Jericho, wie ein prangender Ölbaum in der Ebene und wie eine Platane wuchs ich empor. Würzigen Duft — verbreitete ich und Wohlgeruch wie auserlesene Myrrhen. — Ich breitete meine Zweige aus wie eine Terebinthe und meine Zweige sind prächtig und lieblich. Meine Sprossen sind lieblich wie die des Weinstocks und meine Blüten verheißen herrliche und reiche Frucht. — Kommt her zu mir alle, die ihr Verlangen nach mir tragt und sättigt euch an meinen Früchten! Denn der Gedanke an mich ist süßer als Honig und mein Besitz süßer als Honigseim. Die von mir gegessen, empfinden noch größern Hunger, und die von mir getrunken, noch größeren Durst. Wer mich hört, wird nicht zuschanden, und die nach meiner Lehre handeln, sündigen nie".[1]

In der kanonischen Weisheitsliteratur ist die Sophia noch Eigentum Gottes und nicht der Menschen, nicht eines Volkes, geschweige denn eines auserlesenen Volkes. Ein solches gibt es da überhaupt nicht. Bei Sirach aber macht sich bereits ein starker Rückfall ins Nationale bemerkbar. Die göttliche Weisheit ist bereits vom Himmel herabgestiegen und hat sich auf Erden ein Volk und ein Land zum bleibenden Wohnsitz auserkoren. Sie hat ihre Verkörperung in der Lehre Gottes gefunden: sie ist das fleischgewordene Gesetz geworden. Ihre Seele lebt fürder in demselben. Das Gesetz ist der Inbegriff alles dessen, was die göttliche Weisheit dem Menschen zu bieten vermag: „Alles das", so predigt sie weiter, „gilt vom Buche des Bundes des höchsten Gottes, vom Gesetz, das Moses uns befohlen hat als Eigentum für die Gemeinde Jakobs. Es teilt wie der Pison in Fülle Weisheit mit und wie der Tigris in den Tagen des Frühlings. Es fließt über von Einsicht wie der Euphrat und wie der Jordan zur Zeit der Ernte. Es strömt Be-

---

[1] Sir. 24,10—22.

lehrung aus wie ein Licht und wie der Gihon zur Zeit der Weinlese. Der erste Mensch hat sie nicht völlig erkannt und der letzte
wird sie nicht völlig ergründen. Denn ihr Sinn ist tiefer als das
Meer und ihre Gedanken unergründlicher als der große Abgrund." [1] —

Die göttliche Weisheit ist sonach bei Sirach Ureigentum des
jüdischen Volkes, das sie vor allen andern Völkern bei sich aufgenommen, und bei welchem sie in der Gotteslehre ein ewiges und
unverwüstliches Denkmal gefunden hat. — Allein Sirach, der Lehrer
seines Volkes, ist noch lange nicht so engherzig wie die Zeit, die
nach ihm folgt. Er will diesen kostbaren Besitz nicht für sich,
nicht für sein Volk allein in Anspruch genommen wissen. Wohl
ist das jüdische Volk der Gnade, die Weisheit vor allen andern
Nationen zu besitzen, teilhaftig geworden; aber es hat mit ihr zugleich die Verpflichtung übernommen, der Lehrer der Menschheit
zu werden, die göttlichen Weisheitslehren aus den engen Grenzen
seines Landes in die weite Welt hinauszutragen: das Bächlein soll
zum Flusse, der Fluß zum Meere werden. Das jüdische Volk soll
seine Lehre wie die Morgenröte weithin strahlen und leuchten lassen.
Es soll wie Prophezeiung den Unterricht ausgießen und ihn den spätesten Geschlechtern hinterlassen. Nicht für sich allein soll es sich
abmühen, sondern für alle, die die Weisheit zu erlangen suchen. [2] —

Sowie die Verfasser der Proverbien, des Buches Hiob und des
Buches Koheleth die gemäßigten Führer ihrer noch geistig freien Zeit
waren, so stand auch Sirach in der Mitte zwischen den Extremen
des äußersten rechten und des äußersten linken Flügels des jüdischen
Volkes seiner bereits dunkel werdenden Zeit. Er war weit entfernt
von der Partei der „Frommen", die sich vor jeder fremden Kultur
hartnäckig abschloß; noch weiter von jener der „Gottlosen", die
dem Neuen, gleichviel ob es heilsam oder verderblich, nachjagten
und den alten Lehren den Rücken kehrten. Er nahm das Gute,
wo er es fand; und da er ein vielgereister und vielerfahrener Mann
war, der Auge und Sinn überall offen hielt, überall lernte, so

---

[1] Sir. 24,22—28. Die Weisheit wird hier, sagt Fritzsche (Die Weish. Jesus-
Sirachs XXXIII), „wiederholt personifiziert dargestellt; von Ewigkeit in Gott
beschlossen, hat sie sich in der Schöpfung, in ganz besonderem Maße aber in
dem Gesetze geoffenbart, denn Israel ist das auserwählte Volk des Herrn, und
so ließ dieser die Weisheit in diesem in der Form des Gesetzes Wohnung
nehmen."

[2] Sirach 24,28—32.

konnte er nicht mehr in dem engen Gesichtskreis der „Frommen“ befangen sein, mochten auch immerhin seine religiösen Anschauungen nach ihrer Richtung hingravitieren. Schon sein Spruch: „Suche nicht den Lauf des Stromes aufzuhalten“,[1] kennzeichnet sein Wesen und Streben und läßt ihn als den geeigneten Lehrer seiner Zeit prädestiniert erscheinen. Dabei darf man aber keineswegs glauben, daß er vor jedem Winde die Segel strich und von jeder wie immer gearteten Strömung sich tragen ließ; ihn so zu nehmen, verbietet seine energische Lehre: „Drehe dich nicht nach jedem Winde und wandle nicht auf jedem Pfade; dies ist die Art des doppelzüngigen Sünders. Sei gefestigt in deiner Überzeugung und deine Rede bleibe sich immer gleich.“[2] — Er war vielmehr der richtige Volkslehrer, der jeder gesunden und befruchtend wirkenden Bewegung das Wort redete und sie in gesunde Bahnen zu lenken bestrebt war. Und um das jüdische Schifflein unversehrt mitten durch die Szilla der Hyperfrommen und die Charybdis der Gottlosen durchzusteuern, bedurfte es solcher Führer, die nicht fruchtlos gegen den Strom, zumal wenn er verjüngend und neu belebend wirkt, schwimmen wollen. Seine Frömmigkeit wurzelt tief in der Religion Mosis und der Propheten, aber sie ist auch befruchtet von dem Geiste seiner Zeit. Er huldigt einem maßhaltenden Fortschritt. — Wie die Frommen in den Psalmen, wie die drei konservativen Freunde Hiobs lehrt auch er, daß die Weisheit bei den Greisen und Belehrung bei der Fülle der Tage: „Laß dir nicht“, so mahnt er, „die Erzählungen der Greise entgehen, denn auch sie lernten von ihren Vätern; von ihnen kannst du Einsicht lernen.“[3] „Verweile gern in der Versammlung der Alten, und ist einer weise, so schließe dich ihm an. Höre gerne jedes Gespräch von göttlichen Dingen, und die Sprüche der Einsicht laß dir nicht entgehen.“[4] „Wie schön ist bei Greisen Weisheit, und an Männern von Ansehen Einsicht und Rat! Die Krone der Greise ist reiche Erfah-

---

[1] 4,26: μὴ βιάζου ῥοῦν ποταμοῦ. cf. Fritzsche, Kurzgef. exeg. Hdb. 31: „Der Strömung des Flusses Gewalt anzutun, sie bezwingen, ist ein allgemeines Sprichwort, entsprechend unserem: wider den Strom schwimmen (Lutter de Wette): strebe nicht wider den Strom.“ cf. Ryssel in Kautzsch I, 272.

[2] Sir. 5,9—11: μὴ λίκμα ἐν παντὶ ἀνέμῳ, καὶ μὴ πορεύου ἐν πάσῃ ἀτραπῷ, οὕτως ὁ ἁμαρτωλὸς ὁ δίγλωσσος. ἴσθι ἐστηριγμένος ἐν συνέσει σου, καὶ εἷς ἔστω σου ὁ λόγος.

[3] Sir. 8,9. — [4] ib. 6,34—36.

rung und ihr Ruhm Furcht des Herrn". [1] — Wie die Frommen
in den Psalmen hält auch er an dem Glauben fest, daß das Gute
und Böse auf Erden noch Vergeltung finde, und wie die drei Freunde
Hiobs weist auch er zur Erhärtung dieses Glaubens auf die Geschichte der Vorzeit hin. „Blicket", so ruft er aus, „auf die frühern
Geschlechter und seht, wer vertraute auf den Herrn und ward zuschanden? Oder wer verharrte in der Furcht vor ihm und ward
verlassen? Oder wer rief ihn an und er übersah ihn?" [2] —
„Habe kein Wohlgefallen an dem Wohlergehen der Gottlosen, bedenke, daß sie nicht bis zum Grabe ungestraft bleiben." [3] — „Leicht
ist es dem Herrn am Tage, wo das Ende kommt, dem Menschen nach
seinem Wandel zu vergelten." [4] — „Jeden richtet er nach seinen
Werken. Nicht entkommt der Sünder mit seinem Raube, aber auch
die Erwartung der Frommen täuscht er nicht. Jede gute Tat findet
ihren Lohn, und jedem wird nach seinen Werken zu teil." [5] —
Gegen die Anschauung, daß Gott, „der die Himmlischen richtet und
über den Sternen thront", zu erhaben ist, als daß er sich um den
einzelnen Menschen kümmern sollte, wie sie von den Neuerern
und von Hiob selbst vertreten ist, polemisiert Sirach mit den
Frommen der Psalmen: „Sage nicht, „ich will mich vor dem Herrn
verbergen, wer wird wohl aus der Höhe sich meiner erinnern? In
der großen Menge bleibe ich unbemerkt, denn was ist meine Seele
in der unermeßlichen Schöpfung?" Siehe, der Himmel und des
Himmels Himmel ist Gottes, der Abgrund und die Erde zittern vor
seinem Blick. Die Berge zugleich mit den Grundfesten der Erde
erbeben vor Schrecken, wenn er auf sie herabschaut. Aber keines
Menschen Herz denkt daran, und wer ist, der seine Wege begreift?" [6]
Und ein andermal: „Die Mächte der Himmelshöhen richtet der
Herr, so auch die Menschen alle, die Staub und Asche sind." [7]
Auch in nationaler Beziehung steht er, im Gegensatz zu den
frühern Weisheitslehrern, denen er nachstrebt, auf dem Boden der
Frommen in den Psalmen. Wie diese, ist auch er von dem Glauben
an die Auserwähltheit des jüdischen Volkes durchdrungen. Darum
ist ihm auch dieses in den Besitz der höchsten Weisheit vor allen
andern Völkern gekommen. Und darum erhält auch alle Weisheit,
die er bei andern Völkern kennen und schätzen gelernt, unter seinen

---

[1] ib. 25,5—7. — [2] ib. 2,10. — [3] ib. 9,12 — [4] ib. 11,24.
[5] ib. 16,12—17. — [6] ib. 16,17—21. — [7] Sirach 17,32. cf. Ps. 113,8—9.

national gestaltenden Händen nationale Färbung, wie wir dies
in seiner Darstellung des dem jüdischen Geiste völlig fremden, ja
ihm straks widersprechenden, weil den Monotheismus zerstörenden
Begriffes der göttlichen Sophia gesehen haben. Dieser Glaube
an die Auserwähltheit seines Volks, an die Ursprünglichkeit seiner
Weisheitslehre und an die Mission Israels, das Licht der Nationen
zu werden, kommt in folgendem Gebete Sirachs zum beredten Ausdruck: „Erbarme dich, o Herr, deines Volkes, das nach deinem
Namen genannt ist, Israels, das du dem Erstgeborenen gleichge-
stellt hast. Habe Mitleid mit der Stadt deines Heiligtums, mit
Jerusalem, der Stadt deines Ruhesitzes. Erfülle Zion mit den
Segnungen deiner Verheißungen und mit deinem Ruhme dein Volk.
Gib Zeugnis für die, welche von Anfang dein Eigentum waren und
erwecke wieder die Verheißungen in deinem Namen. Gib denen,
die auf dich harren, ihren Lohn und deine Propheten mögen wahr
befunden werden. Erhöre, o Herr, das Gebet derer, die zu dir
flehen nach dem Segen Aarons über dein Volk. Und alle Bewohner
der Erde mögen erkennen, daß du der Herr bist, der Gott in alle
Ewigkeit.“ [1]) Und ein andermal ruft er aus: „Jedem Volke be-
stellte Gott einen Herrscher, Israel aber ist des Herrn Eigentum.“ [2])

Und doch, so sehr er auch in den alten Anschauungen wurzelt,
er ragt hoch über die Frommen in den Psalmen hinaus; ja er ist
ein ganz anderer als diese: geistig ungleich freier und bei all seiner
nationalen Befangenheit universalistisch gerichtet. Er ist ein moderner Mensch und Lehrer, der sich den Bedürfnissen der neuen
Zeit keinen Augenblick verschließt und überall bemüht ist, das
Alte mit dem Neuen harmonisch zu verbinden.

Wie ganz verschieden ist seine heitere Lebensanschauung von
jener verdüsterten der Frommen in den Psalmen! Der Frohsinn,
den er predigt, ist diesen Frommen ein Greuel, er gemahnt zu sehr
an die griechische Lebensfreudigkeit. Wie Koheleth, redet auch er
dem frisch-frohen Lebensgenuß, der ja dem Menschen von Gott zugeteilt sei, das Wort, hinweisend auf die kurze Spanne Zeit, die
für einen solchen dem Menschen zugemessen sei. „Mein Sohn,“
so predigt er, „je nachdem du hast, tue dir wohl.“ [3]) — „Laß dir
nicht einen guten Tag entgehen und den dir zukommenden Teil an

<hr>

[1]) ib. 36(33),17—23. — cf. Orac. Sibyll. V, 260—285; 328 sqq.

[2]) Sir. 17,17.

[3]) Sirach 14,11: τέκνον καθὼς ἐὰν ἔχεις εὐποίει σεαυτόν.

einem erlaubten Genusse laß nicht an dir vorübergehen. Wirst du nicht einem anderen dein mühsam erarbeitetes Gut zurücklassen und dein sauer Erworbenes den teilenden Erben? Gib und nimm und täusche so deine Seele, denn in der Unterwelt darfst du kein Wohlleben suchen."[1] „Überlaß dein Herz nicht der Traurigkeit, dränge sie zurück, indem du daran denkst, daß das Leben ein Ende hat. Vergiß nicht, daß es keine Rückkehr gibt."[2] — „Der Wein gibt dem Menschen Leben, wenn er ihn mäßig trinkt. Was für ein Leben führt der, der den Wein entbehren muß! Und er ist ja geschaffen zum Frohsinn für den Menschen."[3]

Und wie trefflich ist das Bild, mit dem er den gleichzeitigen Genuß von Wein und Musik vergleicht: „Wie ein Siegelring," so lautet es, „von Karfunkelstein in goldener Einfassung, so ist ein Konzert beim Weingelage. Ein Siegelring von Smaragd in goldener Verzierung ist harmonische Musik beim süßen Wein."[4]

Das sind Anschauungen und Lebensregeln, um derentwillen Koheleth später von den frommen pharisäischen Schriftgelehrten stark angefochten wurde und die seine Stellung im Kanon wiederholt gefährdeten, deren er sicherlich verlustig gegangen wäre, hätte ihn nicht die Maske, die er angenommen, davor geschützt. Was Wunder nun, daß unserem Sirach, der unter seinem eigenen Namen schrieb, der Platz in dem Kanon versagt geblieben? Gewiß, hätte ihn nicht der Enkel noch rechtzeitig hinüber nach Alexandria geflüchtet, wohin etwa ein Jahrhundert früher die Spruchweisheit aus Palästina ausgewandert, und wo sie jetzt zur reichen Blüte sich entfaltet hatte; das Buch Sirach wäre für immer verschollen geblieben, wie andere einschlägige Schriften, von denen uns der Talmud nichts weiter als einige Namen der Verfasser erhalten hat. —

Sirach lebte in einer Zeit, wo die griechische Kultur alle ihre Schlacken in Palästina abgelagert hatte, wo die Menschen ungestüm nach Vergnügungen jagten und alle Schranken der Religion abgeschüttelt hatten. Und so sucht er beschwichtigend auf die wilden Gemüter zu wirken, predigt er wie der gegen dieselben Zustände ankämpfende Koheleth, immer wieder: Mäßigung! Maßhalten in den Lüsten,[5] Maßhalten im Philosophieren! Er verlangt nicht, wie die morosen Frommen in den Psalmen, blinden Glauben. Er empfiehlt

---

[1] ib. 14,14. — [2] ib. 38,20—22. cf. 30,21—24. — [3] ib. 34,27—29.
[4] ib. 35,5—7. — [5] Sir. 34,27—31. 37,29—31.

vielmehr gründliches Forschen: „Glückselig ist der Mann“, sagt er,
„der über die Weisheit nachdenkt und mit klugem Sinn Überle-
gungen pflegt, der in seinem Herzen über ihre Wege nachdenkt und mit Vernunft in ihre Geheimnisse eindringt. Gehe
ihr nach wie ein Späher und lauere an ihren Eingängen;
der in ihre Fenster hineinguckt und an ihrer Türe lauscht;
der nahe an ihrem Hause übernachtet und an ihren Mauern
seinen Zeltpfahl einschlägt; der sein Zelt an ihrer Seite errichtet
und hält Rast in der Herberge der Guten.“[1]) Er will auch nicht,
wie die Frommen in den Psalmen, die Weisheit in den engen Kreis
seines Volkes eingeschlossen, das Licht nicht unter den Scheffel gestellt wissen. Denn, sagt er, „verborgene Weisheit und ein un-
sichtbarer Schatz, welcher Nutzen liegt in beiden? Besser ist, der
seine Torheit verbirgt, als ein Mensch, der seine Weisheit verbirgt.“[2]) — Aber nur vor dem zügellosen, zum Abfall von Gott
und seiner Lehre verleitenden Forschen warnt er. Lieber will er
Einfaltsfrömmigkeit, als ein alle Schranken niederreißendes Denken:
„Besser ist der Gottesfürchtige, der an Einsicht zurücksteht, als
der, der übermäßig gescheit ist und das Gesetz übertritt.“[3]) —
Der Genuß des Lebens, sowie das Forschen in der Weisheit sind
ihm solange erlaubt, ja geboten, als sie nicht die ihnen von dem
göttlichen Gesetze gezogenen Schranken durchbrechen. Dieses Gesetz ist aber bei Sirach noch lange kein Joch, keine Bürde, die
den Menschen schwer bedrückt, ihn engherzig von der Welt und
den Menschen abschließt; sondern vielmehr das Zusammenleben
und Zusammenwirken fördert und in die richtigen Bahnen lenkt.
Seine Losung in Sachen des Glaubens ist: Nicht hyperfromm und
nicht gottlos! Nicht blind im Glauben, und nicht über die Religion
hinausphilosophieren! Darum warnt auch Sirach: „Trachte nicht
nach Dingen, die dir zu schwer und forsche nicht nach dem, was
über deine Kräfte geht. Was dir aufgetragen ist, darnach richte
deinen Sinn, denn es frommt dir nicht, das Verborgene zu er-
spähen. Gib dich nicht mit überflüssigen Dingen ab; es ist dir schon
mehr gezeigt, als der Verstand eines Menschen fassen kann. Denn

---

1) ib. 14,20—26.

2) ib. 20,30. 31. 41,14. 15.

3) ib. 19,24: κρείττων ἡττώμενος ἐν συνέσει ἔμφοβος, ἢ περισσεύων ἐν
φρονήσει καὶ παραβαίνων νόμον. cf. Math. 5,3: οἱ πτωχοὶ τῷ πνεύματι.

Viele hat schon ihre hohe Einbildung irre geführt und der vermessene Dünkel um den Verstand gebracht.“[1])

Der Weisheitsdünkel ist es, der den Menschen anstachelt, seine Gedanken ins Uferlose hinaussteuern zu lassen, es ist jene von intellektualistischem Hochmut erfüllte antinomistische Gnosis,[2]) die da Boden faßt, wo der Mensch den sicheren Hafen des Gottesglaubens verläßt. „Der Hochmut beginnt,“ predigt Sirach, „wo der Mensch vom Herrn abfällt, und wo sein Herz sich von seinem Schöpfer abwendet;[3]) ja der Anfang des Hochmuts ist Sünde, und wer sich an ihn hält, verübt Greuel in Menge.“[4]) — Diese in ihrem Weisheitsdünkel vom Gesetz abirrenden Weisheitslehrer, sie waren „die Heuchler im Gesetz“. Das Gesetz, das den Gottesfürchtigen erhebt, ihnen wurde es zur Falle: „Wer in dem Gesetz forscht“, heißt es bei Sirach, „wird mit demselben gesättigt; dem Heuchler aber wird es zum Fallstrick.“[5]) Es ist die „fälschlich sogenannte Gnosis“, gegen die schon die ersten Weisheitslehrer zu kämpfen hatten, jene Gnosis, die, von einem fremden und unheiligen Geiste geweckt, wurzellos in den Lüften schwebt und von den Stürmen hin und her gepeitscht wird, die im Gesetz nur heuchelt, indem sie vorgibt, es auszulegen, während sie es auflöst und mit Füßen tritt. „Der Heuchler im Gesetz“, sagt Sirach auf einer an-

---

[1]) Sirach 3,20—24. Ebenso warnt etwa dritthalb Jahrhundert nach Sirach Paulus: „Denn ich sage“, heißt es Röm. 12,3, „durch die Gnade, die mir gegeben ist, jedermann unter euch, daß niemand weiter von sich halte, denn sichs gebührt zu halten; sondern daß er von sich mäßiglich halte, ein jeglicher nach dem Gott ausgeteilt hat das Maß des Glaubens.“ Und ib. Vs. 16 f.: „Trachtet nicht nach hohen Dingen, sondern haltet euch herunter zu den Niedrigen. Haltet euch nicht selbst für klug.“

[2]) Vgl. unsere Geschichte der jüd. Apologetik 472 sq.

[3]) Sirach 10,12: ἀρχὴ ὑπερηφανίας, ἀνθρώπου ἀφισταμένου ἀπὸ κυρίου, καὶ ἀπὸ τοῦ ποιήσαντος αὐτὸν ἀπέστη ἡ καρδία αὐτοῦ.

[4]) ib. Vs. 13.

[5]) ib. 35,15: ὁ ζητῶν νόμον ἐμπλησθήσεται αὐτοῦ καὶ ὁ ὑποκρινόμενος σκανδαλισθήσεται ἐν αὐτῷ. Manche Ausleger übersetzen: ὁ ζητῶν νόμον irrtümlich: wer das Gesetz sucht, d. h. es zu erfüllen sucht. So Fritzsche 180 und 174; Ryssel Kautzsch I, 392. Das ist, wie schon aus den Worten ὁ ἀποκρινόμενος ἐν αὐτῷ (sc. νόμῳ) ib. 36(33),2 hervorgeht, unrichtig. Es ist hier vielmehr von einem wirklichen Forschen im Gesetz die Rede, einem Forschen aber, das verkehrt, da ihm die Grundlage der Gottesfurcht fehlt, das die Wahrheit verfehlt und in Irrlehre ausartet. Ein solches Forschen nennt der den geraden Weg niemals verfehlende fromme Spruchdichter: ein „heuchlerisches“.

deren Stelle, „gleicht dem Fahrzeug im Wirbelsturm.“[1]) — Diese
Neuerer, die durch ein ungezügeltes Philosophieren das göttliche
Gesetz zerstören, sind, wie gesagt, „die Heuchler im Gesetz“. Und
nun wird uns auch eine alte talmudische Überlieferung verständlich, nach welcher man auch in den Kreisen der pharisäischen
Schriftgelehrten die Bezeichnung „Heuchelei“ (חנופה), wo sie in
der Thora vorkommt, auf Häresie deutete.[2])

Daß Sirach nicht bloß ein hervorragender Schriftgelehrter, sondern auch Volkslehrer seiner Zeit gewesen, das erfahren wir aus
der Vorrede seines Enkels zu der Übersetzung des Buches; mehr
noch von diesem selbst. So ruft er einmal aus: „So will ich denn
ferner Bildung ausstrahlen lassen wie die Morgenröte und will es
kundtun bis in die weite Ferne, will ferner Lehre ausgießen wie
Prophezeiung und sie für die spätesten Geschlechter hinterlassen.
Seht, daß ich nicht für mich allein mich abmühte, sondern für
alle, die sie zu erlangen suchen.“[3]) — Ein andermal: „Seht, daß
ich nicht für mich allein mich abmühte, sondern für alle, die die
Weisheit suchen! Hört mich, ihr Großen des Volkes, ihr Vor-
steher der Gemeinde merkt auf!“[4]) — Und am Schlusse des Buches:
„Kommt her zu mir, Ungebildete, und wohnet im Hause der Bildung. — Ich öffne meinen Mund und spreche, erwerbet sie euch
ohne Geld!“[5]) — Und wie himmelweit verschieden ist noch seine
Auffassung des Gesetzes von derjenigen der späteren pharisäischen
Schriftgelehrten! Da ist noch keine Spur von jenem Zeremonialgesetz, wie es erst in der hasmonäischen Zeit zu so üppiger Blüte
sich zu entfalten anfing. „Auf die sittlichen Gebote kommt es ihm
vor allem an.“[6])

Das haben denn auch die Ausleger erkannt und vielfach hervorgehoben. „Wenn wir bei Sirach“, sagt Fritzsche,[7]) „nichts von
ängstlicher und tieferer Schriftforschung, potenziertem Gesetzeseifer,
kurz nichts von dem erblicken, was die Schriftgelehrten unter der

---

[1]) Sir. 36(33),2: ἀνὴρ σοφὸς οὐ μισήσει νόμον, ὁ δὲ ὑποκρινόμενος ἐν
αὐτῷ, ὡς ἐν καταιγίδι πλοῖον.

[2]) cf. Genes. rabb. 48,6: אמר ר׳ יונתן כל חנופה שנאמר במקרא
במינות הכתוב מדבר.

[3]) Sir. 24,32—34. — [4]) ib. 36(30),26. 27. — [5]) ib. 51,23—28.

[6]) Fritzsche XXXIV.

[7]) l. c. XII. Und p. XXXVI: „So wenig wir auch dem Buche (Sirach)
eine nationale Haltung absprechen können, so tritt sie doch mit Schärfe nur
in wenigen Stellen hervor.“

Entwicklung des Pharisäismus charakterisierte, so wird das uns
zum Beweise dienen, daß seine Zeit noch freier und geistiger
war, oder jedenfalls einer solchen Richtung noch Raum
gestattete." — Und Reuss:[1] „Die Sittenlehre beruht hier durchaus auf religiöser Grundlage und es zeichnet sich da das nachexilische Judentum von seiner besten Seite. Der Mann, dessen
Stimme wir hier vernehmen, ist der Israelit ohne Falsch,[2] bei
welchem wir allerdings nicht die Mystik des Evangeliums suchen
dürfen, der aber ebensoweit von dem Ritualismus, der Schein-
heiligkeit und der Kasuistik des eben daselbst gezeichneten Phari-
säertums entfernt ist." — „Der gesetzliche Rigorismus", meint
Smend in bezug auf Sirach, „und die rein juristische Denkweise
der späteren Schriftgelehrten war den älteren fremd, so energisch
sie auch für das Gesetz eingetreten sein müssen. Offenbar war damals auch das mündliche Gesetz noch nicht so ausgebildet, daß das
ganze Leben des Einzelnen in seinen Rahmen gebracht werden
konnte."[3] — Ähnlich äußert sich Holtzmann bei Besprechung des
Buches Sirach. „Dieses Werk", sagt er, „stimmt in vieler Beziehung mit dem Buche der Sprüche Salomos überein. Namentlich
tritt auch in ihm die Betonung alles spezifisch Jüdischen
durchaus zurück. Auch hier ist das Verhältnis Gottes zu dem
Einzelnen nicht das zu Israel der maßgebende Gedanke. Doch wird
der besondere Vorzug Israels, die Gottesoffenbarung in seiner Mitte
zu haben, recht stark betont. — Dagegen findet sich wieder nirgends
eine eigentliche Anführung des Gesetzes. Das ist besonders deshalb wichtig, weil wir es hier ganz sicher mit einem Manne zu
tun haben, der in sich einen Schriftgelehrten sah. So bezeugt sein
Übersetzer von ihm: „Mein Großvater Jesus, der sich mehr und
mehr der Lektüre des Gesetzes, der Propheten und der anderen
Bücher der Väter gewidmet und sich darin eine nicht geringe Fertigkeit erworben hatte, sah sich getrieben, auch selbst etwas abzufassen, was sich auf Bildung und Weisheit beziehe, damit die Wiß-
begierigen auch an dieser sich haltend immer mehr in dem Leben
nach dem Gesetze fortschritten." Deutlicher kann man nicht reden.
Der Siracide hatte die heiligen Schriften der Juden studiert. Er
wollte das Leben nach dem Gesetze immer mehr ausbreiten. Aber

---

[1] Gesch. d. heil. Schriften, A. T. 553. — [2] Joh. 1,47.
[3] l. c. 512, Anm. 1.

diesen Zweck suchte er nicht zu erreichen durch möglichst genaue
und engherzige Auslegung des Gesetzes wie die späteren Schriftgelehrten, sondern indem er durch das Studium der vorhandenen
Literatur sich anregen ließ, selber in ähnlichem Geiste als Schriftsteller zu seinen Zeitgenossen zu reden."[1]) — Und ein andermal
sagt er von der Schrift des Siraciden, „daß sie ohne Zweifel das
bedeutendste Denkmal des palästinensischen Judentums dieses Zeit-
raumes sei, und daß sie als solches uns besonders deshalb von
Wert sein müsse, weil sie einmal das durchaus freie Schaffen der
damaligen Schriftgelehrten, das noch in keiner Weise vom Gesetzes-
buchstaben gefangen sei und weiterhin die aus der inneren Entwicklung des damaligen Judentums von selbst sich ergebende Annäherung an die Welt und Lebensauffassung des philosophischen
Heidentums jener Zeit offenbare."[2])

Wie sehr also der Siracide auch zum Nationalismus und zu
dem Glauben an die Auserwähltheit des jüdischen Volkes hinneigt,
so ragt er doch immer noch als ein Wahrzeichen einer weit ausblickenden, universalistisch gerichteten Zeit hoch empor, weit mehr
an die lichtvolle Vergangenheit, die sich jetzt zu verdunkeln anfängt, als an die reaktionäre Zukunft gemahnend. Wie die früheren
Weisheitslehrer, an denen er seinen Geist gebildet und denen er in
seiner religiösen Richtung nacheifert, spricht auch er nicht zum
Volke, sondern zum Menschen, wie sie hat auch er gegen eine
ebenso mächtige als verhängnisvolle Strömung zu kämpfen, die Gott
und seine Lehre verwirft und eine unüberbrückbare Kluft zwischen
der arg zusammengeschrumpften Partei der weltflüchtigen „Frommen"
und den herrschenden „Gottlosen" schafft; wie sie predigt auch er
keine Religion der düsteren Entsagung und des Fremdenhasses, kein
Gesetz, das schwere und unerträgliche Bürden den Menschen an
den Hals legt, sondern das in den drei Worten: Liebe zu Gott,
Liebe zur Tugend und Liebe zum Nebenmenschen enthalten ist,
eine Religion, die später, selbst noch in den Zeiten der schwärzesten

---

[1]) O. Holtzmann, l. c. 300.

[2]) das. 305. Und p. 303: „Was hier besonders auffällt, ist das vollständige Zurücktreten des Gedankens, daß Gottes Gnade auf Israel besonders
ruhe. Auch das Gesetz ist hier dem Menschen gegeben, mit ihm ist Gottes
ewiger Bund aufgerichtet: ja es wird ausdrücklich hervorgehoben, daß Gottes
Erbarmen sich auf alle Menschen beziehe, und dieses Erbarmen wird durch
einen in der Naturanlage des Menschen begründeten Mangel hervorgerufen."

Reaktion, eine Heimstätte in Palästina gefunden, hinübergeflüchtet aus jener Zeit, wo noch großherzige Volkslehrer „Weisheit wie die Morgenröte ausströmen ließen", von einer wahrhaft frommen Gemeinde, nämlich von jener der sogenannten Essener und von jüdischen Hellenisten in die Synagogen der Diaspora.[1])

* *
*

So hätten wir denn in den Zeiten, die auf Esra und Nehemia folgten, von denen wir bisher so viel wie nichts wußten, allgemein annehmend, daß die von diesen beiden Gesetzesmännern inaugurierte, das jüdische Volk streng isolierende religiöse Richtung die herrschende geworden und für alle Zeit herrschend geblieben sei; eine Weisheitsliteratur aufleuchten gesehen, die nichts weniger als buchstabengläubig und national beschränkt, eine Literatur, erfüllt von dem Geiste der großen Propheten und bestrahlt von der befruchtenden Weisheit Griechenlands, die das Volk, aus dem sie hervorgegangen, im herrlichsten Lichte und berufen erscheinen läßt, das Lehramt unter den Völkern anzutreten. In jener Zeit, die man durch die Isolierungsarbeiten Esras und Nehemias völlig verdunkelt glaubte, in der lediglich sopherische Schulweisheit miniert habe, bis sie zwei Jahrhunderte später unter den fieberhaft arbeitenden Händen der pharisäischen Schriftgelehrten volkbeherrschend geworden sei, lehrten und schrieben ihre Meisterwerke die Verfasser der Proverbien, des Buches Hiob, des Buches Koheleth, des Hohenlieds, der Siracide u. a., sowie ungezählte Männer der radikalsten Richtung, deren Werke nicht mehr auf uns gekommen sind. Jene Zeit, welche für uns bis heute stumm war, in der das Judentum in einen ewigen Schlaf eingelullt und nur das Auge des „Gesetzes" zu wachen schien, sie gehört zu den geistig regsten und geistig freiesten in der ganzen Geschichte des jüdischen Volkes: ihre Schöpfung, die Weisheitsliteratur, bildet die blühendste Oase in der langen Wüstenwanderung dieses so rätselvollen Volkes, das früh seiner Weltmission sich bewußt wurde, sich für dieselbe vorbereitete: und doch wieder im gegebenen Momente — unter kurzsichtiger Führung stehend — davor zurückschreckte, sich der übernommenen Aufgabe zu entledigen, dieselbe dem dieser Führung entrückten Diasporajudentum überlassend.

———————

[1]) Vgl. unsere Geschichte der jüd. Apolog. 227 sqq., 252 sqq.

Man hat sich nachgerade daran gewöhnt, Esras und Nehemias
Einfluß auf ihr Volk und auf die kommenden Zeiten als einen unbeschränkten und allbezwingenden anzusehen und ersteren als den
Vater des erst drei Jahrhunderte nach ihm erstehenden Pharisäismus zu bezeichnen. Sehr mit Unrecht. Wohl genossen beide
große Autorität, die ihnen schon die Machtvollkommenheit, mit
der sie von dem Großkönig ausgestattet wurden, verlieh; wohl er-
höhte die Schriftgelehrsamkeit Esras Ansehen noch mehr; allein
diese Schriftgelehrsamkeit, wie sehr verschieden war sie von jener
der nachmaligen pharisäischen! Und die Arbeiten dieser beiden
Männer, das Volk völlig in die Schranken des Gesetzes einzu-
schließen und es vor jeder Mischung mit andern Völkern streng
zu bewahren, die schon bei ihren Lebzeiten auf starken Widerstand
stießen, sie gingen nach ihrem Hinscheiden allmählich wieder ver-
loren.[1]) Den Geist, welchen die großen Propheten nicht lange vorher über das Volk ausgegossen hatten, vermochten sie nur auf
kurze Zeit, nicht aber auf die Dauer zu verdunkeln. Und erst
als gegen Ende des vierten Jahrhunderts griechische Kultur in Palästina einzog und die an die Propheten anknüpfende Weisheitsliteratur aufzublühen begann, war es vollends um den Buchstabenglauben geschehen, der nur noch in einem kleinen Kreis der
„Frommen" sorgsame Pflege fand. Es ist sonach unrichtig geurteilt,
wenn Kuenen behauptet, Esra und Nehemia hätten den von den
Propheten gepredigten Universalismus endgiltig zerstört, da das
Judentum seither, belastet von der Bürde des Gesetzes, die abschüssige Bahn der unfruchtbaren pharisäischen Schriftgelehrsamkeit
hinuntergeglitten sei. Es entspricht den Tatsachen nicht, wenn
Kuenen sagt: „Die Religion der Propheten stand doch im Begriffe,
ihre Flügel zu entfalten und über die Grenzen ihrer israelitischen
Nationalität hinaus auszubreiten. Von diesem Ideal und dem
Streben nach seiner Verwirklichung haben wir bisher im Judaismus
keine Spur entdeckt. Im Gegenteil, schon bei der Vorbereitung
seiner Einführung stößt er die fremden Elemente nicht ohne Härte
aus. Es sind „diejenigen, welche sich abgesondert haben von den Völkern des Landes",[2]) die unter Leitung Esras und Nehemias die Verpflichtung übernahmen, dem Gesetze Gottes nach zu leben, und

---

[1]) cf. Wellhausen, Isr. u. jüd. Gesch., p. 160.
[2]) Nehem. 10,29(28).

das erste, wozu sie sich verbinden, ist, daß sie ihre Töchter nicht
den Söhnen des Landes geben, noch deren Töchter sich zur Ehe
nehmen wollen. Absonderung also ist die Losung, unter welcher
die Priesterthora eingeführt wird. Das jüdische Volk umschanzt
sich gleichsam mit einer Masse von Bestimmungen und Gebräuchen,
und nachdem dieser Weg einmal eingeschlagen ist, geht
es, unter Führung der Schriftgelehrten, auf ihm immer
weiter und weiter fort. Ist dies nicht eine traurige Verleugnung
einer schönen Vergangenheit, mindestens die Vereitelung der Verheißung, die sie in sich schloß?"[1])

Nein, Esra und Nehemia waren mitnichten die Erzeuger des
Pharisäismus. Zwischen ihnen und diesem lag ein herrliches, weit
sich hinstreckendes Eiland, aus welchem die Weisheitsliteratur
kräftig emporsproßte und in die Halme schoß, auf welchem geistes-
starke Männer, wie der Verfasser des Buches Hiob, dominierten,
die mit Titanenkraft an den einengenden Fesseln des Nationalismus
rüttelten, daß sie zerschellten, vor deren Hauche die alten Sprüche
wie Staub verwehten, die alten „Wälle wie Lehmwälle" zerfielen. —
Wohl hatte der Pharisäismus, da die Zeit dafür günstig war, die
Bestrebungen Esras und Nehemias, das jüdische Volk vor jeder Berührung mit der heidnischen Umgebung hermetisch abzuschließen,
wieder aufgenommen; allein die Mittel, deren er sich dabei be-
diente, waren andere, neue. — Die Gesetzesmassen, welche behufs
Isolierung des Volkes geschaffen wurden, waren keine mosaischen
mehr, sondern Menschensatzungen, die nur gewaltsam in die Schrift
hineingedeutet und hineingezwängt wurden. Daß diese in Wirklichkeit neu waren, das bezeugt schon die heftige Opposition, die
sie hervorriefen, und zwar seitens einer maßgebenden, bis zur rö-
mischen Zerstörung des Tempels einflußreich gebliebenen Partei,
nämlich jener der Sadduzäer. Wäre die sogenannte mündliche
Lehre, als deren Siegelbewahrer die pharisäischen Schriftgelehrten
auftraten, in Wirklichkeit schon aus vormakkabäischer Zeit überkommen gewesen, die sadduzäische Partei hätte nicht entstehen
können, zumal in einer Zeit, wo der Einfalts-Glaube der solange
von den „Gottlosen" unterdrückt gewesenen „Frommen" durch die
Makkabäersiege zur Herrschaft gelangt war, welche unduldsam
gegen jede Art von Gesetzesübertretung auftraten. Wie neu diese

---

[1]) Kuenen, Volksrel. u. Weltrel., aut. deutsche Übers. 166 sq.

pharisäische Traditionslehre war, sehen wir am deutlichsten an
dem klassischen Beispiel des Auferstehungsglaubens. Dieser war,
wie wir wissen, dem alttestamentlichen Schrifttum fremd. Und
selbst noch in der Weisheitsliteratur, die bereits Bekanntschaft mit
ihm verrät, wird er rundweg verworfen. In der nachmakkabäischen
Zeit wird er zum Dogma. Noch mehr: die pharisäische Lehre be-
legt nicht nur denjenigen mit dem Anathem, der an eine Auferstehung nicht glaubt, sie spricht sogar denen den Anteil an dem
künftigen Leben ab, „die da sagen: die Auferstehungslehre sei
nicht aus der Thora beweisbar". Die Tradition hatte inzwischen
auch dieses Dogma wie ungezählte andere in die Schrift hineingedeutet. — Sie hat weiters, um die Kluft, die zwischen Esra und
dem Aufkommen der pharisäischen Schulweisheit gähnt, zu überbrücken, einen Traditionsfaden gesponnen, der von Moses ausgehend,
sich bis auf die „Männer der großen Versammlung" dahinzog.
Auf diesem Wege habe sich die mündliche Überlieferung, die
Moses auf dem Sinai neben dem geschriebenen Gesetze mitgeteilt,
erhalten und bis zu den spätesten Geschlechtern fortgepflanzt. —
„Von vornherein", sagt Reuß zutreffend, „mußte sich so der Grund-
satz aufdrängen, daß nur das in der Gemeinde Geltung haben
könne, was schon früher Geltung gehabt. Zunächst schöpfte das
öffentliche Leben seine Nahrung aus dem geschriebenen Gesetze,
und als nachmals in manchen Fällen und Beziehungen dies nicht
mehr ausreichte und Erweiterungen und Zusätze nötig wurden,
konnten diese nicht als selbständige Novellen eingeführt werden,
sondern als Ausdeutungen der einmal gegebenen Texte, welche ein
Geschlecht auf das andere ebenso leicht vererbte wie diese selbst.
Aber auch dieses Element liebte man wohl als ein uraltes, von
früh an neben dem Gesetzbuche herlaufendes zu betrachten, und
diese Vorstellung verkörperte sich in viel jüngerer Zeit in der Annahme einer seit dem Aufhören des Prophetismus bestehenden,
leitenden Behörde. Man nannte sie die große Synagoge, und
meinte somit den unterbrochenen Zusammenhang aller Überlieferung,
von der Urzeit bis auf die gelehrten Schulen der jüngeren Jahrhunderte, hergestellt zu haben. Ob der Name irrtümlich von jener
zu Esras Zeit abgehaltenen Volksversammlung hergeleitet sei, lassen
wir dahingestellt. Gewiß ist uns, daß eine solche Körperschaft als
ein organisches Gebilde in der Geschichte nicht nachgewiesen
werden kann. — Wie die christliche Kirche von einer auf die

Apostel zurückführenden Überlieferung redet, so die Synagoge von einer von Moses ausgehenden. Pirke Abot 1, 1 heißt es: „Moses erhielt das Gesetz vom Sinai und übergab es dem Josua, Josua den Ältesten, die Ältesten den Propheten, die Propheten den Männern der großen Versammlung", als deren einen (oder ersteren) wir Esra zu denken haben. Man sieht hier deutlich: bei Esra bricht der Faden ab, weil die beglaubigten Träger der Offenbarung vom Schauplatz verschwinden, und erst längere Zeit später tauchen wieder Namen von Männern auf, deren man sich noch als zu ihrer Zeit berühmter Gesetzeslehrer erinnerte. Hier galt es also die Lücke auszufüllen. Und wie man zwischen Mose und den Propheten eine ähnliche Lücke mit den „Ältesten" ausfüllte, so diese mit der „großen Synagoge", die so sehr als ein bloßes Postulat der Theorie erscheint, daß man nicht einmal erfährt, ob damit eine permanente Behörde oder eine Reihe einzelner Vertreter des Gesetzes gemeint sein soll." [1]

So sollten sich über die Köpfe der Weisheitslehrer und über einen Zeitraum von drei Jahrhunderten hinweg Esra und die Schöpfer der pharisäischen Traditionslehre die Händen reichen! So sollte dem neuen, die Nation von der Außenwelt abschließenden Überlieferungsglauben hohes Alter und göttliche Inspiration gesichert werden! Und dieses enge Bündnis zwischen Esra und dem Pharisäismus vollzog sich im Rausche, in welchen die Makkabäersiege die Nation versetzte, der es bald vergessen ließ, daß kurz vorher eine niemals wieder erreichte Blüte- und Reifeperiode des Judentums zur Neige gegangen war, eines Judentums ohne Gesetz — zum mindesten ohne ein solches im Sinne des Pharisäismus — fern von jeder nationalen Beschränktheit und religiösen Engherzigkeit; kurz eines Judentums, wie es die Weisheitsliteratur wiederspiegelt, das ja doch existiert haben muß, da es eine Literatur hervorgebracht, die würdig an den Prophetismus anschließt, dessen welterlösende Ideen sie auszubauen und zu verwirklichen sucht. —

---

[1] l. c. 481.

VI.

PSEUDO-SALOMO.

Die Auswanderung der Juden aus der Heimat nach den griechischen Ländern, die seit Alexander im großen Stil begonnen, wuchs bald so mächtig an, daß schon um die Mitte des zweiten vorchristlichen Jahrhunderts die jüdische Sibylle singen konnte: „jedes Land und jedes Meer sei von dem jüdischen Volke erfüllt".[1] — Man darf, ohne sich einer Übertreibung schuldig zu machen, behaupten, daß schon gegen Ende des dritten vorchristlichen Jahrhunderts der überwiegend größere und qualitativ vorzüglichere Teil desselben außerhalb Palästinas, zumeist aber in den Ländern, soweit die griechische Zunge reichte, angesiedelt war. Schon die so früh gegen das Diasporajudentum eröffnete literarische Fehde seitens heidnischer Schriftsteller, wie Manetho, der um die Mitte des dritten, wie Apollonius Molon, Posidonius, die gegen Anfang des letzten vorchristlichen Jahrhunderts schrieben u. A., beweist, zu welch großer Bedeutung das Judentum in der griechischen Welt schon damals gelangt war. —

Moses und die Propheten waren das Palladium, das es in die große Welt mitnahm, geschaut allerdings im Lichte, das die Weisheitslehrer nicht lange vorher angezündet hatten, unter einer Beleuchtung, die es den Diasporajuden ermöglichte, in der heidnischen Welt nicht nur leben zu können, sondern sogar eine große, von ungeahnten Erfolgen gekrönte religiöse Propaganda zu eröffnen.[2] — Welch höchst bedeutsame Tatsache ist z. B., sagt Kuenen,[3] die Übersetzung des Gesetzes in die griechische Sprache, noch mehr als Zeugnis für das, was der Judaismus damals schon war, als wegen der Einwirkung, welche sie auf die Heidenwelt ausübte.

---

[1] Orac. Sib. III, 271: Πᾶσα δὲ γαῖα σέθεν πλήρης καὶ πᾶσα θάλασσα.

[2] Ausführlicheres hierüber in unserer „Gesch. der jüd. Apolog." 192 sqq.

[3] l. c. 172.

Gegen Ende des dritten Jahrhunderts, wo die griechische Welt von dem Judentum bereits erfüllt war, trat eine Stauung in dem Auswanderungsstrom ein. Das scheint auch der Umstand zu bestätigen, daß die Diasporajuden die jüngsten hagiographischen Bücher: Koheleth, das Hohelied, Esther und Daniel, die eben am Ende des dritten und im ersten Drittel des zweiten Jahrhunderts verfaßt wurden, in ihren religionsphilosophischen Schriften nicht mehr benützten. Es ist dies eine sehr befremdliche Tatsache, die beweist, daß sie dieselben entweder nicht kannten, oder wenn sie sie kannten, ihnen nicht mehr göttliche Inspiration zuschrieben. In den philonischen Werken nämlich, in denen sonst alle kanonischen Bücher benützt werden, bleiben die eben genannten hagiographischen völlig unberücksichtigt. Damit wollen wir jedoch keineswegs behaupten, daß Philo selbst sie nicht gekannt; im Gegenteil, wir sind vielmehr überzeugt, daß er sie schon zu den kanonischen Schriften zählte. Allein da er sein ganzes exegetisches Material von seinen Vorgängern aus der jüdisch-alexandrinischen Schule übernommen, aber nur in den seltensten Fällen es selbständig verarbeitet hatte, nicht aber schöpferisch aufgetreten ist;[1]) so beweist das Fehlen jeder Bezugnahme auf Koheleth, das Hohelied, Esther und Daniel, daß jene sie nicht gekannt, oder zum mindesten, daß sie dieselben nicht für kanonisch hielten. Stimmt dies, dann haben wir wieder einen Beweis für die späte, erst gegen Ende des dritten Jahrhunderts erfolgte Abfassung des Buches Koheleth und des Hohenlieds.

Die Religion des Diasporajudentums war also die von Moses und den Propheten gepredigte und von der durch den griechischen Geist befruchteten kanonischen Weisheitslehre zeitgemäß in universalistischem Sinne umgestaltete Glaubenslehre, die in der Diaspora aufzublühen anfing, als sie sich in Palästina seit Koheleth immer mehr zu verdunkeln begann, um bald darauf in einem von einer verhängnisvollen Reaktion mit allen Mitteln der Politik und der Theologie geschmiedeten Partikularismus unterzugehen.

Von der Rückbildung, die der Mosaismus seit Daniel und der Makkabäererhebung in Palästina erfahren, blieb die jüdische Diaspora völlig verschont; sie hatte auch von derselben infolge ihres nur ganz losen Zusammenhanges mit dem Mutterlande, der nur ein

---

[1]) Vgl. unsere Gesch. der jüd. Apolog. 198 sqq.

ideeller war,[1]) kaum eine blasse Kenntnis. Das beweist das ganze jüdisch-hellenistische Schrifttum. Dieses knüpft, wie gesagt, unmittelbar an die Weisheitsliteratur an, deren umbildende Arbeit sie fortsetzt und im Geiste der herrschenden Philosophie ausbaut. Schon die Sapientia Salomonis, das nächst der Septuaginta wichtigste und älteste uns erhaltene Denkmal jüdisch-hellenistischer Geistesarbeit, zeigt uns, daß die Literatur der jüdischen Diaspora direkt an die damals noch nicht ganz erloschene und die Gemüter noch lebhaft beschäftigende kanonische Spruchweisheit anknüpfte und den ganzen Mosaismus unter ihre Beleuchtung stellte, wozu sie durch die Verhältnisse geradezu gedrängt wurde, da sie auf diese Weise der herrschenden Weltphilosophie eine um so viel höhere, von Gott selbst inspirierte Religionsphilosophie entgegenstellen konnte. Die ganze Geschichte der Volkswerdung Israels wird unter diese Beleuchtung gerückt. Die Weisheit, die warmherzige Mittlerin zwischen Gott und Menschen, die liebreiche Führerin der Kinder Gottes, „durch welche der Welt das unvergeßliche Licht des Gesetzes erteilt werden sollte,“[2]) ist die Erzieherin und Lehrerin der Menschen. „Sie steigt von Geschlecht zu Geschlecht auf heilige Seelen hernieder und macht dieselben zu Freunden Gottes und zu

---

[1]) Philo, in Flacc. II, 524 zeichnet uns sehr instruktiv die zarten, kaum mehr greifbaren Fäden, welche das Diasporajudentum noch mit dem Heimatlande, oder richtiger gesagt, mit Jerusalem, verbanden: „Die Juden“, sagt er, „vermag wegen ihrer Menge ein Land nicht zu fassen. Deshalb bewohnen sie die meisten blühenden Städte auf dem Festlande und den Inseln Europas und Asiens. Sie halten zwar die heil. Stadt, da sich in ihr der Tempel des höchsten Gottes befindet, für die Metropole, aber das Land, wo sie seit der Väter und Urväter Zeit wohnen, betrachten sie als ihr Vaterland, da sie daselbst geboren und erzogen wurden“ (μετρόπολιν μὲν τὴν Ἱερόπολιν ἡγούμενοι, καθ᾽ ἣν ἵδρυται ὁ τοῦ ὑψίστου θεοῦ νεὼς ἅγιος· ἃς δ᾽ ἔλαχον ἐκ πατέρων καὶ πάππων καὶ προπάππων καὶ τῶν ἔτι προγόνων οἰκεῖν ἕκαστοι, πατρίδας νομίζοντες, ἐν αἷς ἐγεννήθησαν καὶ ἐτράφησαν). Legat. ad Caium II, 587 schildert er die weithinreichende Verzweigung der jüd. Diaspora wie folgt: „Jerusalem ist die Hauptstadt nicht nur des Landes Judäa, sondern auch vieler anderer wegen der Kolonien, die sie ausgesandt hat nach: Ägypten, Phönizien, Syrien, Cölesyrien, ferner nach den entlegenen, wie Pamphilien, Cilicien, in die meisten Teile von Asien bis nach Bithynien und in die entlegensten Gegenden des Pontus — Thessalien, Böotien, Macedonien, Ätolien, Attika, Korinth — Peloponnes — nach den hervorragendsten Inseln, wie Eubōa, Cypern, Kreta usw.“

[2]) Sap. Salom. 18,1: δἰ ὧν ἔμελλε τὸ ἄφθαρτον νόμου φῶς τῷ αἰῶνι δίδοσθαι.

Propheten.¹) — Sie war es, die den zuerst gebildeten Vater der
Welt, da er geschaffen war, beschützte und ihn auch aus seinem
Falle errettete und ihm die Kraft gab, über alles zu herrschen,
während der Ungerechte, der in seinem Zorn von ihr abfiel, in
brudermörderischem Grimme zugrunde ging. Die um seinetwillen
von der Flut überschwemmte Erde rettete abermals die Weisheit,
indem sie den Gerechten auf jenem geringen Holze durch die Fluten
leitete. Sie war es auch, die zurzeit, als die Völker insgesamt in
der Schlechtigkeit übereinstimmten, den Gerechten ausfindig machte,
ihn untadelig vor Gott bewahrte und ihn fest erhielt in der Vaterliebe zu seinem Sohne. Sie errettete beim Untergang der Gottlosen
den Gerechten, als er vor dem Feuer entfloh, das auf die fünf
Städte niederfiel, von welchen noch als Zeugnis ihrer Schlechtigkeit
da sind: ein verödetes Land in fortwährend rauchendem Zustande,
ferner Pflanzen, die zur Unzeit Früchte tragen, und als Denkmal
einer ungläubigen Seele eine hochragende Salzsäule. Denn da sie
die Weisheit abseits ließen, schadeten sie sich nicht nur dadurch,
daß sie das Gute nicht erkannten, sondern hinterließen auch den
Lebenden das Andenken ihrer Torheit, damit nicht verborgen
bleiben könne, worin sie gefehlt hatten. — Die Weisheit hat diejenigen, die ihr dienten, aus Nöten gerettet; sie hat den Gerechten,
der vor dem Zorn des Bruders flüchtete, auf geraden Pfad geleitet.
Sie zeigte ihm das Reich Gottes und gab ihm Kenntnis der heiligen
Dinge, sie erleichterte seinen schweren Dienst und machte reichlich
den Ertrag seiner Arbeit. Sie stand ihm bei gegen die Habgier
seiner Dränger und machte ihn reich. Sie schützte ihn gegen
Feinde und brachte ihn in Sicherheit vor Nachstellern. Sie verschaffte ihm den Sieg im mächtigen Kampfe, damit er erfahre, daß
mächtiger als Alles die Gottesfurcht ist. Sie war es, die den ver-
kauften Gerechten nicht verließ, sondern von der Sünde errettete
und mit ihm hinabstieg in den Kerker; und verließ ihn nicht in
den Fesseln, bis sie ihm das Szepter des Reiches brachte und die
Herrschaft über die, welche seine Unterdrücker gewesen. Sie erwies
seine Verleumder als Lügner und verlieh ihm unvergänglichen Ruhm.
Sie war es, die das heilige Volk und den untadeligen Samen vor
der Nation der Bedränger errettete. Sie zog ein in die Seele des
Knechtes des Herrn und widerstand furchtbaren Königen unter

—

¹) ib. 7,27.

Wundern und Zeichen. Sie gab den Heiligen den Lohn ihrer
Mühen und geleitete sie auf wunderbarem Wege. Sie diente ihnen
zur Decke des Tages und des Nachts zum leuchtenden Stern. Sie
führte sie durch das rote Meer und leitete sie durch große Gewässer.
Ihre Feinde aber begrub sie in der Flut und schleuderte sie wieder
empor aus der Tiefe des Meeresgrunds. Also haben die Gerechten
die Gottlosen beraubt, den Namen Gottes verherrlicht und seine
schützende Hand einmütig in Lobliedern gepriesen. Denn die Weisheit öffnete den Mund der Stummen und machte die Zungen der
Unmündigen helltönend. — Sie gab ihren Werken Gedeihen durch
die Hand des heiligen Propheten. Sie durchzogen die unbewohnte
Wüste und schlugen ihre Zelte auf an unwegsamen Orten. Sie
widerstanden Feinden und schlugen Widersacher zurück . . . . ."[1]

So geht es weiter. Die ganze Entstehung des jüdischen Volkes
wird mit der Fackel beleuchtet, die die jüdische Spruchweisheit angezündet. Man wird zugeben, daß diese Darstellung Pseudo-Salomos
auch bei gebildeten Heiden — und darum ist es unserm Verfasser
hauptsächlich zu tun — Interesse erwecken konnte, da sie dieselben
lange nicht mehr so fremd als die im biblischen Texte lautende
anmuten mußte. Es zeigt sich hier schon, daß die jüdische Weisheitsliteratur, als Pseudo-Salomo schrieb, noch nicht erloschen war,
da er an dieselbe unmittelbar anknüpft und sie fortentwickelt,
ebenfalls unter der Maske Salomos schreibend: freilich als
ein Wortführer des Diasporajudentums, dessen Mosaismus durch
die Schule Platos gegangen.

Wie dem Siraciden gilt auch ihm die Weisheit als Ureigentum
des jüdischen Volkes; auch nach ihm ist dieses durch seine Berufung
von Gott verherrlicht worden,[2] hat er mit dessen Vätern ein ge-
schworenes Bündnis geschlossen,[3] hat er es in allen Dingen verherrlicht und ist dessen Beistand zu allen Zeiten und an allen Orten
gewesen,[4] so daß selbst seine Feinde bekennen mußten, daß dieses
Volk der Sohn Gottes sei,[5] und alles das, damit der Welt durch
Israel das unvergängliche Licht des Gesetzes gegeben werde: allein
unserm Verfasser ist es schon um die Verwirklichung dieser Mission
zu tun, der er und seinesgleichen, da sie inmitten der heidnischen
Welt leben und auf diese wirken wollen, mit heiligem Ernst und

____

[1] ib. c. 10 u. 11. cf. c. 12, 15, 16, 17, 18, 19.
[2] Sap. Sal. 18,8. — [3] ib. 12,21. — [4] ib. 19,22. — [5] ib. 18,13.

unvergleichlicher Willenskraft sich unterziehen, [1]) und die denn auch tatsächlich bald von Erfolg zu Erfolg vorschreitet, so daß schon um die Mitte des zweiten vorchristlichen Jahrhunderts die jüdische Sibylle „das Volk des großen Gottes wieder erstarken und sich zum geistigen Führer der Menschheit emporschwingen" sieht. [2])

Und wie sehr erstarkt mußte die jüdische Diaspora schon zu Beginn des zweiten Jahrhunderts, um welche Zeit Pseudo-Salomo schrieb, gewesen sein, wenn sie, weit entfernt, ihre Existenz in der Fremde noch verteidigen zu müssen, vielmehr so vehemente Angriffe gegen Götzen und Götzendienst wagen und sich als berufene Lehrerin der Menschheit aufwerfen durfte, wie dies in der Sapientia geschieht! [3]) —

Freilich ist Pseudo-Salomo bei all seiner schwärmerischen Begeisterung für die jüdische Nation ungleich universalistischer gerichtet, als der Siracide, da er ja in der großen Welt lebt und diese zu dem Glauben an den einzigen Gott und zu seinem Sittengesetz zu bekehren sucht. Sein Nationalstolz geht nicht dahin, Zion wieder aufgerichtet und alle Welt dahin wallfahrten, sondern die von Zion ausgegangene Gotteslehre über das Heidentum triumphieren und den Götzendienst mit allen seinen Sünden und Lastern schwinden zu sehen. — Darum ergeht sein Ruf an alle Menschen, insbesondere aber an die obersten Führer: an die Könige, Richter und Volksbeherrscher. [4]) Die Weisheit, die er predigt, ist keine engherzig nationale, sie ist vielmehr aller Welt zugänglich, man braucht sie nur ernstlich zu suchen. Ja, sie kommt sogar denen, die nach ihr Verlangen tragen, zuvor, um sich ihnen zu offenbaren. Sie wird leicht entdeckt von denen, die sie lieben, Wer vom frühen Morgen nach ihr trachtet, wird keine Mühe haben denn er wird sie an seiner Türe sitzen finden. Das Streben nach ihr ist höchste Klugheit, und wer um ihretwillen wacht, wird bald ohne Sorgen sein. Denn sie geht umher und sucht die auf, die ihrer würdig sind, auf allen Wegen erscheint sie ihnen und kommt ihnen entgegen bei jedem Gedanken. [5]) Nur in eine Übles sinnende Seele zieht sie nicht ein und wohnt nicht in einem Leibe, der der Sünde verfallen ist; denn der heilige Geist der Belehrung

[1]) cf. Orac. Sib. III, 1—8. 295—300. 489 sqq.

[2]) Orac. Sib. III, 194 sq.: Καὶ τότ' ἔθνος μεγάλοιο Θεοῦ πάλιν κάρτερον ἔσται Οἳ πάντεσσι βροτοῖσι βίου καθοδηγοὶ ἔσονται.

[3]) Sap. Sal. cc. 13—16. — [4]) ib. 1,1. 6,1—12. — [5]) ib. 6,12—17.

meidet die Falschheit und hält sich fern von unverständigen Gedanken und weicht beschämt zurück, wo Ungerechtigkeit naht.[1) — Nicht auf das jüdische Volk allein erstreckt sich Gottes gütige Vorsehung: alle Geschlechter der Erde sind zum Heil bestimmt, das Gift des Verderbens ist nicht in ihnen.[2]) —

So eng aber Pseudo-Salomo an die Lehrweise der kanonischen Weisheitsliteratur anschließt, so nahe er auch dem Siraciden verwandt scheint; so ist dennoch sein Judentum ein anderes, ein neues, wir möchten sagen, aus dem Geiste der griechischen Philosophie von neuem geborenes. Das beweist schon auf den ersten Blick seine Lehre von der Unsterblichkeit und Präexistenz der Seele, die er als eine so selbstverständliche, über jede Anfechtung erhabene und nur von den Toren angezweifelte vorträgt, daß man glauben müßte, es hier mit einem unverfälscht mosaischen Dogma zu tun zu haben. — Und doch wissen wir, wie fremd diese Lehre dem alttestamentlichen Schrifttum war, wie schroff sie noch in den jüngsten kanonischen Büchern, die bereits Kenntnis von ihr hatten, abgelehnt wurde. Selbst der Siracide noch will von einer Unsterblichkeit nichts wissen: „Wer kann", so ruft er aus, „in der Unterwelt den Höchsten loben, wie die Lebenden, welche ihren Dank durch Lobpreisungen abstatten? Bei dem Toten, da er nicht mehr ist, hat der Lobgesang aufgehört; wer lebt und gesund ist, lobt den Herrn.[3]) — Denn der Mensch kann nicht alles leisten, da ja der Menschensohn nicht unsterblich ist."[4]) — Um dieselbe Zeit aber gilt bereits die Unsterblichkeitslehre der jüdischen Diaspora als ein Religionsdogma unzweifelhaft mosaischer Provenienz: Gott hat den Menschen zur Unvergänglichkeit geschaffen, lehrt Pseudo-Salomo.[5]) Die Seelen der Gerechten sind in Gottes Hand; nur in den Augen der Toren scheinen sie zu sterben, nur diese halten ihr Ende für ein Unglück.[6]) Die Befolgung der Gebote ist Sicherstellung der Unsterblichkeit, Unsterblichkeit aber bringt in

---

[1]) 1,4—6. cf. 6,23.

[2]) ib. 1,14: ἔκτισε γὰρ εἰς τὸ εἶναι τὰ πάντα, καὶ σωτήριοι αἱ γενέσεις τοῦ κόσμου, καὶ οὐκ ἔστιν ἐν αὐταῖς φάρμακον ὀλέθρου.

[3]) Sir. 17,27—29.

[4]) ib. 17,30: οὐ γὰρ δύναται πάντα εἶναι ἐν ἀνθρώποις, ὅτι οὐκ ἀθάνατος υἱὸς ἀνθρώπου.

[5]) Sap. 2,23: ὅτι ὁ θεὸς ἔκτισε τὸν ἄνθρωπον ἐπ᾽ ἀφθαρσίᾳ.

[6]) Sap. 3,1—4.

die Nähe Gottes.[1]) Die Einsicht in die Macht Gottes ist die Wurzel der Unsterblichkeit.[2]) —

Das sind ganz neue Kardinallehren, die das Judentum früher nicht gekannt, und die erst geraume Zeit nach Pseudo-Salomo auf palästinensischem Boden Wurzel faßten und dogmatisch wurden. Diese Lehren nun von der Seele, ihrer Präexistenz und Unsterblichkeit, von ihrem Verhältnisse zu dem verweslichen Leibe, „der sie nur beschwert und zu Boden drückt",[3]) sowie noch manche andere; sie sind, wie dies von den Auslegern allgemein hervorgehoben wird, aus der griechischen Philosophie geflossen.[4])

---

[1]) ib. 6,18—20. — [2]) ib. 15,3.

[3]) ib. 9,15: φθαρτὸν γὰρ σῶμα βαρύνει ψυχὴν, καὶ βρίθει τὸ γεῶδες σκῆνος νοῦν πολυφροντίδα.

[4]) cf. E. Pfleiderer, Die Philosophie des Heraklit 295. Von den bezüglichen Stellen bei Pseudo-Salomo sagt er, daß hier „Sophia als erste literarische Vertreterin einer reinen Unsterblichkeitslehre auf hebräischem Boden — ganz unverkennbar und zweifellos aus der reinen und edlen Quelle des „göttlichen" Plato schöpft. 6,19 heißt es, wie auf hebräischem Standpunkt nie zuvor —, daß die fromm Entschlafenen die Nähe Gottes zu genießen haben; was offenbar aus Phaed. 63. 69. 80 und sonst stammt. Soph. 8,19. 20 akzeptiert in umgekehrter Richtung die Lehre von der Präexistenz der Seele, wofür Plato selbstverständlich der klassische, als maßgebende Vertreter ist. — Rein platonisch ist endlich in der Mitte zwischen Post- und Präexistenz die Schilderung des empirischen Zusammenseins von Leib und Seele 9,15. Grimm S. 188 seines Kommentars gesteht zu, daß mit dieser Stelle auch in den Worten Phaedo 81 c am ähnlichsten sei, wo es heißt: ἐμβριθὲς δέ γε (τὸ σῶμα) οἴεσθαι χρῆ εἶναι καὶ βαρὺ καὶ γεῶδες." — cf. Menzel, Der griech. Einfl. auf Prediger und Weish. Sal. p. 58: „Wenn Pseudo-Salomo sagt, daß die Seele unsterblich sei (3,1. 9. 1,12. 6,19), und daß die Seelen der Frommen sogleich nach dem Tode in Gotttes Nähe kommen, und wiederum rückwärts die Präexistenz der Seele setzt (8,19 sq.) und die Seele, solange sie im Körper sei, wie von einem Band gefesselt sein läßt, wer erinnert sich da nicht der platonischen Stelle (Iambl. ad Phaed. p. 63 c): ἀμείνων ψυχὴ μετὰ θεῶν οἰκεῖ; 69 c: ὁ κεκαρθαμένος τε καὶ τετελεσμένος ἐκεῖσε ἀφικόμονος μετὰ θεῶν οἰκήσει; 81 c: ἐμβριθὲς δέ γε τὸ σῶμα οἴεσθαι χρὴ εἶναι κτλ. —; um jene vielen Stellen zu übergehen, aus denen erhellt, daß er die Präexistenz der Seele gelehrt habe?" — cf. Siegfried in Kautzsch' Apokr. u. Pseudep. d. A. T. I, 477: „Platonisch ist seine (Ps. Sal.) Lehre vom gestaltlosen Stoff (11,17), von der Zentralidee (13,1), von der Präexistenz der Seele (8,19. 20), vom Leibe als Hemmnis der Erhebung zum Göttlichen (9,15). Platonisierend sind auch die Kardinaltugenden (8,7). Stoisch ist die Anschauung von der Weisheit als der das All durchdringenden Macht (7,22. 24)." — Nöldeke, l. c. 177 sagt von der Sapientia: „Die Ideen des Buches sind zum Teil alttestamentlichen, zum Teil griechischen Ursprungs. Wir sehen einen starken Einfluß platonischer, zum Teil auch stoischer Gedanken."

Mit der Aufnahme des Unsterblichkeitsglaubens im Judentum, der hier nachgerade ein unabweisbares Postulat geworden, hatte endlich die seit dem Aufkommen der Weisheitsliteratur immer brennender gewordene Frage: warum blühen die Gottlosen und leiden die Frommen? ihre Lösung gefunden. „Es ist höchst auffallend“, bemerkt Wellhausen [1] mit Recht, „und in gewisser Hinsicht großartig, wie lange — eine so aufrichtige und ernsthafte Frömmigkeit jede Begründung auf eine religiöse Seelenlehre hat entbehren können. Die hebräische Psychologie hat mit der Religion nichts zu tun und ist bis zuletzt auf einer sehr alten und einfachen Stufe stehen geblieben. Der einzelne stirbt und damit ist es aus, Leib und Seele gehen zusammen. Das Leben ist der Hauch Gottes, der durch die Kreatur geht; zieht er ihn zurück, so verscheiden sie.“ —

Es war in der Tat eine großartige, in ihrer Selbstlosigkeit ans Heroische streifende Frömmigkeit, die vormals in Israel lebte, aber auch nur so lange leben konnte, als noch das Individuum völlig im Volke aufging und der Trost, auf den man wartete, die Auferstehung des Volkes war. Als aber mit der Spruchweisheit der Individualismus erwachte und immer energischer seine Rechte geltend zu machen anfing — wie wir dies im Buche Hiob gesehen, in welchem er in der vollkommensten Ausbildung erscheint [2] —, da begann der alte Glaube aus allen Fugen zu gehen, erwiesen sich die alten Sprüche als Sprüche von Staub, die alten Wälle als Wälle von Lehm! [3] Es mußten, sollte nicht gerade der intelligentere, für das Licht der Aufklärung empfänglichere Teil des jüdischen Volkes von der Lehre Gottes sich abwenden, neue Mittel und Wege gesucht und gefunden werden, um Heilung für die tiefen Wunden zu schaffen, die dem Judentum durch das Herbeiströmen des griechischen Geistes geschlagen wurden. Und diese Heilswege zeigte eben derselbe Geist, der jene Wunden geschlagen: in der Lehre von der Unsterblichkeit!

Koheleth und Pseudo-Salomo lehren uns am deutlichsten, wie die der freisinnigen Richtung zugewandten jüdischen Volksmassen ihrer Zeit dachten, wie sie, da die hergebrachten religiösen Satzungen sie nicht mehr zu befriedigen vermochten, alle von der Religion gezogenen Schranken zu durchbrechen begannen und sich dem zügellosen Lebensgenusse hingaben. Pseudo-Salomo zeigt uns aber

---

[1] Isr. u. jüd. Gesch. 168. — [2] cf. Smend, l. c. 476 sq. — [3] Hiob 13,12.

gleichzeitig, welches das geeignetste Mittel, dem um sich greifenden religiösen Nihilismus zu steuern: „Die Gerechtigkeit“, sagt er, „ist unsterblich, die Ungerechtigkeit aber führt zum Tode. Die Gottlosen rufen ihn mit ihren Worten und Werken herbei, ihn für ihren Freund haltend, verzehren sich in Sehnsucht nach ihm und schließen einen Bund mit ihm, da sie würdig seines Anteils. Denn sie sprechen bei sich selbst verkehrten Sinnes: „Kurz und traurig ist unser Leben und nicht gibt es ein Heilmittel beim Tode des Menschen und nicht hat man gehört von einem Befreier aus der Unterwelt. Denn durch Zufall sind wir entstanden und werden dann wieder sein, als wären wir nie gewesen. Denn Dunst ist der Hauch in unserer Nase und die Vernunft ist ein Funke, der sich in unserm Herzen regt. Erlischt dieser, dann zerfällt der Leib in Asche und der Geist verfliegt wie dünne Luft. Unser Name wird mit der Zeit vergessen, und niemand gedenkt mehr unserer Werke; unser Leben geht vorüber wie die Spur einer Wolke, verflüchtigt sich wie der Nebel, der vertrieben wird von den Strahlen der Sonne und von ihrer Wärme zum Sinken gebracht wird. Denn das Vorüberziehen eines Schattens ist unser Leben und nicht gibt es eine Rückkehr von unserm Ende, weil es versiegelt ist und keiner wiederkehrt. — Heran nun, lasst uns die vorhandenen Güter genießen und die Welt eilig, noch in der Jugendzeit ausnützen! Mit kostbarem Weine und Salben wollen wir uns füllen, und die Blume des Frühlings soll uns nicht entgehen. Wir wollen uns mit Rosenknospen bekränzen, ehe sie verwelken, keiner von uns bleibe ausgeschlossen von unserm ausgelassenen Treiben; überall wollen wir Spuren der Freude zurücklassen; denn das ist unser Anteil, das unser Los.“ [1])

Diese Zeitkrankheit will nun Pseudo-Salomo mit Hilfe des Lebenselixirs des Unsterblichkeitsglaubens heilen: Die Seelen der Gerechten, predigt er, sind in Gottes Hand, nur in den Augen der Toren scheinen sie zu sterben; nur diese halten das Ende für ein Unglück. [2])

---

[1]) Sap. 1,15. 16. 2,1—10.

[2]) ib. 3,1—4. Man hat vermutet, daß Pseudo-Salomo hier gegen Koheleth polemisiere. So auch Nöldeke, l. c. 177. „Der Glaube an die Unsterblichkeit“, sagt er, „tritt hier sehr lebendig hervor und verstattet dem Verfasser solche Grundsätze, wie die im Prediger gelehrten, nach welchen der Mensch den Genuß des Augenblicks als sein einziges Gut betrachten müsse, zu bekämpfen

Pseudo-Salomo ist somit in der glücklichen Lage, die zu seiner
Zeit in ihren Grundfesten erschütterte Vergeltungslehre, die seine
Vorgänger nicht mehr zu retten vermochten, wieder auf eine feste
und zukunftsstarke Basis stellen zu können: da der Mensch zur
Unvergänglichkeit geschaffen, so erfolgen Lohn und Strafe
nach dem Tode vor Gottes Richtstuhl. Kommt doch alles auf die
Zukunft, auf die Ewigkeit an. Dann sind die Frommen in Frieden.
Denn wenn sie auch vor den Augen der Menschen leiden müssen,
so ist doch ihre Hoffnung der Unsterblichkeit voll. Nachdem sie
weniges erduldet, werden sie viel Gutes empfangen; denn Gott hat
sie nur geprüft und sie seiner würdig befunden. Wie Gold im
Schmelzofen hat er sie erprobt, und wie ein dargebrachtes Ganz-
opfer hat er sie angenommen.[1]) — Das kurze Erdenleben und
Erdenleiden kommt der Ewigkeit gegenüber gar nicht in Betracht,
ebensowenig als das rasch dahinfliegende Freudenleben der Gottlosen: „Die Hoffnung der Gottlosen ist wie der Staub, den der
Wind verweht, wie der dünne Reif, den der Sturm vertreibt, wie
der Rauch, den der Wind verjagt; wie die Erinnerung an den ein-
tägigen Gast verschwindet sie. Die Gerechten aber leben in Ewigkeit, ihr Lohn ist in dem Herrn, und die Fürsorge für sie ist
bei dem Höchsten. Darum werden sie das Reich der Herrlichkeit
und die Krone der Schönheit aus der Hand des Herrn empfangen;
er wird sie mit seiner Rechten beschützen und mit seinem Arme
schirmen.“[2])

Am deutlichsten läßt sich die Fortentwicklung, welche die
palästinensische, selbst schon vom griechischen Geiste stark beeinflußte Spruchweisheit in der jüdischen Diaspora gewonnen, an der
Darstellung des Begriffes der Sophia bei Pseudo-Salomo ablesen.
„Die Wahl dieses Begriffes war besonders deshalb so glücklich,
weil sich in den Umfang desselben alles hineinbringen ließ, was

---

— Beim Lesen des 2. Kap. kann man sich des Gedankens nicht enthalten, daß
der Verf. geradezu auf das Predigerbuch Bezug nimmt.“ — Dies ist jedoch
keineswegs der Fall. Dieselben verrotteten religiösen Zustände, wie sie uns
in Koheleth entgegentreten, drücken auch dem Verf. der Sapientia die Feder
in die Hand, ohne daß hier einer von dem andern abhängig zu sein braucht.
Von einer Bezugnahme des letztern auf den erstern kann aber um so weniger
die Rede sein, als ja auch Koheleth, wie wir schon oben gezeigt haben, gegen
die gleichen Zustände, allerdings in seiner Weise, ankämpft.

[1]) Sap. 3,3—7. — [2]) ib. 5,14—17.

die griechische Philosophie an Wahrheit bot."[1] — Während die
göttliche Weisheit dem Verfasser des Buches Hiob noch als für den
Menschen ewig unergründlich galt, da sie ja im ausschließlichen
Besitze Gottes, in seiner unmittelbaren Nähe, als eine rein göttliche, weltschöpferische Kraft, thront, erscheint sie schon bei Pseudo-
Salomo in den Gesichtskreis des Menschen gerückt, als Mittlerin
zwischen dem transzendenten Gott und der Kreatur, ganz so wie
später der Logos, der aber hier schon im Hintergrund auftaucht. —
Was also den früheren Spruchdichtern im Heimatslande noch verborgen, unserm Verfasser ist es bereits enthüllt. Er weiß schon
über das Entstehen, Wesen und Wirken der Sophia Bescheid. „Was
die Weisheit ist", sagt er, „und wie sie entstanden, will ich verkünden und auch nicht ihre Geheimnisse verhüllen; sondern von
Urbeginn an will ich ausforschen und offenbar machen die Kenntnis derselben und nicht an der Wahrheit vorbeigehen."[2]

Pseudo-Salomo tritt also als Lehrer der Weisheit auf, jener
tiefen Weisheit, die er aus seinem religiösen Schrifttum geschöpft,
und stellt sich zugleich kampfgerüstet den Lehrern der Weltweisheit
gegenüber, die zweifelsohne die von ihm gepredigte Philosophie —
freilich „aus Neid" — als eine erborgte erklären. Diesen Neidern
bestreitet er jeden Anteil an der Weisheit. „Mit verzehrendem
Neide",[3] sagt er, „werde ich nicht wandeln, weil dieser keine Gemeinschaft mit der Weisheit hat."[4] — Diese heidnischen Weisheitslehrer behandeln die Weisheit als ein Mysterium; er aber will sie
enthüllen, sie weithin verkünden, um alle Welt zu ihr zu bekehren.

Sehen wir nun, wie Pseudo-Salomo die göttliche Weisheit auffaßt: „Sie ist", sagt er, „die Künstlerin von allem.[5] Denn sie ist
ein Geist: denkend, heilig, einzigartig, mannigfach, fein, beweglich,
durchsichtig, keine Flecken annehmend, klar, unverletzlich, das Gute
liebend, durchdringend, unaufhaltsam, wohltätig, menschenfreundlich, fest, ohne Fehl, sorgenlos, alles vermögend, allsehend und alle
verständige, reine und feine Geister durchdringend. Denn beweg-

[1] Siegfried I, 477.

[2] Sap. 6,22: τί δέ ἐστι σοφία καὶ πῶς ἐγένετο, ἀπαγγελῶ καὶ οὐκ ἀποκρούψω
ὑμῖν μυστήρια, ἀλλὰ ἀπ' ἀρχῆς γενέσεως ἐξιχνιάσω, καὶ θήσω εἰς τὸ ἐμφανὲς τὴν
γνῶσιν αὐτῆς, καὶ οὐ μὴ παροδεύσω τὴν ἀλήθειαν.

[3] Gelehrten-Neide, Siegfried.

[4] ib. 6,25: οὔτε μὴν φθόνῳ τετηκότι συνοδεύσω, ὅτι οὗτος οὐ κοινωνήσει
σοφίᾳ. — Parallele bei Philo II, 260. cf. Grimm, Komment. 134.

[5] Sap. 7,22: ἡ γὰρ πάντων τεχνίτης — σοφία.

licher als alles Bewegliche ist die Weisheit; sie durchdringt und geht durch alles hindurch wegen ihrer Reinheit. Denn sie ist ein Hauch der Macht Gottes und ein klarer Ausfluß aus der Herrlichkeit des Allmächtigen; darum gerät auch nichts Beflecktes in sie hinein. Sie ist ein Abglanz des ewigen Lichtes ein fleckenloser Spiegel des göttlichen Wirkens und ein Abbild seiner Güte.[1]) Obgleich sie nur eine ist, vermag sie doch alles, und in sich selbst bleibend, erneuert sie alles, und von Geschlecht zu Geschlecht in heilige Seelen einziehend, macht sie dieselben zu Freunden Gottes und Propheten. Denn nichts liebt Gott als den mit der Weisheit Zusammenwohnenden. Denn sie ist herrlicher als die Sonne, glanzvoller als die Gestirne, mit dem Lichte verglichen wird sie als die vorzüglichere befunden. Denn diesem folgt Nacht; über die Weisheit aber gewinnt die Schlechtigkeit nicht die Oberhand. — Sie reicht aber mächtig von einem Ende zum andern und durchwaltet trefflich das All. — — Ihren edlen Ursprung tut sie dadurch kund, daß sie mit Gott zusammenlebt, und der Herr des Alls liebt sie. Denn sie ist eingeweiht in Gottes Wissen und ist Wählerin seiner Werke. — Wenn jemand Gerechtigkeit liebt, so sind ihre Bestrebungen lauter Tugenden, denn sie lehrt: Mäßigkeit, Einsicht, Gerechtigkeit und Mannhaftigkeit,[2]) was ja das Nützlichste im Leben für die Menschen ist."[3])

---

[1]) ib. 7,26: εἰκὼν τῆς ἀγαθότητος αὐτοῦ. — Nach Philo repräsentiert der Logos neben der Macht auch die Güte Gottes (ἀγαθότητα καὶ ἐξουσίαν). — Er habe, sagt er De cherub. I, 143 sq., einmal von seiner, von Gott inspirierten Seele folgende Lehre empfangen: Der eine und wahre Gott sei umgeben von den beiden obersten und ersten Kräften: der Güte und der Macht. Durch die Güte habe Gott das All geschaffen, durch die Macht beherrsche er das Geschaffene. Mitten zwischen beiden, als dritter sei der Logos, der beide umfasse. Denn durch den Logos herrsche Gott und sei er gütig: λόγῳ γὰρ καὶ ἄρχοντα καὶ ἀγαθὸν εἶναι τὸν θεόν.

[2]) Sap. 8,7: σωφροσύνην γὰρ καὶ φρόνησιν ἐκδιδάσκει, δικαιοσύνην καὶ ἀνδρείαν, ὧν χρησιμώτερον οὐδέν ἐστιν ἐν βίῳ ἀνθρώποις. Diese vier Kardinaltugenden sind der platonischen Philosophie entlehnt, und blieben auch in der Folge Eigentum des jüd. Hellenismus. cf. 4. Macc. 5: τῆς δὲ σοφίας ἰδέαι καθεστᾶσι τέσσαρες, φρόνησις, δικαιοσύνη, ἀνδρεία, καὶ σωφροσύνη. Dieselben wurden nach Philo allsabbathlich in den Synagogen gepredigt: Τὰ γὰρ κατὰ πόλεις προσευκτήρια, τί ἕτερόν ἐστι ἢ διδασκαλεῖα φρονήσεως καὶ ἀνδρείας καὶ σωφροσύνης καὶ δικαιοσύνης κτλ. Vita Mos. II, 168. Ebenso De septen. II, 282: Ἀναπέπταται γοῦν ταῖς ἑβδόμαις μυρία κατὰ πᾶσαν πολίν διδασκαλεῖα φρονήσεως καὶ σωφροσύνης καὶ ἀνδρείας καὶ δικαιοσύνης καὶ τῶν ἄλλων ἀρετῶν. — [3]) ib. 7,22—30. 8,1—8.

Man sieht, die Weisheit ist hier, so verschwistert sie auch mit jener der palästinensischen zu sein scheint, doch schon eine ganz andere: eine aus dem Geiste Platos wiedergeborene, von der Stoa groß gezogene, auf Schritt und Tritt an den Logos gemahnende göttliche Potenz. Sie ist erhaben göttlich und doch wieder warmherzig menschlich, voll inniger Liebe zur Kreatur. Sie ist Beisitzerin des Thrones Gottes,[1] wie im Buche Hiob; aber sie steigt hier schon von Geschlecht zu Geschlecht auf heilige Seelen hernieder, um sie zu begeistern und sie zu Führern der Menschen zu machen. Sie ist die Künstlerin aller Dinge, nahm tätigen Anteil an der Schöpfung; aber sie ist auch Erzieherin und Leiterin des Menschengeschlechtes, unausgesetzt vermittelnd zwischen oben und unten, zwischen dem Schöpfer und dem Geschaffenen wirkend. In der Sapientia betet Salomo zu Gott: „Bei dir ist die Weisheit, die deine Werke kennt und die zugegen war, als du die Welt schufst und die weiß, was wohlgefällig in deinen Augen, und was recht nach deinen Geboten. Sende sie herab von deinem heiligen Himmel, und von dem Throne deiner Herrlichkeit schicke sie, damit sie mir in meinen Arbeiten beistehe, und ich erkenne, was dir wohlgefällig. Denn sie weiß und versteht alles und wird mich mit Besonnenheit in meinen Handlungen leiten und wird mich behüten in ihrem Lichtglanz. Und so werden meine Werke angenehm sein, ich werde dein Volk gerecht leiten und des Thrones meines Vaters würdig sein.“[2] —

Bei Pseudo-Salomo, sagten wir, tauche im Hintergrund bereits der Logos auf.[3] Tatsächlich beginnen hier Sophia und Logos schon

---

[1] ib. 9,4. Hier betet Salomo zu Gott: δός μοι τὴν τῶν σῶν θρόνων πάρεδρον σοφίαν.

[2] Sap. 9,9—13: καὶ μετὰ σοῦ ἡ σοφία ἡ εἰδυῖα τὰ ἔργα σου καὶ παροῦσα ὅτε ἐποίεις τὸν κόσμον . . . . . . ἐξαπόστειλον αὐτὴν ἐξ ἁγίων οὐρανῶν, καὶ ἀπὸ θρόνου δόξης σου πέμψον αὐτὴν κτλ.

[3] cf. Grimm 163. Er bemerkt zu Sap. 7,22 sqq.: „Während in den Stellen 6,12—16. 8,2 ff. 16 ein Unterschied zwischen der Schilderung Pseudo-Salomos und derjenigen in den Proverbien und bei Sirach im Begriffe der Weisheit sich nicht bemerkbar macht, und daher nur eine kühne Prosopopöie angenommen werden kann (warum aber?): läßt dagegen der eben erklärte Abschnitt selbst die begeistertsten Darstellungen der Proverbien und des Sirach weit hinter sich. Denn offenbar denkt sich hier — Pseudosalomo die Weisheit als eine aus Gott emanierte, wenn auch mit ihm in der innigsten Verbindung bleibende, das Weltall durchdringende Substanz oder geistige Macht, der selbst wieder göttliche Eigenschaften und Wirkungen beigelegt werden. In dieser Beziehung

Wechselbegriffe zu werden. Das beweisen die Worte, mit welchen hier Salomo sein Gebet zu Gott einleitet, die da lauten: „Gott der Väter und Herr des Erbarmens, der du das All durch dein Wort geschaffen und durch deine Weisheit den Menschen gebildet hast."[1]

In noch greifbarerer Gestalt läßt Pseudo-Salomo den Logos als Vollstrecker des göttlichen Willens wirken, wo er Israels Auszug aus Ägypten schildert. Da heißt es: „Während tiefe Stille alles umfing und die Nacht in ihrem Laufe bis zur Mitte gekommen war, da fuhr dein allmächtiges Wort vom Himmel, deinem Königsthrone, hernieder, wie ein gewaltiger Krieger, in das dem Verderben geweihte Land. Deinen bestimmten Befehl anstatt des Schwertes tragend und dastehend erfüllte er alles mit dem Tode: den Himmel berührte er und auf der Erde schritt er einher."[2] —

So hat uns denn Pseudo-Salomo tatsächlich das Wesen und Wirken der Sophia enthüllt, uns eine greifbare Darstellung von ihr gegeben, die allerdings im Geiste seiner Zeit und seiner philosophischen Umgebung gehalten ist. Aber er hat uns die Weisheit nicht nur enthüllt, sondern uns auch den Weg aufgezeigt, auf welchem sie in der Folge weltbeherrschend geworden, und es verlohnt sich, diesen Weg, sei es auch nur im Fluge, bis an sein Ende zu verfolgen.

Die weitere Entwicklung, die der Begriff der Sophia, welche schließlich ja doch — und hierin wird der Siracide Recht behalten — die Summe der von Gott durch Moses und die Propheten geoffenbarten und von den Weisheitslehrern im Lichte einer neuen Zeit geschauten Erkenntnisse repräsentieren wird, genommen hat, ist in den Schriften Philos, aus denen jüdische Religionsphilosophen der Diaspora seit den Tagen Pseudo-Salomos bis auf die Zeit der Entstehung des Christentums zu uns sprechen, deutlich zu verfolgen.

Wir haben schon oben gesehen, daß bei Philo Sophia und Logos identische Begriffe sind. Zeigen wir nun an einigen Beispielen,

---

ist die Weisheit unseres Buches bei weitem mehr als bloße rhetorisch-dichterisch personifizierte Eigenschaft Gottes, ja sie kommt dem philonischen Logosbegriffe schon ziemlich nahe."

[1] Sap. 9,1—3.

[2] Sap. 18,14—17: . . . . ὁ παντοδύναμός σου λόγος ἀπ’ οὐρανῶν ἐκ θρόνων βασιλειῶν ἀπότομος πολεμιστὴς εἰς μέσον τῆς ὀλεθρίας ἤλατο γῆς. ξίφος ὀξὺ τὴν ἀνυπόκρατον ἐπιταγήν σου φέρων . . . . . καὶ οὐρανοῦ μὲν ἥπτετο, βεβήκει δ’ἐπὶ γῆς.

wie der Logos bei Philo dargestellt erscheint. — Er philosophiert
einmal über das Manna, mit welchem Gott Israel während seiner
Wüstenwanderung speiste und sagt: „Manna bedeutet „Was“, und
das ist der allgemeinste Begriff. Das Allgemeinste nun ist Gott
und nach ihm der der Logos Gottes.“[1] — Ein andermal: „Manna
bedeutet: was ist das? nämlich das Allumfassendste. Und der
Logos Gottes ist der Höchste in der Welt und das älteste und allgemeinste aller Dinge. Diesen Logos aber kannten die Väter nicht
— nicht jene wahrhaften Väter —, sondern jene stumpfen Alten,
die da sprachen: „Wir wollen uns einen Führer an die Spitze stellen
und zurückkehren nach Ägypten“, d. i. zur Leidenschaft. Gott will
nun der Seele verkünden, daß der in seinem Ebenbilde geschaffene
Mensch nicht vom Brot allein lebe, sondern von jedem Worte,
das aus dem Munde Gottes gehe, will sagen, von dem ganzen göttlichen Logos und jedem Teile desselben.“[2]

Wie bei Pseudo-Salomo die göttliche Weisheit in jedem Volke
und in jeder Nation erziehlich wirkt und insbesondere das jüdische
Volk unversehrt durch alle Fährnisse führt, die Frommen der Vorzeit auf allen ihren Wegen begleitet, so werden in den Schriften
Philos dieselben pädagogischen Funktionen dem Logos zugeschrieben,
der hier bereits in ganz nahe Beziehungen zum Menschen getreten
ist und als Vermittler zwischen ihm und Gott sein Priesteramt
mit unendlicher Liebe verwaltet. In der Vorzeit führte und um-
schirmte er die frommen Patriarchen, erschien er dem Moses im
brennenden Dornbusche, geleitete er in der Wolkensäule das Volk
durch die Wüste und war auf allen seinen Wanderungen mit ihm,
sich hingebungsvoll seinem Mittleramte widmend. „Ich bewundere“,
sagt Philo, „den heiligen Logos, der in atemloser Eile dahinstürmt,
um sich in die Mitte zwischen die Toten und die Lebenden zu

---

[1] Leg. alleg. I, 82: καλεῖται γὰρ τὸ μάννα Τί, ὃ πάντων ἐστὶ γένος. Τὸ δὲ
γενικώτατόν ἐστιν ὁ θεὸς, καὶ δεύτερος, ὁ θεοῦ λόγος. cf. Quod det. pot. insid.
I, 213 sq.: Τὴν πέτραν ταύτην ἑτέρωθι συνωνομίᾳ χρώμενος καλεῖ Μάννα, τὸν
πρεσβύτατον τῶν ὄντων λόγον θεῖον κτλ.

[2] Leg. alleg. I, 121 sq.: . . . . καὶ ὁ λόγος δὲ τοῦ θεοῦ ὑπεράνω παντός
ἐστι τοῦ κόσμου καὶ πρεσβύτατος καὶ γενικώτατος τῶν ὅσα γέγονε. — Ἀπαγγελέτω
οὖν ὁ θεὸς τῇ ψυχῇ, ὅτι οὐκ ἐπ' ἄρτῳ μόνῳ ζήσεται ὁ ἄνθρωπος κατ' εἰκόνα,
„ἀλλ' ἐπὶ παντὶ ῥήματι τῷ ἐκπορευομένῳ διὰ στόματος θεοῦ“, τουτέστι, καὶ διὰ
παντὸς τοῦ λόγου τραφήσεται, καὶ διὰ μέρους αὐτοῦ. Τὸ μὲν γὰρ στόμα σύμβολον
τοῦ λόγου, τὸ δὲ ῥῆμα μέρους αὐτοῦ. Τρέφεται δὲ τῶν μὲν τελειοτέρων ἡ ψυχὴ
ὅλῳ τῷ λόγῳ· ἀγαπήσαιμεν δ' ἂν ἡμεῖς, εἰ καὶ μέρει τραφείημεν αὐτοῦ. cf. Sap. 16,26.

stellen, denn sogleich hörte, wie Moses erzählt, die Plage auf.
Aber das, was unsere Seele quält, verderbt und zerstört, würde
nicht aufgehört haben, hätte nicht der Gottgeliebte die Heiligen,
welche tadellos leben, von den Unheiligen geschieden, die in Wahrheit schon gestorben sind. Denn durch den fortgesetzten Verkehr
mit den Kranken erben oft auch Gesunde die Seuche und müssen
sterben. Dieses wurde nun unmöglich durch den mächtigen, zwischen
beiden aufgeführten Damm, welcher die Angriffe der Schlechten auf
die Guten verhinderte. Noch mehr aber staune ich, wenn ich in
der heiligen Schrift lese: „Eine Wolke trat in die Mitte zwischen
das ägyptische Heer und Israel.“ So konnte das fleischlich gesinnte
und verruchte Geschlecht die Kinder Gottes nicht mehr verfolgen;
denn sie trennte der Schild und Hort der Guten, der Schrecken
der Verdammten, die Wolke nämlich. Tugendhaften Seelen träufelt
diese eine Wahrheit ein, die über alles Weh erhaben ist. Dagegen
sendet sie Strafen aus, wie Wasserfluten, über Schlechte und der
Weisheit Unteilhaftige. Dem Erzengel aber und ältesten Logos
hat der Allvater das hohe Vorrecht verliehen, daß er in der Mitte
zwischen Gott und Menschen stehend, die Kreatur vom Schöpfer
scheide. Er ist Vertreter des ewig sündigen Menschengeschlechts
bei dem Unvergänglichen und Gesandter des Herrschers an die Unter-
tanen.[1]) Er freut sich auch dieses Ehrenamtes und ruft im
Vollgefühl seiner Würde aus: „Mitten stand ich zwischen dem
Herrn und euch!“ Denn er ist weder unerzeugt wie Gott, noch
erschaffen wie wir, sondern ein Mittelwesen, für beide ein Unter-
pfand: für den Erzeuger dafür, daß das ganze Menschengeschlecht
nicht wieder abfalle; für die Kreatur, daß der Allbarmherzige sein
Werk nicht mehr vernichten werde: Ich werde Frieden verkünden,
so spricht er, der Kreatur von dem Gotte, der den Krieg nicht
duldet und ewigen Frieden wahrt![2])

An zahlreichen Stellen bei Philo ist der Logos mit dem Hohepriester verglichen. Er ist ja, wie wir eben gesehen, tatsächlich

---

[1]) Quis rer. div. haer. I, 501 sq.: Τῷ γὰρ ἀρχαγγέλῳ καὶ πρεσβυτάτῳ λόγῳ
δωρεὰν ἐξαίρετον ἔδωκεν ὁ τὰ ὅλα γεννήσας πατήρ, ἵνα μεθόριος στὰς τὸ γενόμενον
διακρίνῃ τοῦ πεποιηκότος. Ὁ δ’ αὐτὸς ἱκέτης μέν ἐστι τοῦ θνητοῦ κηραίνοντος ἀεὶ
πρὸς τὸ ἄφθαρτον, πρεσβευτὴς δὲ τοῦ ἡγεμόνος πρὸς τὸ ὑπήκοον. Das Ganze erinnert lebhaft an Sap. 18,14—17.

[2]) Quis rer. div. haer. ib.: Ἀγάλλεται δὲ ἐπὶ τῇ δωρεᾷ κτλ. — οὔτε ἀγέν-
νητος ὡς ὁ θεὸς ὤν, οὔτε γεννητὸς ὡς ὑμεῖς, ἀλλὰ μέσος τῶν ἄκρων κτλ.

der priesterliche Mittler zwischen Gott und der Kreatur. Wie bei Pseudo-Salomo die Weisheit, so zieht bei Philo der Logos in fromme Seelen ein. So lange er in denselben lebendig, sei für die Sünde kein Raum, sowie er aber aus ihnen weiche, da stehe der Sünde die Rückkehr wieder offen. Denn es sei das dem makellosen Hohepriester von Gott verliehene Vorrecht, daß keine Sünde mit ihm zusammenwohnen dürfe.[1] „Beten wir also zu Gott", so heißt es bei Philo weiter, „daß der große Wegweiser, der Richter und Hohepriester in einer Person ist und unsere Seele zum Sitz des Gerichts erhalten hat, auf immer in unsere Seele einziehe."[2]

Der Logos ist der Mundschenk Gottes, der wahrhaft große Hohepriester, der die ewigen Gnadengaben zur Austeilung erhielt, und die heilige Schale mit ungemischtem Weine, will sagen, sich selbst ausspendet.[3] —

Der Logos, „der erstgeborene Sohn Gottes", ist der Hohepriester des Gottestempels, nämlich dieser Welt.[4] — Er ist der Erzengel Gottes. „Wenn aber ein Mensch", sagt Philo einmal, „nicht würdig ist, Sohn Gottes genannt zu werden, so bestrebe er sich wenigstens von dessen Ebenbilde, dem erstgeborenen Logos Gottes, seinem ältesten Erzengel, den Namen zu führen, der ein vielnamiger Engel ist; denn er wird: „Anfang", „Name Gottes", „Logos", „der Mensch nach dem Ebenbilde", „der Sehende Israel" genannt."[5] —

Der Logos ist der Sohn Gottes: Auf dem Brustschild des Hohepriesters war die ganze Welt, die vier Elemente, der Tierkreis

---

[1] De profug. I, 563: Ἕως μὲν γάρ ὁ ἱερώτατος οὗτος λόγος ζῇ καὶ περίεστιν ἐν ψυχῇ, ἀμήχανον τροπὴν ἀκούσιον εἰς αὐτὴν κατεθεῖν· ἀμμέτοχος γὰρ καὶ ἀπαράδεκτος παντὸς εἶναι πέφυκεν ἁμαρτήματος. Ἐὰν δὲ ἀποθάνῃ, οὐκ αὐτὸς διαφθαρείς, ἀλλ᾽ ἐκ τῆς ἡμετέρας ψυχῆς διαζευχθείς, κάθοδος εὐθὺς δίδοται τοῖς ἑκουσίοις σφάλμασιν. Ganz dasselbe gilt bei Pseudo-Salomo 1,4—6 von der Weisheit. Da heißt es: ὅτι εἰς κακότεχνον ψυχὴν οὐκ εἰσελεύσεται σοφία, οὐδὲ κατοικήσει ἐν σώματι κατάχρεῳ ἁμαρτίας. ἅγιον γὰρ πνεῦμα παιδείας φεύξεται δόλον, καὶ ἀπαναστήσεται ἀπὸ λογισμῶν ἀσυνέτων, καὶ ἐλεγχθήσεται ἐπελθούσης ἀδικίας κτλ. cf. Sap. 7,25, 27—29.

[2] De prof. ib.: Διόπέρ ἄξιον εὔχεσθαι ζῆν ἐν ψυχῇ τὸν ἀρχιερέα, δικαστὴν ὁμοῦ καὶ ἔλεγχον κτλ.

[3] De somn. I, 683 sqq.

[4] De somn. I, 653: Δύο γὰρ, ὡς ἔοικεν, ἱερὰ θεοῦ, ἓν μὲν ὅδε ὁ κόσμος, ἐν ᾧ καὶ ἀρχιερεὺς, ὁ πρωτόγονος αὐτοῦ θεῖος λόγος κτλ.

[5] De conf. ling. I, 427: Καὶ ἂν μηδέπω μέντοι τυγχάνῃ τις ἀξιόχρεως ὢν υἱὸς θεοῦ προσαγορεύεσθαι, σπουδαζέτω κοσμεῖσθαι κατὰ τὸν πρωτόγονον αὐτοῦ λόγον, τὸν ἄγγελον πρεσβύτατον, ὡς ἀρχάγγελον πολυώνυμον ὑπάρ-

und auch der „das All umfassende und leitende Logos“ abgebildet:
„Denn es war nötig, daß der Hohepriester, wenn er dem Herrn
der Welt ein Opfer heiligt, den reinen, vollkommenen Sohn
Gottes als Beistand mit sich bringe, um Vergebung der Sünden
und Verleihung der reichsten Wohltaten auszuwirken.“[1]) — Alle
Gnade verleiht Gott auf die Fürbitte seines zu ihm flehenden
Logos.[2]) —

Melchisedek ist das Symbol des Logos. „Er ist der Fürst
des Friedens und mit der Priesterschaft des höchsten Gottes betraut.
Er führt Gebote ein, durch welche die Seele wie ein Schiff durch
günstigen Wind zur Tugend geleitet wird, dieser König ist der
echte Logos. — Er möge statt des Wassers Wein darbringen und
die Seele tränken, daß sie ergriffen werde von göttlicher Trunken-
heit, die nüchterner ist als die Nüchternheit selbst. Denn er ist
der Priester-Logos, der den Seienden zum Erbteil hat und ihn an-
betend hohe und erhabene Vorstellungen von ihm hegt, deshalb
heißt er auch der Priester des höchsten Gottes.“[3]) —

Der Logos ist bei Philo der „Wagenlenker der göttlichen Kräfte“,
Gott selbst der Herr des Wagens, der dem Wagenlenker den Weg
vorschreibt. Der Logos ist der Schatten Gottes, durch welchen er
die Welt geschaffen;[4]) das Organ, durch dessen Hilfe das All be-

χοντα· καὶ γὰρ ἀρχὴ, καὶ ὄνομα θεοῦ, καὶ λόγος, καὶ ὁ κατ’ εἰκόνα ἄνθρωπος, καὶ
ὁρῶν Ἰσραὴλ, προσαγορεύεται. — Καὶ γὰρ εἰ μήπω ἱκανοὶ θεοῦ παῖδες νομίζεσθαι
γεγόναμεν, ἀλλά τοι τῆς ἀϊδίου εἰκόνος αὐτοῦ, λόγου τοῦ ἱερωτάτου· θεοῦ γὰρ
εἰκὼν λόγος ὁ πρεσβύτατος.

[1]) Leg. alleg. II, 155: Ἀναγκαῖον γὰρ ἦν τὸν ἱερωμένον τῷ τοῦ κόσμου πατρὶ
παρακλήτου χρῆσθαι τελειοτάτῳ τὴν ἀρετὴν υἱῷ, πρός τε ἀμνηστείαν ἁμαρτημάτων
καὶ χορηγίαν ἀφθονωτάτων ἀγαθῶν.

[2]) De migr. Abr. I, 455: Ὁ δὲ τὸν οὐράνιον ἀνοίξας θησαυρὸν, ὀμβρεῖ καὶ
ἐπινίφει τὰ ἀγαθὰ ἀθρόα, ὡς τῶν περιγείων ἁπάντων τὰς δεξαμενὰς πλημμυρούσας
ἀναχυθῆναι. Ταῦτα δὲ τὸν ἱκέτην ἑαυτοῦ λόγον οὐκ ἀποστραφεὶς εἴωθε
δωρεῖσθαι.

[3]) Leg. alleg. 102 sq.: Ἀλλ’ ὁ μὲν Μελχισεδὲκ ἀντὶ ὕδατος οἶνον προσφερέτω
— — ἱερεὺς γάρ ἐστι λόγος, κλῆρον ἔχων τὸν ὄντα, καὶ ὑψηλῶς περὶ αὐτοῦ
καὶ ὑπερόγκως καὶ μεγαλοπρεπῶς λογιζόμενος. „Θεοῦ γὰρ τοῦ ὑψίστου ἐστὶν ἱερεὺς“
— — τῷ μὴ ταπεινῶς καὶ χαμαιζήλως, ὑπερμεγέθως δὲ καὶ ὑπεραύλως καὶ ὑψηλῶς
νοεῖν περὶ θεοῦ ἔμφασιν τοῦ ὑψίστου κινεῖ.

[4]) Leg. alleg. I, 106: Σκιὰ θεοῦ δὲ ὁ λόγος αὐτοῦ ἐστιν, ᾧ καθάπερ ὀργάνῳ
προσχρησάμενος ἐκοσμοποίει.

reitet wurde.[1]) Der Logos vereinigt in sich die beiden obersten Kräfte Gottes, die schöpferische und erhaltende, nämlich die Macht und die Güte.[2])

So finden wir an der Schwelle des Christentums bei Philo den Logosbegriff dermaßen ausgebildet und ausgestaltet, daß ihm nur noch die Verkörperung fehlt, das Fleisch, in welchem er als Welterlöser erscheinen sollte.

Da dringt in die Diaspora das Gerücht: in Judäa sei der verheißene Erlöser, der Christ, erschienen, habe Wunder und Zeichen getan und sich zum Heile der Menschheit geopfert. Immer häufiger tritt das Gerücht auf, erhält immer greifbarere Formen und schließlich Bezeugung durch das Evangelium, das in seinem Namen verkündet wird:[3]) in Judäa in noch gesetzestreuer, in der griechischen Diaspora in gesetzesfreier Färbung. Jüdisch-hellenistische Wanderprediger, vom Schlage des alexandrinischen Juden Apollos, gelangen zu der Überzeugung, daß der in Judäa gekreuzigte Jesus der erwartete Christ gewesen, daß er, wie der gleichfalls aus Alexandria

---

[1]) De cherub. I, 162: ὄργανον δὲ λόγον θεοῦ, δι' οὗ κατεσκευάσθη (ὁ κόσμος). cf. De mundi opif. I, 4, 5: θεοῦ λόγος ἤδη κοσμοπιοῦντος. ib. 7 sq.: Ὁ μὲν οὖν ἀσώματος κόσμος ἤδη πέρας εἶχεν, ἱδρυθεὶς ἐν τῷ θείῳ λόγῳ u. v. a. St.

[2]) De cher. I, 143.

[3]) Sehr anschaulich schildert Pseudo-Clemens in den Homilien (1,1—22) den Eindruck, den damals das Gerücht von dem erschienenen Messias auf die erlösungsbedürftigen, von den Lehren der Philosophenschulen nicht mehr befriedigten Gebildeten machte, und wie er selbst durch dasselbe zum Christentum bekehrt wurde. In seinen bangen Zweifeln habe er sich an die Schulen der Philosophen gewendet, habe aber keine Befriedigung bei ihnen für sein nach Offenbarung lechzendes Gemüt finden können. „Während ich", so erzählt er weiter, „so von Zweifeln niedergedrückt war, da durchlief unter der Regierung des Kaisers Tiberius ein Gerücht die Welt, erst leise, dann wie ein echter guter Bote Gottes, der den Willen Gottes nicht bergen konnte. Immer häufiger, immer lauter trat die Kunde hervor, daß in Judäa Einer, der an Frühlingsnachtgleiche seinen Anfang genommen, den Juden das Königreich des ewigen Gottes verkünde, und jedem den Genuß desselben zusichere, der vorher seinen Wandel nach Gott gerichtet habe": φήμη τις ἤρεμα ἐπὶ τῆς Τιβερίου Καίσαρος βασιλείας . . . . . τὴν ἀρχὴν λαμβάνουσα ηὔξανεν ἑκάστοτε καὶ ὡς ἀληθῶς ἀγαθὴ θεοῦ ἄγγελος διέτρεχε τὸν κόσμον . . . . . . ἑκάστοτε οὖν πλείων καὶ μείζων ἐγίνετο λέγουσα ὥς τίς ποτε ἐν Ἰουδαίᾳ . . . . . λαβὼν τὴν ἀρχὴν Ἰουδαίοις τὴν τοῦ αἰδίου θεοῦ εὐαγγελίζεται βασιλείαν κτλ. cf. Schliemann 51 sq. Tzschirner, Der Fall des Heident. 506 sq. Ähnlich schildert Justin, Dialog c. 7 seine Bekehrung zum Christentum.

stammende Verfasser des Hebräerbriefs lehrte, der göttliche Hohepriester gewesen, „der allerdings seinen Brüdern gleich werden
mußte, auf daß er barmherzig würde und ein treuer Hohepriester
vor Gott, zu versöhnen die Sünden des Volkes."[1] „Denn", so
folgert er, „wir haben nicht einen Hohepriester, der nicht könnte
Mitleiden haben mit unseren Schwachheiten, sondern der versucht
ist, allenthalben gleich wie wir, doch ohne Sünde."[2] Er ist ein
Hohepriester worden in Ewigkeit nach der Ordnung Melchisedeks,
der verglichen ist dem Sohne Gottes, und bleibt Priester in
Ewigkeit."[3] Da nun, so folgert der Hebräerbrief weiter, „nach
der Weise Melchisedeks ein anderer Priester aufkommt, welcher
nicht nach dem Gesetz des fleischlichen Gebotes gemacht ist, sondern
nach der Kraft des unendlichen Lebens; denn er bezeugt: du bist
ein Priester ewiglich nach der Ordnung Melchisedeks — wird damit das vorige Gebot aufgehoben, darum daß es zu schwach und
nicht nütze war. Denn das Gesetz konnte nichts vollkommen
machen, und wird eingeführt eine bessere Hoffnung, durch welche
wir zu Gott nahen."[4] —

Und nun alles für die Fleischwerdung des Logos vorbereitet
war, erschien auch schon der richtige Mann mit dem richtigen
Evangelium! Und so durfte, ohne besorgen zu müssen, nicht verstanden zu werden, der — gleichfalls jüdisch-alexandrinische — Verfasser des vierten Evangeliums nun die Botschaft Jesu mit den
Worten beginnen: „Im Anfang war der Logos, und der Logos war
bei Gott, und Gott war der Logos. Derselbige war im Anfang bei
Gott. Alle Dinge sind durch denselben gemacht, und ohne denselben
ist nichts gemacht, was gemacht ist. In ihm war das Leben, und
das Leben war das Licht der Menschen. Und das Licht erscheint
in der Finsternis, und die Finsternis hat es nicht begriffen. — —
Und das Wort ward Fleisch und wohnte unter uns, und wir
sahen seine Herrlichkeit, eine Herrlichkeit des eingeborenen
Sohnes vom Vater, voller Gnade und Weisheit."[5] —

Also die Verkörperung des unverfälschten jüdisch-alexandrinischen Logos, der reinen Sophia, wie wir sie in der Spruchweisheit und in dem jüdischen Hellenismus entwickelt und ausgestaltet

---

[1] Hebr. 2,14—18.
[2] Hebr. 5,15. — [3] Hebr. 6,20. 7,3: ἀφωμοιωμένος δὲ τῷ υἱῷ τοῦ Θεου.
[4] Hebr. 7,14—20. — [5] Ev. Joh. 1,1—6. 14: Καὶ ὁ λόγος σὰρξ ἐγένετο.

gefunden. — Und wie ferner bei Philo der Logos der Hirte und Erzieher der Menschen ist,[1]) so ist er es auch im Evangelium Johannis. Dieses läßt nämlich Jesum von sich sagen: „Ich bin der gute Hirte; der gute Hirte läßt sein Leben für die Schafe."[2]) — Diese Worte kommentiert Clemens Alex. ganz im Geiste Philos folgendermaßen: „Unser Pädagog heißt Jesus. Zuweilen nennt er sich auch einen Hirten, er sagt: „Ich bin der gute Hirte"; nach einer Metapher, genommen vom Hirten, dem Führer der Herde, ist darunter der Führer der Kinder zu verstehen, als der sorgsamste Hüter der Kleinen. Einfachen Sinnes nämlich sind die Kinder, und so werden sie bildlich als Schafe bezeichnet. „Und sie alle werden", heißt es in der Schrift, „eine Herde und ein Hirte sein." Der Padagog ist sonach sicherlich der Logos, der uns Kinder zum Heile führt.[3]) Ganz deutlich hat ja der Logos von sich selbst durch Hosea gesagt: „Ich bin euer Erzieher." Es sagt irgendwo der heilige Geist von ihm in einem Lobgesang: Er hat dem Volke geholfen in der Wüste, im heißen Durste; im wasserlosen Lande war er um dasselbe und erzog und bewachte es wie einen Augapfel, wie der Adler sein Nest beschützt; und er sehnte sich nach seinen Jungen, und seine Flügel ausbreitend, nahm er sie zu sich und trug sie auf seinem Rücken, der Herr allein führte sie und kein anderer Gott war mit ihnen. Und wiederum durch seinen eigenen Mund sprechend, erklärt er sich selbst: „Ich bin der Herr, der dich herausgeführt hat aus Ägypten!" Wer hat denn die Macht, herein- und herauszuführen? Wohl der Pädagog? Er erschien dem Abraham und sprach: „Ich bin dein Gott, wandle wohlgefällig vor meinem Angesichte." Und so recht pädagogisch macht er sich den Zögling anhänglich, indem er spricht: „Werde tadellos, und ich werde einen Bund aufrichten zwischen mir und zwischen

---

[1]) cf. Philo, De agricult. I, 308 sq.: Οὕτω μέντοι τὸ ποιμαίνειν ἐστὶν ἀγαθὸν . . . . . Λέγει γὰρ ὧδε· „Κύριος ποιμαίνει με, καὶ οὐδέν με ὑστερήσει" . . . . προστησάμενος τὸν ὀρθὸν αὐτοῦ λόγον, πρωτόγονον υἱόν, ὅς τὴν ἐπιμέλειαν τῆς ἱερᾶς ταύτης ἀγέλης, οἷα τις μεγάλου βασιλέως ὕπαρχος διαδέξεται.

[2]) Ev. Joh. 10,11: Ἐγώ εἰμι ὁ ποιμὴν ὁ καλός· ὁ ποιμὴν ὁ καλὸς τὴν ψυχὴν αὐτοῦ τίθησιν ὑπὲρ τῶν προβάτων.

[3]) Clem. Alex. Paedag. c. 7. Migne VIII, p. 313: Παιδαγωγὸς οὖν εἰκότως ὁ Λόγος, ὁ τοὺς παῖδας ἡμᾶς εἰς σωτηρίαν ἄγων. — cf. ib. p. 316: Ὁ δὲ ἡμέτερος Παιδαγωγὸς Ἰησοῦς, ὁ πάσης τῆς ἀνθρωπότητος καθηγεμὼν Λόγος· αὐτὸς ὁ φιλάνθρωπος Θεός ἐστι παιδαγωγός κτλ.

dir und deinem Samen.“ Hier wird Freundschaft geschlossen mit
dem Erzieher. Als Erzieher des Jakob aber erscheint er ganz deutlich. Er sagt zu ihm: „Siehe, ich bin mit dir, dich bewachend
auf allen Wegen.“ — — Jakob nannte den Ort, wo ihm Gott erschienen, „Erscheinung Gottes, denn ich habe“, sprach er, „Gott von
Angesicht zu Angesicht gesehen, und meine Seele ward gerettet“.
Das Angesicht Gottes aber ist der Logos, in welchem Gott
zur Erscheinung und Erkenntnis kommt. — Damals erhielt Jakob
den Namen Israel, als er Gott den Herrn gesehen hatte. Dies ist
Gott, der Logos, der Pädagog, der später zu ihm sprach:
„Fürchte dich nicht hinabzuziehen nach Ägypten“.[1]) Auch den
Mose hat er Erziehung gelehrt. — Und in der Tat war der Herr
Erzieher des alttestamentlichen Volkes durch die Person Mosis; in
eigener Person ist er Führer des neutestamentlichen, von Angesicht zu Angesicht. „Denn siehe,“ sagt er zu Mose, „mein Engel
wird vor dir hergehen.“ Die Kraft des Logos in Gestalt eines
guten Engels und Führers stellt er an die Spitze, bewahrt aber
dabei die Würde des Herrschers. Wir können, wenn wir wollen,
die hohe Weisheit des heiligsten Hirten und Pädagogen, des All-
herrschers und des väterlichen Logos kennen lernen aus den Worten
wo er sich bildlich den Hirten der Schafe nennt.[2])

*　　*　　*

Sind nun unsere bisherigen Ausführungen richtig, ist die jüdische Weisheitsliteratur erst in der griechischen Zeit, erweckt von
der alles befruchtenden Kraft des griechischen Geistes, aufgeblüht;
dann erhellt sich uns weithin eine Periode, die solange in Dunkel
gehüllt gewesen, und aus der kein Lebenszeichen zu uns zu dringen
schien, die aber gleichwohl Epochales leistete: dann lebt vor unsern
Augen eine totgeglaubte Zeit auf, die sich von Alexander dem
Großen bis auf die Makkabäererhebung erstreckt, und in der Israel,
wie nie vorher, eine erstaunlich reiche Geistesarbeit vollbracht, indem es über Esra und Nehemia hinweg den von den großen Propheten vorgezeichneten Weg einschlug, der in die Weltweisheit
Griechenlands ausmündete, ohne sich in ihr zu verlieren.

---

[1]) ib. p. 320: Οὗτός ἐστιν ὁ Θεὸς ὁ Λόγος, ὁ Παιδαγωγός ὁ φήσας αὐτῷ
πάλιν ὕστερον. Μὴ φοβοῦ καταβῆναι εἰς Αἴγυπτον. — — Αὐτὸς γοῦν οὗτος καὶ
τὸν Μωϋσέα διδάσκει παιδαγωγεῖν.

[2]) ib.

Diese denkwürdige Periode war es, in welcher die Weltreligion aus der Vermählung des jüdischen mit dem griechischen Geiste geboren wurde, die dann, damit das Heidentum für dieselbe vorbereitet und empfänglich gemacht werde, von griechisch gebildeten, ihrer Mission sich klar bewußt gewordenen Juden in die griechische Welt hinausgetragen, und der daselbst unter langen und schweren Kämpfen und unsäglichen Anstrengungen der Pfad bereitet wurde.

Bisher sah man diese ganze Zeit für eine Wüste an, aus der nur einzelne poetische Blüten, wie durch ein Wunder, als Oasen hervorgezaubert kamen: so einige Psalmen und das Buch Daniel. Jetzt wissen wir, daß sie einem vielbewegten Meere glich, das aus seinen Tiefen die mannigfaltigsten Perlen in Fülle an die Oberfläche warf. Das Gros der Psalmen, die Proverbien, Hiob, Koheleth, die Weisheitssprüche Sirachs und andere biblische Schriften, sie sind sämtlich Geistesfrüchte jener einzigartigen Epoche, die mit den Ptolomäern einen glanzvollen Anfang nahm und mit den Hasmonäern einen trostlosen Abschluß fand.

Man wird nun nicht mehr so einseitig über die Einwirkung des griechischen Geistes auf das palästinensische Judentum urteilen dürfen, wie dies früher geschehen, indem man nur auf die Schäden, die er hier angerichtet, hinwies und dabei stets die Tobiadenwirtschaft und den verlotterten Hellenismus der jüdischen Griechlinge in der Makkabäerzeit vor Augen hatte. Selbst der scharf sehende Wellhausen hat hier fehlgegriffen, wenn er urteilt: „Eine Einwirkung des guten Geistes der griechischen Weisheit scheint allerdings an dieser Stelle (nämlich in Palästina) nur in sehr schwachem Maße stattgefunden zu haben. Der Hellenismus war hier mehr von der weltläufigen faulen und frivolen Art. Er fand Eingang bei den hohen Ständen." — Alle jene schädlichen Einwirkungen, die überdies erst gegen die Neige unserer blühenden Epoche zu Tage traten, verschwinden vor der Tatsache: daß die Weisheitsliteratur, die Schöpferin der Weltreligion, unter der Einwirkung des griechischen Geistes entstanden, daß sie, von seinem Zauberstab berührt, erweckt und zur großartigsten Entfaltung gebracht wurde.

Und nun wird uns auch das Diasporajudentum und seine religiöse Literatur, die man sich nachgerade als eine „Literatur des Allerweltjudentums" zu bezeichnen gewöhnt hat — sie etwa

im Bilde des modernen Allerweltjournalistentums zeigend — in einem
ganz andern Lichte erscheinen.

Die Diasporajuden, welche die Welt zu ihrem Mosaismus bekehren wollten, waren keine Fälscher, nicht sie erst haben Plato
zu einem „attisch redenden Moses“ gemacht; die enge Verwandtschaft beider enthüllte ihnen schon die Spruchweisheit, die sie aus
Palästina in die neue Heimat mitbrachten. Sie waren von der
Wahrheit dessen, was sie predigten, was sie sagten und sangen,
tief durchdrungen, von ihr so beglückt, daß sie die Seligkeit, die
sie selbst empfanden, auch die übrige Welt mitgenießen lassen
wollten. Sie sahen in Moses und den Propheten die erhabensten,
von Gott selbst inspirierten Philosophen und in ihren heiligen
Schriften die wahre und einzige Philosophie. Kein Wunder: hatten
sie doch diese in der goldenen Schale der Weisheitsliteratur
überliefert bekommen. Und behandelte diese nicht die höchsten
philosophischen Probleme? Wenn sie nun, wie beispielsweise
Pseudo-Salomo, den Mosaismus im Lichte der Weisheitsliteratur
sich besahen, mußte er ihnen da nicht als die älteste und unver-
fälschteste Philosophie erscheinen? Und wenn sie, nachdem sie in
die Tiefen der griechischen Philosophie eingedrungen waren, die Religion Mosis und der Propheten in der von der Spruchweisheit angebahnten Richtung weiter entwickelten, hatten sie da nicht den
richtigen, einzig zum Heile führenden und gottgewollten Weg
eingeschlagen? Und wenn sie da sahen, welche tiefe und uner-
schöpfliche Weisheitslehren ihnen die Männer der Vorzeit in den
Proverbien, im Buche Hiob usw. hinterlassen, gottbegnadete Männer,
die doch ganz zweifellos älter als alle griechischen Philosophen
waren; mußten sie da nicht die Überzeugung gewinnen, daß diese
letzteren ihre Philosophie, die doch der mosaischen zum Verwech-
seln ähnlich sei,[1] aus Moses und den Propheten geschöpft haben? —
Das mosaische Schrifttum galt diesen für ihre heimatliche Philo-

---

[1] Wie nahe verwandt man noch in christl. Zeit Moses und Plato glaubte,
ersieht man aus den ältesten Kirchenschriftstellern, so beispielsweise aus Euseb.
Praep. ev. XI, § 20 sqq. Da heißt es: Die platonischen und mosaischen Ideen,
die Annahme von feindseligen Kräften, von der Unsterblichkeit der Seele, von
dem Ursprung der Welt und der Schöpfung der Lichter des Himmels, von der
allgemeinen Güte der Werke Gottes, von der Veränderung und Verwandlung
der Welt, von der Auferstehung der Toten und von dem Ende der Dinge — —
das seien lauter Dinge, worin sich die Hebräer und Plato vergleichen ließen.

sophie so grenzenlos begeisterten Diasporajuden als der Urquell, aus
dem alle Weisheit geflossen, und gewiß ist es dem Aristobul aus
der innersten Seele gesprochen, wenn er an den König Ptolomäus
Philometor schreibt: „Plato hat sicherlich unsere Gesetzgebung zum
Muster genommen, und ebenso sicher ist es, daß er sie gründlich
gekannt hat."[1] — Oder wenn er, von der Welterschaffung durch
das Wort Gottes sprechend, fortfährt: „Dieser Lehre sind, wie mir
scheint, jene gefeierten Männer, die unsere heilige Schrift wohl
kannten, Pythagoras, Sokrates, Plato gefolgt, wenn sie, versunken
in Betrachtung des Weltbaus, der von ihm geschaffen wurde und
in seiner Ordnung ohne Aufhören erhalten wird, eine göttliche
Stimme zu hören behaupteten."[2] Freilich sei es nicht jedermanns
Sache, dieses mosaische Schrifttum zu ergründen; dazu gehöre eben
tiefes Eindringen, sonst werde man in demselben nichts außerordentliches finden. Und es ist sicherlich aus der innersten Überzeugung des Diaporajuden geflossen, wenn Aristobul demselben
König in folgender Weise Anleitung für die Lektüre der heiligen
Schrift gibt: „Vor allem mußt du beobachten, daß du die Angaben
der Propheten richtig auffassest, die gebührende Ansicht von Gott
festhaltest und dich vor märchenhafter und menschlicher Vorstellung
in acht nehmest. Oft nämlich entlehnt unser Prophet seine Ausdrücke von andern Dingen, nämlich von äußerlich erscheinenden,
wenn er außerordentliche Begebenheiten beschreiben will. Diejenigen,
welche tiefer sehen, bewundern seine verborgene Weisheit und den
göttlichen Geist, wegen dessen er auch Prophet genannt wird.
Unter die Schaar dieser Hellsehenden gehören die obengenannten
Philosophen und einige andere — nebst einigen Dichtern, welche
alle aus ihm viele erhabene Ideen entlehnt haben, wegen welcher
sie in so hoher Achtung stehen. Diejenigen dagegen, welche
weder Kraft noch Einsicht haben und an dem Buchstaben kleben,
finden allerdings in den Büchern Mosis nichts besonderes. Ich
will nun, soviel ich vermag, den tieferen Sinn im einzelnen aus-
führen. Sollte es mir nicht gelingen, dich zu überzeugen, so
schreibe nicht dem Propheten die Schuld zu, sondern meiner Un-
wissenheit und meinem Unvermögen, seine Ideen auszulegen."[3] —

---

[1] Praep. ev. XIII, c. 12: Φανερὸν ὅτι κατηκολούθηκεν ὁ Πλάτων τῇ καθ'
ἡμᾶς νομοθεσίᾳ καὶ φανερός ἐστι περιειργασαμένος ἕκαστα τῶν ἐν αὐτῇ λεγομένων.
[2] ib. — [3] ib. VIII, c. 10.

Nein, wir haben kein Recht, die Ursprünglichkeit und Echtheit dieser Überzeugung anzuzweifeln, umsoweniger als wir ja wissen, daß diese Diasporajuden Moses und die Propheten mit dem Kommentare lasen, den ihnen Männer aus dem „heiligen Chore", nämlich die Schöpfer der Weisheitsliteratur, hinterlassen hatten, die ja nach ihnen weit älter als die ältesten griechischen Philosophen waren. Wir haben kein Recht, diese unermüdlichen, unter unsagbaren Anstrengungen und Kämpfen ihr Apostelamt unter den Heiden versehenden Verfechter der Philosophie des Mosaismus geringschätzig als Allerweltjuden zu bezeichnen. Ohne die Riesenarbeiten dieses Allerweltjudentums hätte die Erstehung einer Weltreligion noch gar lange auf sich warten lassen müssen: das Christentum, es ist die Schöpfung dieses Allerweltjudentums!

VII.

ANHANG.

DIE BÜCHER JONA UND RUTH.

Wir haben gezeigt, daß in der von Alexander dem Großen bis auf Antiochus III. den Großen sich erstreckenden Periode das geistige Schaffen im Judentum einen mächtigen Aufschwung genommen, daß innerhalb derselben die Psalmen- und Weisheitsliteratur geblüht hatte; daß aber noch andere biblischen Schriften und manche prophetische Stücke in dieser schriftstellerisch so fruchtbaren und vielseitigen Periode, an deren Neige Koheleth über eine schädliche literarische Überproduktion so bittere Klage erhebt, entstanden seien, davon haben wir noch nicht gesprochen.

Wie mannigfaltig die Literatur dieser Zeit war, zeigt am besten das Hohelied, aus welchem man, wie Wellhausen bemerkt, ersieht, daß das Gesetz den Juden die Liebespoesie noch nicht verbot und den Genuß des Lebens nicht unmöglich machte. [1]). — Doch nicht

---

[1]) Wellhausen, l. c. 158. Wenn er aber hinzufügt: „Ein Rätsel ist es nur, wie das Buch in diese Gesellschaft geraten ist; wahrscheinlich durch ein Mißverständnis"; so ist das nicht ganz richtig. Das Rätsel ist leicht gelöst, wenn man, wie wir dies bereits wiederholt betont haben, weiß, daß für das Belassen von Schriften, mochten diese noch so anstößig erscheinen, im Kanon nicht der Machtspruch der Schriftgelehrten, sondern der des Volkes entscheidend war. War einmal eine Schrift Volkseigentum geworden, dann konnte sie nicht mehr — wie dies ja das B. Koheleth am sprechendsten lehrt, das trotz des wiederholten Ansturmens der Schriftgelehrten kanonisch blieb — aus dem Kanon entfernt werden. Und daß das Hohelied zum Volkslied geworden war, beweist am besten die bekannte talmudische Überlieferung, nach welcher noch am Ende des ersten christl. Jahrh. das Hohelied stark angefochten, von R. Akiba aber mit den bezeichnenden Worten in Schutz genommen wurde: „Sind schon alle Hagiographen heilig, dann ist das Hohelied das allerheiligste und die ganze Welt ist nicht so wichtig wie der Tag, an welchem das Hohelied entstanden". Man sieht, wie tief das Hohelied selbst in Kreisen der Schriftgelehrten Wurzel gefaßt hatte. — Noch mehr: wir wissen

von diesem wollen wir hier sprechen, wie interessant sich auch eine
eingehende Behandlung desselben gestalten müßte. Denn dieses Buch
liegt außerhalb des Kreises der Literaturgattung, die uns beschäftigt; wohl aber sei uns gestattet, die beiden Bücher Jona und Ruth,
die in unsere Periode fallen und überdies dieselben Tendenzen wie
die Weisheitsliteratur verfolgen, hier zu berühren.

Was zunächst das Buch Jona betrifft, so tritt uns hier die ganz
merkwürdige Erscheinung entgegen, daß ein Prophet den Auftrag
erhält, in die große Welt hinauszugehen, um den Heiden zu prophezeien und Belehrung zu bringen. Wohl prophezeien auch die
großen Propheten über die Heiden, sahen im Geiste die Zeit herankommen, wo Israel zum Lichte der Völker werden, die Heiden in
seinem Lichte wandeln werden;[1] wo Gott einzig und sein Name
einzig sein werde;[2] wo Nationen, die es nicht kannte, ihm zu-
strömen werden um seines Gottes willen;[3] wo die Völker hingehen
werden und sagen: „Kommt, laßt uns auf den Berg des Herrn
gehen, zum Hause des Gottes Jakob, daß er uns lehre seine Wege,
auf daß wir wandeln auf seinen Pfaden: denn von Zion wird ausgehen das Gesetz und das Wort Gottes von Jerusalem."[4] — Doch
alle diese und ähnliche Weissagungen ertönten im Heimatlande der
Propheten und verhießen das Herbeiströmen der Völker und
Nationen von allen Enden der Erde. „Aber kein Prophet vernahm
jemals den Befehl, in ein fremdes, etwa weit entlegenes Land, um
es zu bedrohen, zu gehen, und konnte ihn nicht vernehmen. Weis-
sagend über fremde Völker bleiben die Propheten im Lande; und
einer Stimme vom Himmel, einem objektiven Befehle, hinzugehen,
hätte jeder Sterbliche gehorcht."[5]

---

sogar, daß das Hohelied noch in der talmudischen Zeit in gewissen Kreisen
nicht als religiöses, sondern als profanes Volkslied behandelt wurde. So lesen
wir in einer Boraita: Wer einen Vers aus dem Hohenliede nach Art eines Ge-
sanges liest und behandelt — bringt Unheil in die Welt; denn die Thora klagt
darüber vor dem Heiligen, gelobt sei er: Herr der Welt! Deine Söhne machen
mich zu einer Harfe, auf der Spötter spielen. Synhedrin 101a: תנו רבנן
הקורא פסוק של שיר השירים ועושה אותו כמין זמר — — מביא רעה
לעולם מפני שהתורה חוגרת שק ועומדת לפנו הקב"ה ואומרת לפניו רבש"ע
עשאוני בניך כבנור שמנגנין בו לצים וב'. cf. Tosefta Sanh. c. 12 Ende. cf.
Messacht. Chala.

[1] Jes. 42,6. 49,6. 60,3.
[2] Sach. 14,9. — [3] Jes. 55,4—6. — [4] Jes. 2,2—6. — cf. Mal. 1,11, 14.
[5] Hitzig, Die zwölf kl. Proph.³ 158.

Das Buch Jona kann nur in einer Zeit geschrieben sein, wo
das Judentum bereits in engere geistige Fühlung mit der großen
Welt getreten und vielfachem Verständnis für seine monotheistischen
und ethischen Lehren begegnet war; wo sonach in einzelnen weit-
blickenden jüdischen Männern der Wille erwachte, den von den großen
Propheten so energisch angeregten Missionsgedanken in Tat umzu-
setzen, was jedoch erst dann mit Aussicht auf Erfolg unternommen
werden konnte, wenn vorerst die im eigenen Lager noch herrschende
Stumpfheit und Engherzigkeit einigermaßen überwunden wurde.

Die Zeiten Esras und Nehemias waren nicht geeignet, Israel
zur Erfüllung seiner Weltmission anzuspornen. Die strenge Isolierung, zu der es durch diese beiden Begründer des zweiten Staats-
lebens verurteilt wurde, ließ es vollkommen vergessen, daß es zum
„Lichte der Völker" berufen wurde. Es bedurfte erst mächtiger
äußerer Einwirkungen, um das stagnierende Judentum gewaltsam
in das lebendige Getriebe der Völker hineinzuwirbeln.

Diese durch die Richtung Esras im Volke bewirkte völlige
Entfremdung seiner ureigensten Mission, dieses gänzliche Zurück-
stellen des Lehrberufs, den man übernommen, diese engherzig-
egoistische Selbstbeschränkung fordern denn auch den heftigsten
Widerspruch eines Wortführers jener durch den großen Makedonier
in ihren Tiefen aufgewühlten Zeit heraus, und er geißelt sie in
einer Schrift, in der er uns einen alten Propheten namens Jona
vorführt, dem Gott selbst, eben wegen seiner Weigerung, das Heil
den Heiden zu verkünden, die schärfste Zurechtweisung erteilt.

Skizzieren wir kurz den Inhalt des Buches:

An den Propheten Jona ergeht das Wort Gottes, daß er nach
Ninive gehe, um den Einwohnern dieser Weltstadt zu predigen,
denn ihre Bosheit sei bis in den Himmel gestiegen. Aber Jona
machte sich auf und floh vor dem Herrn. Er ging zu Schiff, um
aus dem Bereiche des ihn an seine Mission mahnenden Gottes zu
kommen. Da erhebt sich ein gewaltiger Sturm, daß das Schiff zu
bersten droht. Alle Insassen zittern und beben und ein jeglicher
schreit zu seinem Gotte. Und sie werfen das Geräte, das im Schiffe,
ins Meer, daß es leichter würde. Aber Jona war hinuntergestiegen
in das Schiff, lag und schlief. Da trat zu ihm der Schiffsherr
und sprach zu ihm: Was schläfst du! Stehe auf, rufe deinen Gott
an, ob er vielleicht unserer gedenken wollte, daß wir nicht ver-
dürben. Und einer sprach zum andern: Kommt, wir wollen losen,

um wessen willen es uns so übel ergehe. Und da sie losten, traf es Jona. Da sprachen sie zu ihm: Sage uns, warum geht es uns so übel? was ist dein Gewerbe? und wo kommst du her? aus welchem Lande bist du? und von welchem Volke? Er sprach zu ihnen: Ich bin ein Ebräer und fürchte den Herrn, den Gott des Himmels, der gemacht hat das Meer und das Trockene. Da fürchteten sich die Leute sehr und sprachen zu ihm: Warum hast du solches getan? Denn sie wußten, daß er vor dem Herrn floh, denn er hatte es ihnen gesagt. Da sprachen sie zu ihm: Was wollen wir denn mit dir tun, daß uns das Meer stille werde? Und das Meer fuhr ungestüm. Er sprach zu ihnen: Nehmet mich und werfet mich ins Meer, so wird euch das Meer stille werden. Denn ich weiß, daß solches große Ungewitter über euch kommt um meinetwillen. Und die Leute trieben, daß sie wieder ans Land kämen, aber sie konnten nicht, denn das Meer fuhr ungestüm wider sie. Da riefen sie zu dem Herrn und sprachen: Ach Herr, laß uns nicht verderben um dieses Mannes Seele willen und rechne uns nicht zu unschuldiges Blut. — Und sie nahmen Jona und warfen ihn ins Meer. — — Da stand das Meer stille von seinem Wüten. Und die Leute fürchteten den Herrn sehr und taten dem Herrn Opfer und Gelübde. Aber der Herr verschaffte einen großen Fisch, Jona zu verschlingen. Und Jona war im Leibe des Fisches drei Tage und drei Nächte. — Da erhob Jona ein inbrünstiges Gebet zu Gott; darauf sprach der Herr zum Fische, und derselbe spie Jona ans Land. Und abermals erging das Wort Gottes an Jona also: „Mache dich auf, gehe in die große Stadt Ninive und predige ihr die Predigt, die ich dir sage." Und jetzt machte sich Jona auf und ging hin gen Ninive, wie der Herr gesagt hatte. Ninive aber war eine große Stadt Gottes, drei Tagreisen groß. Und da Jona anfing hineinzugehen eine Tagreise in die Stadt, predigte er und sprach: Es sind noch vierzig Tage, so wird Ninive untergehen. Da glaubten die Leute zu Ninive an Gott und ließen predigen, man solle fasten und zogen Säcke an, beide groß und klein. Und da das vor den König zu Ninive kam, stand er auf von seinem Thron und legte seinen Purpur ab und hüllte einen Sack um sich und setzte sich in die Asche. Und ließ ausrufen und sagen: es sollen weder Mensch noch Tiere, weder Ochsen noch Schafe etwas genießen, und man soll sie nicht weiden, noch Wasser trinken lassen. Und sollen Säcke um sich hüllen und zu Gott inbrünstig rufen, und ein jeglicher bekehre sich von seinem bösen Wege und von dem Frevel seiner Hände. Wer weiß, vielleicht möchte sich Gott kehren und ihn reuen und sich wenden von seinem grimmigen Zorn, daß wir nicht verderben. — Da aber Gott ihre Werke sah, daß sie sich bekehrten von ihrem bösen Wege, reute ihn des Übels, das er geredet hatte ihnen zu tun, und tat es nicht. — Das aber verdroß den Jona gar sehr, und er ward zornig und betete zum Herrn und sprach: „Ach Herr, das ist's, das ich sagte, als ich noch in meinem Lande war; darum wollte ich auch ausweichen und aufs Meer fliehen; denn ich weiß, daß du gnädig, barmherzig, langmütig und von großer Güte bist und lässest dich des Übels reuen. So nimm doch nun, Herr, meine Seele von mir, denn ich wollte lieber tot sein, denn leben. Aber der Herr sprach: Meinst du, daß du billig zürnst? Und Jona ging aus der Stadt und machte sich daselbst eine Hütte, bis er sähe, was der Stadt widerfahren würde. Da ließ Gott der Herr einen „Kikajon" (eine Art Kürbisgewächs) erstehen, der wuchs über Jona, daß er Schatten gab über sein Haupt und errettete ihn von seinem Übel. Und Jona freute sich über den Kikajon. — Aber des Morgens ließ der Herr einen Wurm herankommen, der stach, da die Morgenröte herankam, den Kikajon, daß er verdorrte. Als aber die Sonne aufgegangen war, ließ Gott einen dürren Ostwind herbeiwehen, und die Sonne stach Jona auf den Kopf, daß er matt wurde. Da wünschte er seiner Seele den Tod und sprach: Ich wollte lieber tot sein denn leben. Da sprach Gott zu Jona: „Meinst du, daß du billig zürnst um den Kikajon? Und er antwortete: „Billig zürne ich bis an den Tod." Und der Herr sprach: „Dich jammert der Kikajon, daran du nicht gearbeitet, hast ihn nicht aufgezogen, der in einer Nacht ward und in einer Nacht verdarb, und mich sollte nicht jammern Ninives, einer solch großen Stadt, in welcher sind mehr denn hundertundzwanzigtausend Menschen, die nicht wissen Unterschied, was rechts oder links ist, dazu auch viele Tiere?" .

Welch ein treffliches Bild des durch Esra und Nehemia seiner Weltmission entfremdeten Judentums, das weltflüchtig sich in sich selbst verschließt und engherzig in einseitiger Auffassung seines Schrifttums schwelgt, das heilige Vermächtnis seiner monotheistischen Lehre dem Heidentum mißgönnend! Draußen tobt und stürmt es, die Welt scheint aus den Fugen, der große Makedonier fegt den Osten und den Westen durcheinander, aus seinem mächtigen Füllhorn Hellas' Geistesschätze über den Orient ausgießend; auf dem großen Weltschiffe gerät alles in Aufruhr, wild türmen sich die Wogen gegen dasselbe; Jona aber — das ist das Judentum Esras — war hinuntergestiegen in den untersten Schiffsraum: liegt und schläft. — Von jenen, die er aufzuklären und zu belehren berufen, wird er an seine Mission, vor der er geflohen, gemahnt: „Warum hast du solches getan?" fragen sie ihn. Er aber will lieber in des Meeres Tiefe versenkt werden, um nur nicht seine göttliche Sendung an die Völker erfüllen zu müssen. Da liegt er nun brütend im Leibe des Fisches, eingeschlossen im engsten Raum; und endlich wird es ihm doch bange. Er besinnt sich auf seine Aufgabe, und das ihn umfangende Ungeheuer gibt ihn frei. Er begibt sich in die Weltstadt, das Wort Gottes zu verkünden. Die Sünder tun Buße. Aber Jona hätte lieber die Vernichtung der sündigen Welt, denn ihre Buße gesehen: denn dann wäre er mit einem Schlage seiner ihn bedrückenden Mission ledig geworden. Er verläßt grollend die Stadt und schließt sich im Angesicht derselben in eine Hütte ein. Die Sonne sendet brennende Glut auf seinen Scheitel herab, und Gott verschafft ihm Kühlung. Ein Kikajon, ein Schatten und Kühlung gewährendes Gewächs, rankt sich an ihn hinan. Wieder fühlt er sich wohlig eingerichtet, wie ehemals daheim, wieder bewegen sich seine Gedanken in den engsten Grenzen; aber sie sind nicht lebensfähig; es fehlen ihnen die lebendigen, ewig frisch kreisenden Säfte. Über Nacht verdorrt seine erträumte Welt, die eine Nußschale einschließt. Ein dürrer Ostwind bereitet ihr ein jähes Ende: seine Zukunft ist die Welt und was sie in ihren Tiefen bewegt. —

Denselben schweren Kampf, den hier der palästinensische Jona gegen die ihm aufgebürdete Mission führt, kämpft auch, etwa ein Jahrhundert später, der jüdische Sibyllist — der Jona der Diaspora — gegen seine Berufung, „das Licht der Heiden", „der Pfadbereiter der Menschen" zu werden.[1]) Aber wie ganz anders ringt sich dieser Prophet des Diasporajudentums aus allen innern und äußern Kämpfen zur Höhe seiner Aufgabe empor. Er beginnt seine Prophezeiungen mit den Worten:

„Hochdonnernder, Himmlischer, der du auf den Cheru-

---

[1]) cf. Orac. Sib. III, 194 sq.

bim thronst, ich flehe dich an, laß mich, da ich die ganze Wahrheit verkündet, ein wenig ausruhen, denn ich bin vom Herzen ermüdet. —

Doch was zittert mir wieder das Herz, was drängt mich das Gemüt, mit Geißelhieben mich peitschend, aus dem Innern heraus allen einen Gesang zu verkünden. So will ich denn abermals anheben, alles zu sagen, was Gott mir befahl, zu verkünden den Menschen." [1])

Und nachdem er unter dem Zwang des göttlichen Auftrags bis zur völligen Erschöpfung prophezeit, Belehrungen, Ermahnungen und Warnungen erteilt hat, will er ermattet hinsinken. Allein Gott gestattet kein Ausruhen:

„Als aber" — so schildert er seine innere Qual — „mein Gemüt vom göttlichen Sang abließ, und ich den großen Schöpfer anflehte, den Zwang von mir zu nehmen, [2]) da erhob sich wieder das Wort des mächtigen Gottes mir in der Brust, gebietend, zu prophezeien über die ganze Erde und den Herrschern die Zukunft ans Herz zu legen. — Dieses hat Gott mir zuerst in den Sinn gegeben zu verkünden — —." [3])

Und abermals:

„Als aber mir das Gemüt vom göttliche Sange ausruhte, da erhob sich mir wieder in der Brust die Rede des mächtigen Gottes und gegen die Erde zu reden befahl er." [4]) —

Man sieht: hier wie dort ein verzweifeltes Ringen gegen die Übernahme einer ebenso erhabenen als mühsalsreichen Mission, nur mit dem Unterschied, daß der palästinensische Jona im Anfange derselben, während der Jona in der Diaspora schon tief mitten in ihr steht; daß jener ein Kind des noch partikularistisch gesinnten Palästina, dieser aber der Sohn der weit ausblickenden, universalistisch gerichteten Diaspora ist.

Weist aber schon der ganz neuartige Zug, daß der Prophet Jona den Auftrag erhält, in die Welt hinauszugehen, um das Gotteswort zu verkünden, auf eine späte Abfassung unseres Buches hin, so verrät sich die Jugend desselben noch deutlicher durch den

---

[1]) Orac. Sib. III, 1—8. —

[2]) Or. Sib. III, 296: καὶ λιτόμην γενετήρα μέγαν παύσασθα ἀνάγκης. So empfindet auch Paulus seinen Missionsberuf als Zwang. cf. 1 Kor. 9,16: ἐὰν γὰρ εὐαγγελίζωμαι, οὐκ ἔστι μοι καύχημα· ἀνάγκη γάρ μοι ἐπίκειται.

[3]) Or. Sib. III, 295—300. — [4]) Or. Sib. III, 489—492.

Umstand, daß der von Jona verkündete Gott der Ebräer in der
Welt draußen kein unbekannter mehr ist, und daß Jona überall
die Heiden für das Wort Gottes empfänglich findet und sie ohne
Schwierigkeit bekehrt. Die Leute im Schiffe „fürchteten den Herrn
sehr und taten dem Herrn Opfer und Gelübde;"[1] die Bewohner
der Weltstadt Ninive bekehrten sich schon auf den ersten Ruf des
Propheten. Kaum daß Jona noch gesprochen: „da glaubten die
Leute in Ninive an Gott und ließen predigen, man solle fasten ...
und ein jeglicher bekehre sich von seinem bösen Wege und von
dem Frevel seiner Hände."[2] Das alles führt uns in eine Zeit,
wo das Judentum bereits aus der quetschenden Enge, in die es
durch Esra und Nehemia geraten, hinausgetreten war, in jene Zeit,
der die Schöpfer der Weisheitsliteratur ihr universalistisches Gepräge aufgedrückt. Daher wählt denn auch unser Verfasser — wie
dies die Schriftsteller jene Zeit, um sich Gehör und Glauben zu
verschaffen, allgemein taten — einen Namen der Vorzeit (und die
entsprechende Dekoration) als Träger für seine freisinnigen und
weitherzigen Ideen.

Daß unser Buch ein nachexilisches Produkt ist, wird von den
Auslegern allgemein anerkannt. „Man streitet", sagt De Wette,[3]
„ob es vor oder in oder nach dem Exil geschrieben sei; wissen-
schaftlich zu rechtfertigen ist einzig die Annahme nachexilischer
Abfassung." — „Da die Bildung des Prophetenkanons", urteilt Reuß,[4]
„eine verhältnismäßig späte ist, so bleibt Raum genug, im fünften
und selbst im vierten Jahrhundert dieses Denkmal der Reaktion
gegen den Geist Esras und Nehemias unterzubringen." — Und
Nöldeke:[5] „Die ganze Art der Komposition und der Gedanken
sowie nicht minder die höchst eigentümliche, nicht durchweg rein
hebräische, sondern mehrfach aus Aramäische anklingende Sprache

---

[1] Jona 1,16. — [2] Jona 3,5—10. — [3] l. c. 464.

[4] Die Gesch. der heiligen Schriften A. T. 500.

[5] Alttestl. Lit. 80. Cheyne, The orig. and relig. Cont. of the Psalter 294 sq.
läßt Jona in der nächsten Generation nach Esra predigen. Er sagt: .... the
exquisite Book of Jonah, which, though seemingly a pre-Exile history, is really
a sermon to the next generation after Ezra. The author belongs to that freer
and more catholic school, which protested against a too legalistic spirit, and
he fully recognizes that the doctrine of Joel 11, 12 applies not merely to Israel
but to all nations. He is aware too that Israel (typified by Jonah ‘the dove’)
cannot evade its missionary duty, and that its preaching should be alike
of mercy and of justice.

weisen unserer Erzählung ein ziemlich spätes Alter an. An eine vorexilische Abfassung ist gar nicht zu denken. Doch darf man andererseits das Alter des Buches nicht zu tief herabsetzen. Der um 190 v. Chr. schreibende Sirach kennt das Buch der zwölf Propheten . . . . kaum weit hinter das Jahr 400.“ —

Daneben erheben sich gewichtige Stimmen, die das Buch der griechischen Zeit zuweisen möchten. „Sehen wir uns gemüßigt“, sagt Hitzig,[1] „mit der Abfassung des Buches in die Zeiten Alexanders herunterzugehen: so waren, als sein Verfasser schrieb, die Volksschranken bereits gefallen; das Judentum trat aus seiner Abgeschlossenheit gegen alles Heidnische heraus.“ — Cornill[2] vermutet, „daß der Verfasser frühestens gegen Ende der persischen, vielleicht erst in der griechischen Zeit schrieb“; und Baudissin[3] meint: „Von den einzelnen Schriften der kleinen Propheten gehört vielleicht keine der griechischen Zeit an. Nicht unmöglich allerdings wäre eine so späte Ansetzung für die Schrift Jona. Mit Rücksicht auf das Zeugnis des Jesus Sirach ist die Schrift Jona nicht später als im dritten Jahrhundert anzusetzen.“

Und tatsächlich konnte ein Buch wie Jona, das die Tendenz verfolgt, das Judentum aus seiner Engherzigkeit und Lethargie aufzurütteln und es an seine große Aufgabe: das Licht der Heiden zu werden, eindringlichst zu mahnen, es anzutreiben, als Lehrer unter die Heiden zu gehen, deren Massen noch so tief in den Banden des Aberglaubens und Unglaubens lagen, daß sie in religiösen Dingen „keinen Unterschied wußten, was rechts und links“; nur in der griechischen Periode, und zwar zu Anfang derselben geschrieben worden sein, wo das Judentum mit der heidnischen Welt in intimere Beziehung zu treten und sich bewußt zu werden anfing, daß es derselben viel zu sagen habe.

Übrigens herrscht darüber, daß dies die Tendenz war, die dem Verfasser unseres Buches die Feder in die Hand drückte, volle Übereinstimmung. —

Nach Bleck[4] ist der Zweck des Buches Jona, „dem beschränkten religiösen Partikularismus entgegenzuwirken, wie er in den Massen der Juden herrschend war, der Vorstellung, als ob Jehova, der einige, wahre, von ihnen verehrte Gott, eben nur ihr Gott sei, seinen

---

[1] Die zwölf kl. Proph. 158. — [2] Einl.² 181. — [3] Einl. 599.
[4] l. c. 403 sq.

Wohnsitz nur in ihrem Lande habe und ihr Volk mit Vorliebe
umfasse, und als ob es recht sei, gegen alle andern Völker schon
als solche eine feindliche Gesinnung zu hegen und statt ihrer Bekehrung nur ihr Verderben zu wünschen. Jona der israelitische
Prophet erscheint hier als Repräsentant einer solchen Gesinnung
und Anschauungsweise. — — Man kann wohl sagen, daß in
keinem Buche des A. T. die allumfassende Vaterliebe Gottes, welche
die Person und das Volk nicht ansieht, sondern sich aller erbarmt,
die zu ihm sich bekehren, auf eine so eindringliche, der christlichen
so nahe liegenden Weise hervorgehoben ist, wie in diesem Buche.“
— Nach De Wette[1]) „liegt der Hauptgedanke unstreitig in der den
Niniviten, einem heidnischen Volke, nach ihrer Bekehrung erlasse-
nen göttlichen Strafe: so daß sich dieses Büchlein durch eine
universal-religiöse Tendenz von den andern theokratischen aus-
zeichnet“. — „In unserm Buch“, meint Reuß,[2]) „ist ja klar gesagt, daß Jahve auch der Gott der Heiden sei, nicht als der Allmächtige zur Verherrlichung Israels, sondern als der Allbarmherzige,
zu seiner eigenen, weil verzeihend überall, wo wahre Buße sich
kundgibt, und ohne Unterschied der Völker und Zungen. Jetzt,
wo Israel dem Gott seiner Väter treu gehorchte, sollte es, statt
sich scheu oder eigennützig abzuschließen, seinen Beruf erfüllen,
als des Knechtes Gottes, der das Licht zu den Heiden zu tragen
bestimmt war, und mit ihnen brüderlich das ihm gewordene Erb-
gut teilen: die Weigerung bringt ihm selber Todesnot, die Miß-
gunst Verweis und Schande.“ — Ähnlich Cornill:[3]) „Ist die Ab-

---

[1]) l. c. 463. — [2]) l. c. 500.

[3]) Cornill 181[2]. Nach Kuenen, Hist. krit. Einl. in die BB. des A. T.
II, 422 sq. (aut. deutsche Übers. von C. Th. Müller) läßt sich der Hauptgedanke
des B Jona also umschreiben: „Kraft seiner alle umfassenden Barmherzigkeit
beweist Jahwe Gnade denen, die sich an ihn wenden, und vollzieht die ange-
drohte Strafe nicht, wenn man auf ihre Ankündigung die Bekehrung folgen
läßt. . . . . Bereits an und für sich, besonders aber durch die Art und Weise,
in der er ausgesprochen wird, spricht dieser Gedanke für die religiöse Entwicklung des Autors: er nähert sich dem Universalismus mehr als
irgend ein anderer alttestamentlicher Schriftsteller. — Jona wird
nach Ninive gesandt nicht im Interesse Israels, sondern der heidnischen Bewohner selbst. Das ihnen angekündigte Gericht wird nicht vollzogen, weil sie
Geschöpfe Gottes sind und als solche Anspruch auf seine verschonende Liebe
machen. Es ist ganz offenbar, daß die Heidenwelt hier aus einem andern Gesichtspunkt betrachtet wird, als in den Schriften der israelitischen Propheten
zu geschehen pflegt; den Partikularismus hat der Verfasser überwunden. Hier-

fassung des Buches“, sagt er, „um Jahrhunderte jünger als die Person, von welcher erzählt wird, so werden wir bei dem eigentümlichen Charakter der Erzählung umsomehr an eine freie Erfindung des Verfassers glauben, wenn sich zeigt, wie diese Erzählung in einer ganz bestimmten Absicht, zu einem ganz bestimmten Zwecke gestaltet ist. Wir haben also eine Parabel vor uns, wo die Form der geschichtlichen Erzählung nur dazu dient, die ihr zugrunde liegende Idee doppelt eindringlich und nachdrücklich zur Darstellung zu bringen. Und auch diese Grundidee weist uns deutlich in sehr späte Zeit. Sie ist ein Protest gegen den giftigen Hochmut des Judentums nach Esra, welches darum scheel sieht, daß Gott so gütig ist, und welches seinen Glauben zu verlieren Gefahr läuft, weil Jahve die Heiden nicht ausrottet und vertilgt, wie es die spätere Prophetie erhofft und verheißen hat. Dem gegenüber weist das Buch Jona in unnachahmlich ergreifender Weise darauf hin, daß Gott nicht bloß ein Gott der Juden, sondern auch der Heiden ist, daß er als Schöpfer und Herr der ganzen Welt auch gegen die ganze Welt von dem Gefühle der Liebe des Schöpfers zum Geschöpfe beseelt ist, und daß eine derartige lieblose und selbstsüchtige Gesinnung als deren Repräsentant mit voller Absicht gerade ein Prophet auftritt, den schärfsten Tadel Jahves verdient. Darin liegt die ewige Größe und einzigartige Bedeutung des Buches Jona im A. T., der man nur die höchste Bewunderung zollen kann, wenn man sich an Mt. 10, 5—6. 15, 24—26 erinnert.“ [1])

Dieses Urteil Cornills, so richtig es im allgemeinen ist, es leidet doch an Einseitigkeit: es generalisiert. Nach ihm wäre das gesamte Judentum nach Esra vom giftigen Hochmut und engherzigsten Partikularismus beseelt gewesen, hätte es insgesamt der übrigen Welt das ihm gewordene Heil mißgönnt und sich feind-

---

mit hängt auch die Anerkennung der Macht Jahwes seitens der heidnischen Seeleute zusammen. — Es ist nicht unwahrscheinlich, daß der Verf. uns in Jona das Bild einiger seiner jüdischen Zeitgenossen schildert, welche sich über Jahwes Barmherzigkeit ärgerten. . . . . .“ cf. Baudissin 599: „Dieser Schrift (Jona) mit ihrem Universalismus des Heils sind die seit Esra herrschenden Tendenzen des Judentums vielleicht allerdings noch unbekannt; sie kann aber auch in einen bewußten Gegensatz mit ihnen treten wollen.“ — Diese letztere Ansicht ist sicherlich die richtige.

[1]) An diesen Stellen nämlich will Jesus nicht den Heiden, sondern den verlorenen Schafen aus dem Hause Israel das Heil verkündet wissen.

selig gegen sie abgeschlossen. Das ist aber grundfalsch. Gegen
eine solche Annahme protestiert die ganze Weisheitsliteratur,
protestiern in erster Linie die tatsächlich weltscheuen Frommen
in den Psalmen — und diesen zählt auch der Verfasser unseres
Buches den Propheten Jona bei — die ja ungezählte Male darüber
bittere Klagen erheben, daß sie nur eine schwache Minderheit im
Volke bilden, die jeden Augenblick von der übermächtigen, welt-
lich gesinnten Gegenpartei verschlungen werden könne. Der Verfasser des Buches Jona stand mit seinen universalistischen Anschauungen nicht nur nicht vereinzelt da — seine Schrift wäre auch
sonst nicht auf uns gekommen —, er hatte vielmehr schon in
seiner Zeit eine starke, gleichgesinnte Partei hinter sich und
durfte darum ungescheut über die Partei des frommen Jona die
Geißel schwingen.

So spricht denn alles dafür, daß das Buch Jona in der ersten
Periode der griechischen Zeit geschrieben wurde, was abermals ein
helles Licht auf die universalistischen Bestrebungen des überwiegenden Teils des damaligen Judentums wirft, das längst den Partikularismus Esras und Nehemias überwunden hatte.

In diese Zeit fällt auch die Abfassung des Buches Ruth. Es
konnte nur in dieser so fortgeschrittenen, an manigfaltigen literarischen Produktionen so reichen, durch äußere Feindseligkeiten nicht
getrübten Zeit entstehen. Es atmet dieselbe allgemeine Menschenliebe, wie sie der Verfasser des Buches Jona predigt, und will
ebenso wie dieser die Heiden, wenn sie sich zu Gott bekehrt, als
vollständig gleichberechtigt mit den echten Söhnen Israels betrachtet
wissen.[1]) Der Zweck unseres Buches: die allgemeine Menschenliebe
zu verherrlichen, fällt so sehr ins Auge, daß selbst die talmudischen
Schriftgelehrten ihn als solchen bezeichnen. So lesen wir im Midrasch: „R. Seïra hat gesagt, das Buch Ruth enthält keinerlei rituelle Satzungen, warum aber wurde es geschrieben? Um den
hohen Wert der Menschenliebe zur Darstellung zu bringen.“[2]) —

----

[1]) cf. Cheyne, l. c. 306: The book of Ruth — which is post-Deutero-
nomic — — is most easily explained on the analogy of Jonah, which, as
Delitzsch remarks, is a justification of the God of Israel against the misappre-
hension that He is exclusively the national God of the Jews.

[2]) Ruth. rabb. Par. II: א״ר זעירא מגילה זו אין בה לא טומאה ולא
טהרה ולא איסור ולא היתר: ולמה נכתבה ללמדך כמה שכר לגומלי
חסדים.

Unser Buch verherrlicht Ruth, die Moabiterin, also die Tochter
eines heidnischen Stammes, von dem es ausdrücklich in der Schrift
heißt: „die Moabiter sollen nicht in die Gemeinde Gottes kommen,
auch nicht nach dem zehnten Geschlecht, bis in Ewigkeit nicht"; [1]
und macht diese Moabiterin noch überdies zur Stammutter des
glorreichen Königs David! Der Verfasser will mit seiner Schrift
die Schranken niederreißen, die durch Esra und Nehemia mit geradezu grausamer Härte gegen die Mischehe aufgeführt wurden
und die, wie wir überdies bei Josephus lesen, [2] erst recht in den
Zeiten Alexanders zu fallen anfingen.

Daß dies die Tendenz unseres Buches ist, wird heute allgemein
erkannt. „Unverkennbar", sagt Bleek, [3] „ist wohl, daß die Erzählung niedergeschrieben ist in bezug auf David, weil sie von den
Vorfahren, den Urgroßeltern dieses gepriesenen Königs handelt; und
ohne Zweifel hat sie eine wesentliche geschichtliche Tendenz." Daß
das Buch jedoch in der Zeit geschrieben sei, wo man, wie De Wette
glaubt, [4] die Ehe mit einer Ausländerin noch nicht für unerlaubt
hielt, etwa in der ersten Zeit des Exils, ist eine verfehlte Annahme.
Denn abgesehen davon, daß in einer solchen Zeit keinerlei Veranlassung zur Abfassung einer Streitschrift zugunsten der Mischehe gegeben war, war auch jene Zeit nicht so geartet, daß in ihr
eine Schrift, wie das Buch Ruth, die einen behaglichen und glücklichen Zustand des jüdischen Volkes voraussetzt, [5] hätte entstehen

---

[1] Deut. 23,3. Freilich der Talmud hilft sich über diese Schwierigkeit
mit der künstlichen Auslegung hinweg, daß dieses Verbot nur in bezug auf
die Moabiter, nicht aber auf die Moabiterinnen Geltung habe. cf. Ruth rab.
das.: לא היו נענשין עליהם: עמוני ולא עמונית מואבי ולא מואבית . . . . . .
cf. jer. Jebamoth VIII, 3 u. a. St.

[2] Antt. XI, 7,2. 8,2 sqq. — [3] l. c. 184. — [4] l. c. 895.

[5] „Wahrscheinlich ist", sagt Bleek ib. 185, „daß zur Zeit der Abfassung
Israel nicht in schwere Kämpfe mit fremden benachbarten Völkern verwickelt
war, so daß eine milde Stimmung gegen dieselben stattfand. Darauf führt die
Art und Weise, wie hier die Abkunft Davids von einer Moabiterin mit völliger
geschichtlicher Unbefangenheit erzählt wird, ohne daß sich irgend eine Absicht
kundgibt, dies besonders zu rechtfertigen." — cf. Riehm, Einl. II, 315: „Ton
und Haltung des Büchleins weisen auf eine Zeit des Wohlbehagens und des
Glückes." — Es geht jedoch nicht an, daraus mit Riehm zu folgern: „völlig
unbegreiflich wäre die Entstehung des Büchleins in der nachexilischen Zeit,
in welcher Ehen mit Ausländerinnen streng verpönt und der Haß gegen Moab
so groß war", und es daher dem 8. Jahrh. zuzuweisen. Richtiger Baudissin 304:
„Tiefer", sagt er, „als in die persische Periode, oder in den Anfang der

können. Und selbst wenn das Buch damals geschrieben worden wäre, so wäre es zuverlässig in der bald darauf folgenden Zeit Esras und Nehemias, die gegen Verehelichungen mit fremden Frauen wütete, untergegangen. „Wir haben vielmehr in dem Buch“, wie Cornill richtig urteilt, [1]) „eine bewußte Polemik gegen die ausschließende Engherzigkeit des Judentums nach Esra, welche darauf ausgeht zu zeigen, wie auch unter den Heiden wahre Frömmigkeit zu finden ist, und wie nicht leibliche Abstammung den echten Israeliten macht, sondern der Glaube an Jahve und der überzeugte Anschluß an ihn. Hierdurch erhält das kleine Büchlein einen hohen ethischen und religiösen Wert und tritt neben das ähnlichen Zwecken dienende Buch Jona.“ —

Zweifellos hat unser Verfasser in derselben Zeit wie jener des Buches Jona geschrieben, als nämlich das Judentum durch die von Alexander d. Gr. herbeigeführten politischen und sozialen Umwälzungen aus seiner Isolierung herausgerissen wurde. „Seine Darstellung“, sagt Kuenen, „beweist, daß er einen bestimmten Eindruck wecken und so auf die Überzeugung der Leser wirken wollte — es fragt sich nun, ob die Tendenz der Erzählung, über die nach unserer Meinung die Zeitgenossen des Autors nicht in Zweifel sein konnten, sich auch jetzt noch mit Sicherheit nachweisen lasse. — — Wir folgen nur den von ihm selbst gegebenen Andeutungen, wenn wir ihm die Absicht zuschreiben, durch seine Erzählung zu veranschaulichen, wie und unter welchen Bedingungen eine Fremde der Einverleibung in Israel, ja sogar eines Ehrenplatzes unter dem Volke Jahves würdig sein könne. Diese Tendenz steht nun der von Esra und Nehemia gestellten und durchgesetzten Forderung, alle Frauen ohne Unterschied zu verstoßen, diametral entgegen und nötigt uns, die nachexilische Schrift, deren Charakteristikum sie bildet, einem der Gegner dieser beiden Reformatoren zuzuschreiben.

----

griechischen wird man für die Ansetzung der Abfassung nicht gehen dürfen wegen der Schilderung von durchaus friedlichen und freundlichen Beziehungen zwischen Israeliten und Heiden, die so kaum würden dargestellt worden sein, nachdem die erste große Religionsverfolgung über die Juden gegangen war.“ — Aber in jener langen und friedlichen Epoche zwischen Alexander und der ersten großen Religionsverfolgung war ja Raum genug für die Entstehung einer ganz neuen Literatur, die sich ja tatsächlich in derselben entfaltete.

[1]) l. c. 244.

Wirklich erklärt die Annahme, daß das Buch Ruth diesen Ursprung hat und also in der zweiten Hälfte des fünften Jahrhunderts v. Chr. in Jerusalem geschrieben ist, Inhalt und Form desselben vollständig, und kein einziges Bedenken steht ihr gegenüber." [1])

Nun, daß unser Buch der Richtung Esras und Nehemias diametral entgegensteht, das ist ganz zweifellos. Dieselbe exklusive Richtung bekämpft ja auch die ganze Weisheitsliteratur. Allein daraus darf noch nicht geschlossen werden, daß es in der zweiten Hälfte des fünften Jahrhunderts, in einer Zeit, wo Esra und Nehemia ihre Forderungen, alle fremden Frauen ohne Unterschied zu verstoßen, gestellt und durchgesetzt hatten, wo also eine vereinzelte gegnerische Stimme leicht hätte unterdrückt werden können, geschrieben worden sei. — Es bliebe ja dann zum mindesten immer noch die Frage offen, wie ein solches der herrschenden Strömung zuwiderlaufendes Buch in den Kanon hätte kommen können. Freilich weiß Kuenen Rat; er meint, „daß diese Aufnahme stattfand, als die Streitfrage längst entschieden war und man deshalb das Buch Ruth nicht mehr unter diesem Gesichtspunkte betrachtete, sondern nach seinem inneren Wert beurteilte." [2]) — Aber inzwischen wäre es ja längst verschollen, wäre es nicht in einer ihm günstigen, ihm das vollste Verständnis entgegenbringenden Zeit entstanden, in das Volksschrifttum übergegangen und mit ihm uns erhalten geblieben. Man denke nur, wie rasch das hebräisch geschriebene Sirachbuch trotz seiner ausgesprochen nationalen Färbung außer Kurs gekommen war, weil bald nach seiner Abfassung die Reaktion hereinbrach, so daß ihm die Zeit nicht mehr gegönnt war, beim Volke in Fleisch und Blut überzugehen, wie dies beispielsweise den Sprüchen Salomos, Hiob, Koheleth, dem Hohenlied und andern kanonisch gewordenen Schriften möglich geworden. Dem Enkel des Siraciden verdanken wir die Erhaltung des Buches. Er brachte es nach Alexandrien, übersetzte es ins Griechische, und in der griechischen Diaspora, wohin die fortan in Palästina herrschende Reaktion nicht gedrungen war, nicht dringen konnte, begegnete es einem tiefen Verständnis und regen Interesse. Daheim aber war es bald untergegangen: die rapid eingetretene pharisäische Flut hatte es weggeschwemmt. —

[1]) Kuenen, Einl. I. T. 2. St. 192. — [2]) ib.